本研究成果系教育部人文社会科学重点研究基地重大项目"长江上游地区内陆开放型经济中的外商投资影响效应研究"（13JJD790047）成果,得到重庆工商大学学术专著出版基金的资助。

长江上游地区
内陆开放型经济中的
外商投资影响效应研究

CHANGJIANG SHANGYOU DIQU
NEILU KAIFANGXING JINGJI ZHONG DE
WAISHANG TOUZI YINGXIANG XIAOYING YANJIU

段小梅　邓晓娜
孙　娟　杨占锋　　著
张　磊　刘璐澜
李巧霞　张　敬

西南财经大学出版社
Southwestern University of Finance & Economics Press
中国·成都

图书在版编目(CIP)数据

长江上游地区内陆开放型经济中的外商投资影响效应研究/段小梅等著. —成都:西南财经大学出版社,2018.1
ISBN 978 – 7 – 5504 – 3326 – 7

Ⅰ.①长… Ⅱ.①段… Ⅲ.①长江流域—上游—外商投资—经济发展—研究 Ⅳ.①F832.48

中国版本图书馆 CIP 数据核字(2017)第 314325 号

长江上游地区内陆开放型经济中的外商投资影响效应研究
段小梅　邓晓娜　孙娟　等 著

责任编辑:李晓嵩
助理编辑:袁婷
封面设计:何东琳设计工作室
责任印制:朱曼丽

出版发行	西南财经大学出版社(四川省成都市光华村街55号)
网　　址	http://www.bookcj.com
电子邮件	bookcj@ foxmail.com
邮政编码	610074
电　　话	028 – 87353785　87352368
照　　排	四川胜翔数码印务设计有限公司
印　　刷	四川五洲彩印有限责任公司
成品尺寸	170mm×240mm
印　　张	14.5
字　　数	265 千字
版　　次	2018 年 1 月第 1 版
印　　次	2018 年 1 月第 1 次印刷
书　　号	ISBN 978 – 7 – 5504 – 3326 – 7
定　　价	88.00 元

1. 版权所有,翻印必究。
2. 如有印刷、装订等差错,可向本社营销部调换。

序

对外开放是中国繁荣发展的必由之路。中国始终坚持对外开放的基本国策，积极参与国际分工合作，目前已经形成了全方位、多层次、宽领域的对外开放格局，开放型经济发展取得了巨大成就，国际地位显著提升。中国对外开放的前30年，地处西部内陆的长江上游地区位于开放的后方，呈现人才、资源等要素"一江春水向东流"的态势。党的十八大提出，适应经济全球化新形势，必须实行更加积极主动的开放战略，完善互利共赢、多元平衡、安全高效的开放型经济体系；创新开放模式，促进沿海内陆沿边开放优势互补，形成引领国际经济合作和竞争的开放区域，培育带动区域发展的开放高地。为此，地处长江上游地区的重庆、四川、贵州纷纷提出发展"内陆型开放经济"，云南提出打造"沿边开放经济带"。尤其是"一带一路"倡议的实施和长江经济带建设，使长江上游地区获得了丝绸之路经济带的重要战略支点、海上丝绸之路的产业腹地、长江经济带的西部中心枢纽等一系列全新的重要定位，促进长江上游地区与沿海地区同步、同等开放，成为连接欧洲、亚太、东盟三大经济圈的开放前沿。长江经济带建设还有利于促进经济增长空间从沿海向沿江内陆拓展，形成上中下游优势互补、协作互动格局，缩小东中西部发展差距，建设陆海双向对外开放新走廊，培育国际经济合作竞争新优势，促进经济发展提质增效升级。因此，长江上游地区的开放型经济发展对于长江经济带建设具有重要意义。

2013年，我们承担了教育部人文社会科学重点研究基地重大项目"长江上游地区内陆开放型经济中的外商投资影响效应研究"（13JJD790047）的研究。在此项目的研究基础上，我们进行补充、拓展、提升、完善，形成本书。本书的研究内容以党的十八大提出的"提高利用外资综合优势和总体效益，推动引资、引技、引智有机结合"为指导，并借助区域经济学、国际经济学、发展经济学等相关理论，在不同的专题中根据研究的需要灵活应用聚类分析法、因子分析法、协整检验、格兰杰因果检验、固定效应变系数模型、柯布-道格拉斯生产函数等计量方法，对长江上游地区开放型经济发展的纵深脉络、面临的机遇与挑战、存在的问题、发展的方向以及引进外商投资的经济增长效应、技术溢出效应、环境影响效应进行系统、翔实、动态研究，并针对重庆在其内陆开放探索中的各种重大举措和政策创新进行专门的特色梳理和经验总结，以为其他地区提供参考和借鉴。

本书的主要特色如下：

第一，研究选择的长江上游地区是目前外商投资研究的薄弱区域。由于我国外商投资主要集中在长三角、珠三角等东部沿海地区，近年来外商投资逐步向内地转移，但已有研究往往主要是把西部地区作为一个整体来研究，而对长江上游地区鲜有涉及，本书的研究在一定程度上弥补了这个不足。

第二，对长江上游地区外向型经济和对外直接投资（FDI）的发展现状、优劣势、主要举措等进行全面评估和深入梳理，包括其共性和个性，从而为提升外资质量、加速对外开放的对策提供基础支撑。

第三，在梳理对外直接投资影响效应的理论探讨和文献研究的基础上，分析对外直接投资对长江上游地区的影响效应和影响机制，通过计量模型进行实证研究，对对外直接投资的经济增长效应、技术溢出效应、环境影响效应进行分析和验证，并对其正面效应和负面效应进行评估。

第四，随着我国经济持续多年的快速增长和对外直接投资的大量引进，带来的经济增长效应、技术转移问题、生态环境问题都引起了社会各界的广泛关注和争议，尤其是近年来随着东部地区的人力资本上升及环境规制越来越严格，外商直接投资开始向人力资本更低、环境规制程度较低的长江上游地区转移。作为中国原生态地区和重要生物物种聚集的长江上游地区，万万不能重蹈东部一些地区"先污染后治理"的覆辙。本书的研究根据计量结果，并结合长江上游地区面临的国际国内形势，对如何限制对外直接投资的负面效应，提升对外直接投资的积极效应，设计了相应引资制度。

本书由段小梅进行总体框架设计，拟订编写提纲，由段小梅、邓晓娜（重庆财经职业学院）、孙娟（重庆工商大学派斯学院）、杨占锋（内江师范学院经济与管理学院）、张磊、刘璐澜、李巧霞、张敬伟等撰写，最后由段小梅统稿成书。本书在写作过程中，参考或引用了许多学者及行政管理部门已有的研究资料或观点，谨表示诚挚的谢意。凡被引用的内容均尽量在书中或书后参考文献中列出，但也可能有遗漏之处，谨表示歉意。由于作者水平所限且对一些问题的研究还不够深入，加之一些资料收集困难，书中的缺点甚至错误在所难免，敬请读者批评指正。

本书的出版得到了教育部人文社会科学重点研究基地——重庆工商大学长江上游经济研究中心许多同志的支持和帮助；同时，本书的出版得到重庆工商大学学术专著出版基金的资助。西南财经大学出版社的李特军老师、李晓嵩老师为本书的编辑、校改，付出了大量心血。在此，一并表示衷心的感谢。

段小梅

2017 年 11 月 23 日

目　录

绪　论 / 1

第一章　基础理论与文献回顾 / 10
  第一节　相关概念的界定及关系 / 10
  第二节　基础理论 / 12
  第三节　国内外相关研究 / 26

第二章　长江上游地区开放型经济发展现状及优劣势 / 42
  第一节　长江上游地区经济社会发展现状 / 42
  第二节　长江上游地区开放型经济发展现状 / 51
  第三节　长江上游地区开放型经济发展的优劣势 / 66
  第四节　长江上游地区开放型经济发展的机遇与挑战 / 76

第三章　长江上游地区开放型经济发展水平及比较 / 82
  第一节　长江上游地区与全国其他地区开放型经济发展水平比较 / 82
  第二节　长江上游地区开放型经济发展环境比较 / 88

第四章　FDI对长江上游地区的经济增长效应 / 100
  第一节　FDI对长江上游地区经济增长的影响机理 / 100
  第二节　FDI对长江上游地区经济增长的实证分析 / 107
  第三节　FDI对长江上游地区经济增长影响的区域差异 / 113

第五章 长江上游地区 FDI 的技术溢出效应 / 119
第一节 FDI 技术溢出效应的理论分析 / 119
第二节 长江上游地区 FDI 技术溢出效应的实证研究 / 125

第六章 长江上游地区 FDI 的环境影响效应 / 133
第一节 长江上游地区环境污染现状 / 134
第二节 FDI 流动及其对环境的作用机理 / 138
第三节 长江上游地区 FDI 对环境影响的实证研究 / 141
第四节 长江上游地区 FDI 环境效应区域差异的原因分析 / 153

第七章 长江上游地区 FDI 的贸易效应研究 / 158
第一节 分析方法及数据选择 / 159
第二节 长江上游地区 FDI 与对外贸易关系的实证分析 / 160
第三节 结论与启示 / 170

第八章 对策建议与未来展望 / 176
第一节 长江上游地区进一步扩大对外开放、提升外资利用水平的对策建议 / 176
第二节 未来长江上游地区深化对外开放的新方向及展望 / 185

第九章 案例：重庆市建设内陆开放高地的全新实践 / 193
第一节 重庆市对外开放历程 / 193
第二节 重庆市对外开放的主要成绩 / 195
第三节 重庆市建设内陆开放高地的主要举措及基本经验 / 202

参考文献 / 211

绪　论

一、选题背景

(一) 当前国际经济环境正在发生深刻变化

随着世界经济全球化和区域一体化的日益加深，国家之间、地区之间的关联性与依赖性大大增强，发展开放型经济已经成为共识。与此同时，随着后金融危机时代的来临，发达国家加快"再工业化"进程，新兴经济体迅速崛起，生物、新能源、新材料、网络技术和云计算等科技迅猛发展带来新一轮赶超机遇；气候变化、粮食和能源安全等全球性问题更加凸显，各国围绕资源、市场、核心技术和标准规则的竞争更加激烈。因此，我们必须从全局视角、战略高度来统筹谋划各区域开放型经济的发展，使处于不同发展水平的地区找准自身的比较优势和发展重点，从而在世界新一轮产业结构调整和开放大潮中抢占制高点，在国际国内区域合作与竞争中拓展产业升级空间。

(二) 我国的开放型经济正在发生深刻变化

我国经济发展进入新常态，向形态更高级、分工更复杂、结构更合理的阶段演化，从高速增长转向中高速增长，经济发展方式、经济结构、经济发展动力也都发生了巨大而深刻的变化。对于正在打造内陆开放地区、沿边开放地区的长江上游地区来说，如何应对当前国际国内发展环境和条件变化带来的新挑战，如何以新作为引领新常态，以新策略来破解其旧有的思维定势、行为惯性和路径依赖，是当前长江上游地区既能顺应时代发展要求，又能解决自身突出问题的关键。

(三) 外商投资呈现新的变化和特征

改革开放以来，发达国家资本、产业加快向中国扩散转移。随着中国沿海经济发达地区的要素成本提高，土地、能源、劳动力等约束加剧，再加上国家的调控和鼓励，越来越多的外国资本和沿海企业开始向资源相对丰裕的西部地区转移，包括成都、重庆、昆明、贵阳在内的内陆城市成为新一轮招商引资重点。如何总结吸纳沿海地区发展开放型经济的经验和教训，在更大范围、更广领域、更高层次参与国际经济技术合作，如党的十八大所言"提高利用外资综合优势和总体效益，推动引资、引技、引智有机结合"，成为地处西部核心区的长江上游地区当前的重要现实问题。

二、研究意义

（一）本书的研究将使对外直接投资对东道国的影响效应进一步完善和细化

目前，国际直接投资理论主要是从跨国公司的利益角度出发，进行了比较成熟和系统的研究，但从发展中国家（东道主）利益的角度研究还相对薄弱。本书的研究在前人的理论基础上，对发展中国家对外直接投资（FDI，下同）的影响效应进行系统梳理和总结，力图从比较全面的视角考察FDI对东道国的影响效应问题。同时，针对相关研究主要是从一个国家的整体来进行总体评估和宏观分析，本书的研究选择一个区域——长江上游地区来进行具体研究，从而在一定程度上对该领域的研究做了进一步补充和完善。

（二）本书的研究是长江上游地区建设内陆开放高地和推动长江经济带建设的需要

党的十八大提出，适应经济全球化新形势，必须实行更加积极主动的开放战略，完善互利共赢、多元平衡、安全高效的开放型经济体系；创新开放模式，形成引领国际经济合作和竞争的开放区域，培育带动区域发展的开放高地。《长江经济带发展规划纲要》提出了要努力构建全方位开放新格局。这对我国当前的对外开放提出了新的更高要求。虽然西部地区前一轮投资拉动型大开发促使基础设施、生态环境建设、居民收入等方面取得了突破性进展，但是西部地区与东部地区差距持续扩大、财政投资"漏出"严重、开放严重滞后（魏后凯等，2005、2009），其根本问题是发展方式封闭。为此，四川、重庆等西部省份纷纷提出发展内陆开放型经济，云南提出打造沿边开放经济带。长江经济带建设有利于促进经济增长空间从沿海向沿江内陆拓展，形成上中下游优势互补、协作互动格局，缩小东中西部发展差距，建设陆海双向对外开放新走廊，培育国际经济合作竞争新优势，促进经济提质增效升级。长江上游地区的开放型经济发展对于长江经济带建设具有重要意义。内陆开放型经济发展模式与路径不同于沿海，而且面临的国际国内形势已和当年东部地区有了很大的不同。因此，地处内陆的长江上游地区应如何打造其开放型经济？如何才能实现党的十八大提出的加快转变对外经济发展方式，推动开放朝着优化结构、拓展深度、提高效益方向转变？这些问题都值得我们深入研究和探索。

（三）本书的研究是长江上游地区进一步引进外资，提升引资质量的需要

国际直接投资是一把"双刃剑"，在给发展中国家带来利益的同时，也会给发展中国家带来诸多负面影响。我国引进外资发展已有30多年，在肯定FDI积极作用的同时，其负面影响亦引起了各界广泛讨论和关注。因此，FDI与长江上游地区经济发展的关系究竟如何？有哪些影响？影响有多大？这些影响是如何产生的？FDI带来了哪些负面效应？应该如何抑制其负面影响？如何提升引资质量，加速其开放步伐？这些都是当前需要做出思考和迫切回答的理论与现实问题。

三、研究范围界定

对于长江上游的范围界定，国内专家学者做过不同界定，主要有以下几种观点：

中国区域经济学会副会长陈栋生（1996）在《长江上游经济带发展的几个问题》[①] 一文中指出，从水系段落划分看，长江上游是指长江源头至宜昌段，其干流流经青海、西藏、四川、云南、湖北5省区；支流则流经甘肃、陕西、贵州三省。如果把长江上游105万平方千米流域面积全部纳入长江上游经济带的范围，显然过于宽泛，也不具现实的操作性。但是如果按干流沿岸仅包括重庆至宜昌段，则过于狭窄……因此，以四川（包括尚未直辖的重庆）全省和云南、贵州两省有关地区作为长江上游经济带是较适宜的。[②]

国务院西部办综合组组长宁吉喆（2001）[③] 在论述西部开发重点区域及政策时，对西部两个重点经济带和一个重点经济区进行了界定。长江上游经济带主要方向是沿长江黄金水道、长江水运沿线、上海至成都公路国家主干线、长江铁路，中心城市有重庆、成都等大城市。重点开发区包括成渝地区、攀（攀枝花）成（成都）绵（绵阳）地区、长江三峡地区，还可以辐射四川盆地周边地区、湘西地区、鄂西地区。

中国科学院陆大道等学者（2003）[④] 通过定性分析与定量分析，把西部重点地区化分为四个一级经济带（区）和四个二级经济带。其中，作为一级经济带之一的长江上游成渝经济带的范围是东起重庆万州，沿长江到重庆市区后

---

① 陈栋生. 长江上游经济带发展的几个问题 [J]. 开发研究, 1996（4）: 30-32.
② 白志礼. 流域经济与长江上游经济区空间范围界定探讨 [J]. 西部论坛, 2009, 19（5）: 9-18.
③ 宁吉喆. 西部开发重点区域及政策 [J]. 中国投资, 2001（9）: 10-11.
④ 陆大道. 科学规划西部开发重点经济带及其空间范围和发展方向 [EB/OL]. (2003-06-19) [2017-07-04]. http://www.cas.cn/xw/zjsd/200906/t20090608_642759.shtml.

分为两支，一支沿长江到宜宾，另一支沿成渝线、宝成线至成都和绵阳。轴线上的主要城市包括重庆市区、万州和涪陵地区，四川的成都、绵阳、德阳、资阳、内江、泸州和宜宾等。同时，川渝黔线经济带作为四个二级经济带之一，范围包括北起重庆，经遵义至贵阳。他们认为，川渝地区与贵州历来社会经济交往密切，将川渝线作为西部开发的二级经济带，可以促进南贵昆经济区与长江上游经济带之间的联络与交流。① 在这里，长江上游一级经济带和川渝黔二级经济带通过重庆这一同时跨两个经济带的地域空间连接成一个整体。

四川大学邓玲教授（2002）② 认为，现代交通意义上的长江上游经济带，主要是指沿长江干支流分布的攀枝花、宜宾、泸州、江津、合川、永川、重庆、长寿、涪陵、丰都、忠县、万县、云阳、奉节、巫山等沿江城市，沿成渝高速公路、川藏公路、成都至上海国道主干线（上游境内包括成都-遂宁-南充-梁平-万县-宜昌）、成渝铁路、遂渝怀铁路等交通干线分布的拉萨市、成都市、乐山市、绵阳市、德阳市、遂宁市、南充市、内江市等中心城市，其经济腹地则包括四川、重庆、西藏三个省（区、市）。云南、贵州、湖北三个省的部分地区也位于长江干支流上。在这种现代交通意义上建立起来的新的长江上游经济带，不仅包括沿江城市群和产业带，还包括了沿公路和铁路分布的城市群和产业带，从而把长江上游经济带的概念从沿江产业带拓展到沿江沿线的产业带，使长江上游经济带构建在现代交通网络的基础上。这是一个跨越中国西南、中南腹地的重要经济带，是整个长江综合经济带不可或缺的组成部分。

国家《"十五"西部开发总体规划》③ 将长江上游经济带界定为"长江上游经济带由四川和重庆构成"[国家发展和改革委员会（含原国家发展计划委员会、原国家计划委员会）、国务院西部开发办公室，2002]。经济学家林凌（2005）④ 和廖元和（2009）⑤ 也持有这种观点。

关于长江上游范围的界定很多，不同学者之间的界定有所不同，但总体来看，他们的界定大致可以归纳为三个派别——宽派、中派和窄派。宽派认为，长江上游地区由长江干流流经的青海、西藏、四川、云南、湖北五个省（区）以及长江支流流经的甘肃、陕西、贵州三个省份构成，若加上重庆，则由以上

---

① 白志礼. 流域经济与长江上游经济区空间范围界定探讨 [J]. 西部论坛, 2009, 19 (5): 9-18.
② 邓玲. 长江上游经济带建设与推进西大大开发 [J]. 社会科学研究, 2002 (6): 40-44.
③ 国家发展和改革委员会（含原国家发展计划委员会、原国家计划委员会）、国务院西部开发办公室. 关于印发"十五"西部开发总体规划的通知（计规划〔2002〕259号）[EB/OL]. (2002-02-25) [2017-07-04]. http://vip.chinalawinfo.com/newlaw2002/.
④ 廖元和. 长江上游经济带的范围及其经济核心区研究 [J]. 西部论坛, 2009 (5): 1-8.
⑤ 林凌. 中国区域经济发展新的格局与西部大开发 [J]. 西部论坛, 2005 (6): 1-3.

9个省（区、市）构成。中派认为，长江上游地区由四川、重庆两个省（市）和云南、贵州两个省有关地区构成。窄派则认为，长江上游地区仅由四川和重庆构成。

由于本书重点研究经济意义上的长江上游地区开放型经济发展问题，而不是从纯地理意义上考察长江上游地区的资源、人口等问题，因此依据区域划分标准及分析可行性，本书选择比上述中派略宽的划分范围，将长江上游地区定位为四川、重庆、云南、贵州境内全部地区（黄志亮等，2011）[①]。

四、研究的主要内容

第一章 基础理论与文献回顾。本章在对开放型经济的涵义和特征进行界定与解析的基础上，对相关理论进行梳理和探讨，并对相关学者在该领域的研究进行综述。基础理论主要包括国际贸易理论、对外直接投资理论、FDI与经济增长理论、FDI技术溢出效应相关理论、FDI与生态环境关系的基础理论，并对以上理论进行简要综述的基础上，探讨对深入研究的启示。本章对国内外在各个相关领域的研究现状进行梳理，并对其进行述评和借鉴。

第二章 长江上游地区开放型经济发展现状及优劣势。长江上游地区作为我国西部地区重要的经济发展带，开放型经济发展有其优势条件，同时也有劣势与限制，面临机遇和挑战。本章主要从区位条件、自然资源、基础设施、产业基础、人力资源、制度制约以及国际国内经济发展趋势等角度分析长江上游地区开放型经济发展面临的新形势。

第三章 长江上游地区开放型经济发展水平及比较。本章先对长江上游地区开放型经济发展的概况进行提炼和总结，重点分析长江上游地区对外贸易、外商直接投资、"走出去"的现状和特征，解析其开放型经济发展中存在的问题。本章运用聚类分析法，对我国各省（市、区）及西部地区的开放型经济发展水平进行比较研究。分析认为，西部地区开放型经济发展较为落后，而且内部表现出一定的差异性，其中长江上游地区四个省（市）中四川省对外竞争力在西部地区中最强，重庆次之，云南、贵州较弱。

本章通过构建开放型经济发展在经济环境、社会文化环境、基础环境、资源环境和制度环境五个方面的评价指标模型，采用因子分析方法，对长江上游地区四个省（市）的开放型经济发展环境进行定量的判断和剖析，指出长江

[①] 黄志亮，等.西部开发中长江上游地区区域创新战略研究［M］.北京：科学出版社，2011.

上游地区四个省（市）开放型经济发展环境存在着较大差异，并且与其开放型经济的发展水平基本一致，表明长江上游地区开放型经济发展环境的差异是导致四个省（市）开放型经济发展差异的主要原因。

第四章 FDI对长江上游地区的经济增长效应。本章从FDI对经济增长的影响机理展开分析，探寻FDI如何作用于经济增长，重点从FDI对资本形成的影响机理、对就业的影响机理、对产业结构的影响机理，分析长江上游地区外商直接投资的实际经济效果。结果表明，外商直接投资与国内资本具有互补关系，意味着外商直接投资对经济增长贡献较大。本章采用协整和格兰杰因果检验方法对FDI与长江上游地区经济增长关系进行实证研究。结果表明，长江上游地区外商直接投资是经济增长的格兰杰原因，即外商直接投资的流入促进了长江上游地区的经济增长，而经济增长不是外商直接投资的格兰杰原因，二者是一种单向关系。本章利用1998—2015年长江上游地区各省份FDI和地区生产总值的面板数据构建固定效应变系数模型，实证研究了长江上游地区的FDI区域分布差异对区域经济增长的影响。结果表明，虽然FDI对长江上游地区各省份影响程度不同，但是FDI对长江上游地区各省份经济增长均起到了重要的促进作用，其中四川尤为显著。

第五章 长江上游地区FDI的技术溢出效应。本章在梳理FDI技术溢出效应理论的基础上，利用相关数据和计量方法，对长江上游地区FDI技术溢出效应和影响因素进行了实证研究。结果表明，长江上游地区FDI的技术溢出效应显著存在。就影响因素而言，在区域总体层面FDI技术溢出效应受到来自本地区人力资本、贸易开放度、研究与开发（R&D）和FDI不同来源国等因素的影响。如何有效利用FDI，充分吸收外商直接投资的技术溢出效应，促进本地区的技术进步在第八章的对策建议中具体展开论述。

第六章 长江上游地区FDI的环境影响效应。本章通过梳理FDI对东道国环境影响效应的相关理论，提出FDI对环境影响的作用机理，确立FDI对其环境影响效应的指标体系和计量模型，再选取相关指标数据，建立FDI-环境效应的联立方程模型。研究结果表明，经济规模扩张对污染物排放具有正效应，经济增长会加剧工业污染物的排放；经济结构与工业污染物排放具有负向影响；人均收入对工业污染物的影响具有负效应，说明居民随着收入的增加会对环境的要求越来越严格，从而有利于减少工业污染物排放；外商直接投资对工业污染物排放具有负向影响，说明长江上游地区未成为外商的"污染避难所"。但对四省（市）进行分别研究的结果区域差异较大。

第七章 长江上游地区FDI的贸易效应研究。随着贸易和投资交叉融合趋势日渐明显，孤立地看待贸易与投资的影响力，显然已不合时宜，特别是不利于贸易与投资政策目标的相互协调和支持。由此，从一个缩小的、简化的范围来探讨国际投资和国际贸易的相互关系对政府政策制定将更具有针对性和操作性。本书的研究应用协整分析、格兰杰因果检验和脉冲响应函数等动态计量经济分析方法，实证研究了长江上游地区外商直接投资与对外贸易之间的动态关系及其互动影响。研究结果表明，长江上游地区外商直接投资与出口贸易之间的相互影响不明显，但是外商直接投资对出口贸易的影响略高于出口贸易对外商直接投资的影响；进口贸易对外商投资的影响比出口贸易对外商投资的影响更为显著。这是由于长江上游地区外商投资的动机不同，投资和贸易的关系也呈现出不同的特点。因为长江上游地区地处内陆，外商投资的目的不一定是以加工贸易为主导的"大出大进"模式。未来，随着国家"一带一路"倡议、长江经济带发展战略的大力推进，给长江上游地区的经济发展带来了千载难逢的机遇。长江上游地区有望以外资带动外贸，实现吸引外资和发展外贸的双赢。

第八章 对策建议与未来展望。本章根据前面的定性分析与定量分析结果，从如何促进长江上游地区开放型经济的发展和升级、进一步优化FDI的质量水平、提升长江上游地区FDI的技术溢出效应、减少FDI对环境的负面影响等角度提出相应的对策建议。当前世界经济正处于深度调整期，国际竞争更趋激烈；我国经济发展进入新常态，向着形态更高级、分工更复杂、结构更合理的阶段演化，面对这些国际国内发展环境的新变化，本章就长江上游地区的对外开放应如何抓住机遇、化解挑战提出了几点建议和展望。

第九章 案例：重庆市建设内陆开放高地的全新实践。重庆市在内陆开放探索中，新意迭出，各种重大举措和政策创新引起了广泛关注。本章在对重庆市开放历程进行回顾，对其开放成效进行总结的基础上，系统梳理重庆市在内陆开放中的特色和经验，从而为其他地区提供参考和借鉴。其中，"搭建三类开放平台：辐射和带动长江上游对外开放"；主动参与国际国内分工，向微笑曲线两端延伸价值链的新实践；构建立体交通与口岸，打通对外通道；实施转"危"为"机"的走出去战略，借助全球资源，解决自身发展中的瓶颈问题；创新通关监管模式，提升服务水平；国内外两个市场并重，着力培育对内开放特色，是重庆市对外开放中不断拓展开放的高度、广度和深度的主要经验。

五、主要创新之处

（一）研究视角较为独特

第一，本书的研究选择的长江上游地区是目前外商投资研究的薄弱区域。由于我国外商投资主要集中在长三角、珠三角等东部沿海地区，近年来外商逐步向内地转移，但研究也主要是把西部地区作为一个整体来研究，而对长江上游地区鲜有涉及，本书的研究在一定程度上弥补了这个不足。

第二，长江上游地区四个省（市）位于我国内陆深处的西南部，从地理位置来看，对内通过长江与东中部地区相联系，对外则是我国与印度洋连接的主要通道，地理位置对我国国防和经济发展都有着重要的战略意义。就整个长江流域而言，其经济发展可以明显划分为三个经济段：下游的长三角地区是整个流域经济最发达、基础设施最完善、产业发展最成熟的"黄金三角"地带，对整个流域的经济发展起着引领和带动作用；中游的湖南、湖北等地区，经济状况虽然不及下游长三角地区，但明显优越于上游地区，目前主要以承接下游地区产业转移为主；上游的长江上游地区，整体经济水平不高、基础设施建设滞后、产业发展相对薄弱，虽然得益于国家西部大开发战略的扶持，但是如何提升区域竞争力、整合优化区域资源、改善投资环境、吸引外商直接投资促进经济技术进步是当前面临的重要课题。因此，深入研究长江上游地区FDI的溢出效应及影响因素，有利于充分利用外商直接投资推动本区域实现跨越式发展。

第三，本书的研究打破行政界限，从区域经济一体化角度，研究长江上游地区的开放型经济战略和吸引外资策略。

（二）研究方法较为新颖

由于本书的研究涉及经济增长、技术溢出、环境效应等多个专题，在不同的专题中根据需要灵活运用不同的计量方法。例如，为了对比全国30余个省（市、区）以及长江上游地区的对外开放水平，主要采用聚类分析方法；研究长江上游地区开放型经济的发展环境评估，采用因子分析法；研究长江上游地区FDI的经济增长效应，主要采用协整检验和格兰杰因果检验；分析不同省份FDI的经济增长效应，采用面板数据构建固定效应变系数模型；分析FDI的技术溢出效应，以柯布-道格拉斯生产函数为基础，将长江上游地区的工业经济分为外资部门（f）和内资部门（h）两部分，构建一个能测算外资部门影响内资部门的计量模型，探讨FDI对长江上游地区工业部门是否存在技术溢出效应。在分析时，我们根据FDI在一些领域的滞后性，灵活地选择滞后期。

（三）对策较具针对性

我国一些区域在引进 FDI 过程中，争相在税收减免、土地使用、产业准入等方面出台优惠政策，导致恶性竞争加剧，环境污染严重。随着我国经济持续多年的快速增长和 FDI 的大量引进，带来的经济增长效应、技术转移问题、生态环境问题都引起了社会各界的广泛关注和争议。尤其是随着东部地区人力资本的上升及环境规制越来越严格。外商直接投资开始向人力资本低廉、经济欠发达且环境规制程度较低的长江上游地区转移。作为中国原生态地区和重要生物物种聚集的长江上游地区，万万不能重蹈东部地区先污染后治理的覆辙。本书的研究根据前面的计量结果，并结合长江上游地区面临的国际国内形势，从多个角度提出了相应建议。

第一章 基础理论与文献回顾

第一节 相关概念的界定及关系

一、对外直接投资的概念

对外投资（Foreign Investment）可以区分为直接投资（Direct Investment）与间接投资（Portfolio Investment）。根据经济合作与发展组织（Organization of Economic Cooperation and Development，OECD）与国际货币基金组织（International Monetary Fund，IMF）的定义，对外直接投资（Foreign Direct Investment，FDI）是投资者对涉及海外企业的经营管理有持续且明显控制的意愿。相对于间接投资而言，对外直接投资比较注重投资的长期效益、持续的愿望与较强的管理控制。若以股权持有的比例来区分，则持有10%以上的股权为直接投资，持有10%以下的股权则为间接投资。

但各国法令对对外直接投资的定义仍有差异：

美国是以美国居民投资于外国企业，取得直接或间接控制权者，拥有外国企业10%以上或具有投票权的股份；而外国人到美国投资则需要拥有25%以上的股权才能称为直接投资。

日本依据行政法令规定，取得依外国法令设立法人所发行的证券，或者为该法人建立永续性的经济关系而对该法人贷款，或者在外国设置或扩充分公司、工厂，或者为其他营业场所提供资金。

中国的外商直接投资是指外国企业、经济组织或个人（包括华侨、我国港澳台同胞以及中国在境外注册的企业），按有关的政策、法规，用现汇、实物、技术等在中国境内开办外商独资企业，或者与中国境内的企业或经济组织共同开办中外合资经营企业、合作经营企业或合作开发资源的投资（包括外商投资收益的再投资）以及经政府有关部门批准的项目投资总额内，企业从境外借入的资金。

综上所述，FDI主要是指地主国（Host Country）转移整套资本、管理技能、知识技术的现象，是厂商将生产、行销活动由母国（Home Country）扩展到地主国。因此，除了资本的投入以外，其还包括人力、技术、经营管理等企业功能要素的投入。

二、开放型经济的涵义和特征

（一）开放型经济与内陆开放型经济

开放型经济是相对于封闭型经济而言的。开放型经济中的生产要素、商品与服务可以较自由地跨国界流动，从而实现资源的优化配置和经济效率的提高。开放型经济强调尽可能地参与国际分工，并充分发挥本国的比较优势。随着经济全球化的进一步深化，发展开放型经济已成为主流。

内陆开放型经济是指具有内陆地区发展特点的开放型经济，是开放型经济概念的进一步拓展和延伸。内陆地区区位的差异必将导致其与沿海地区经济发展战略的不同。内陆地区远离出海口，不能简单复制沿海地区的成功经验，而要在产业结构、物流方式、资源与市场的选择等方面找准自身定位，减少外部依赖性，走出一条切合实际的开放型经济发展之路。[1]

（二）我国的内陆开放

我国所谓的内陆是相对于沿海和沿边地区而言的，具体是指远离海岸线以及边境线的特定地区。在我国，这类特定省份有山西、河南、安徽、湖南、湖北、江西、陕西、甘肃、宁夏、青海、四川、重庆、贵州共13个省（市、区）。其中，长江上游地区有3个省（市），云南是沿边开放地区。开放型经济的基本内涵无论对沿海地区或内陆地区而言，其本质是一致的。但在我国，内陆开放型经济与沿海开放型经济在发展区位、经济基础、开放条件、国际国内经济环境等方面的差异性导致两者发展的战略、模式、路径等方面也必将是各具特色、不尽相同的。

以前我国的开放型经济模式的主要特点就是产品大进大出，即从国际市场上获取我国紧缺的资源，利用我国廉价劳动力进行进一步加工后，产品再出口到国外。这种模式生产的产品中很大一部分属于资源密集型的初级产品，附加值低、技术含量低。这种粗放型的发展模式，一方面导致出口的扩大对资源的掠夺性开采、对环境的破坏以及资源的过度依赖，资源利用率很低；另一方面

---

[1] 易小光. 内陆城市开放路径探析[J]. 重庆大学学报（社会科学版），2012，18（6）：1-7.

不利于我国经济平稳较快发展。而且由于内陆地区既不靠海，也不沿边，存在开放口岸少、物流费用高、区域转关难等诸多亟待破解的制约因素。2013年，党的十八届三中全会发布的《中共中央关于全面深化改革若干重大问题的决定》指明了未来内陆开放的方向，即抓住全球产业重新布局机遇，推动内陆贸易、投资、技术创新协调发展。创新加工贸易模式，形成有利于推动内陆产业集群发展的体制机制。支持内陆城市增开国际客货运航线，发展多式联运，形成横贯东中西、联结南北方对外经济走廊。推动内陆同沿海沿边通关协作，实现口岸管理相关部门信息互换、监管互认、执法互助。[①]

第二节　基础理论

一、国际贸易基本理论

（一）绝对利益学说和比较利益学说

以亚当·斯密和李嘉图为代表的古典学派提出的绝对利益学说和比较利益学说是传统国际贸易理论的两大基石。这两大理论以劳动生产率为出发点，分析了国际贸易产生的原因，为国际分工和国际贸易理论的发展奠定了重要的基础。

亚当·斯密认为，如果每个国家都能按照其绝对有利的生产条件进行专业化生产，然后彼此进行交换，则对所有国家都是有益的。也就是说，国际贸易的影响因素是各国在某一特定的商品上不同的劳动生产率，而且这种劳动生产率的差别是绝对的。[②] 但这种绝对利益学说只能解释一国在一种产品的生产上占有绝对优势情形下的国际贸易。大卫·李嘉图提出了比较利益学说，认为各国应专业化生产并出口其具有"比较优势"的产品，进口其具有"比较劣势"的产品。其交换商品的劳动生产率差别是相对的。[③] 但这两个理论都是从供给角度把劳动生产率的差别作为影响贸易产生的唯一因素，这与现实中的国际贸易并不完全相符。

[①] 《决定》指出：扩大内陆沿边开放［EB/OL］.（2013-11-15）［2017-07-04］. http://news.xinhuanet.com/politics/2013-11/15/c_118164453.htm.

[②] 斯密. 国民财富的性质和原因的研究［M］. 郭大力，王亚南，译. 北京：商务印书馆，1972.

[③] 大卫·李嘉图. 政治经济学及赋税原理［M］. 郭大力，王亚南，译. 北京：北京联合出版公司，2013.

俄林以要素禀赋代替大卫·李嘉图的劳动成本,用生产要素的盈缺来解释国际贸易的产生和一国的进出口贸易。俄林认为,同种商品在不同国家的相对价格差异是国际贸易产生的直接原因,而价格差异是由各国生产要素禀赋不同决定的。因此,要素禀赋不同是国际贸易产生的根本原因。① 但是俄林所强调的要素,主要着眼于量的问题,而忽略了质的差异。

(二) 现代贸易理论

二战后,随着跨国公司的兴起和经济全球化的不断加强,涌现出的国际贸易新态势已无法用传统贸易理论来解释,甚至与传统贸易理论相悖。各种新理论应运而生,主要包括重叠需求理论、劳动熟练说、人力资本说、产品生命周期理论、保护贸易理论、新贸易理论、竞争优势理论等。

1. 重叠需求理论

1961年,瑞典经济学家史蒂芬·林德在其代表作《论贸易与转换》中,从需求角度探讨了国际贸易产生的原因。如果两个贸易国家存在着相似的需求结构,这些国家将购买别国质量程度相同的产品。两国人均收入水平越接近,其需求结构的重叠程度越高,两国进行同类制成品贸易的可能性也就越大。

2. 劳动熟练说

美国经济学家里昂惕夫采用投入产出分析法对美国进出口贸易进行研究后发现,美国出口的主要是劳动密集型商品,而进口的主要是资本密集型商品,与要素禀赋理论相反,因此被称为"里昂惕夫反论"。对此,许多经济学家提出了自己的观点,试图对此进行解释,主要有劳动熟练说和人力资本理论。里昂惕夫最早提出的劳动熟练说,认为这种现象主要是美国工人的劳动效率和劳动技能高于他国所致。美国经济学家基辛加以发展,认为美国在技术要求较高的产业中具有比较优势,进而导致美国出口高技能劳动集型商品,进口低技能劳动密集型商品。因此,劳动熟练程度也是影响国际贸易发展的重要因素之一。②

3. 人力资本说

人力资本说是美国学者凯南等人提出的,试图用人力资本的差异来解释"里昂惕夫反论"。他们认为,国际贸易商品生产所需投入的资本除了实物资本以外,还主要包括在人力资源开发上投入的职业教育、技术培训、医疗保健、社区服务等各种人力资本。由于美国投入了较多的人力资本,劳动技能和

---

① 贝蒂尔·俄林. 地区间贸易和国际贸易 [M]. 王继祖,等,译. 北京:首都经济贸易大学出版社,2001.9.
② 廖文. 对两种里昂惕夫之谜解释学说的研评 [D]. 北京:对外经济贸易大学,2006.

专业知识水平得到提高，从而拥有更多的熟练劳动力，因此美国出口的商品含有大量的熟练技术劳动。也就是说，人力资本也是影响国际贸易发展的因素之一。①

4. 产品生命周期理论

国际产品生命周期理论为弗农（Vernon）于1966年所提出。② 该理论以动态的比较利益观点，说明产品会随着其本身的发展阶段而改变生产地点，即随着原产地比较利益的改变，而开创新的生产地点，并藉此说明国际贸易与国际投资相结合的情形。此演变过程可分新产品阶段（New Products）、成熟产品阶段（Maturing Product）、产品标准化阶段（Standardized Product）、产品衰退期（Declining Product）四个阶段。由于某一产品的生命周期不同，决定了生产地点的不同，对外直接投资就是市场变化引起生产过程或产地转移的必然结果。

5. 保护贸易理论

保护贸易理论的主要内容是一国政府为了保护本国市场免受外国商品的竞争，采取各种措施来限制商品的进口；同时，政府对本国的商品出口提供优惠或实行补贴，以鼓励本国商品的出口。保护贸易理论有重商主义、保护幼稚工业学说、国内市场扭曲说、改善贸易条件说、维持高工资水平说、增加国内就业说、反倾销说、改善贸易收支和国际收支说、报复和谈判手段说、国家安全说等。总之，一国的国际贸易政策也是影响国际贸易的一个主要因素。

6. 新贸易理论

新贸易理论是指20世纪80年代后期，由克鲁格曼、赫尔普曼、格罗斯曼等为代表提出的一系列关于国际贸易的原因、国际分工的决定因素、贸易保护主义的效果以及最优贸易政策的思想和观点。新贸易理论认为，贸易的原因不仅仅是比较优势，而且还有规模递增收益。克鲁格曼认为，要素禀赋差异决定着产业间的贸易，而规模经济决定着产业内部的国际（区际）贸易。由于规模经济的存在，会产生相同产品之间的"产业内"贸易。新贸易理论在贸易政策方面提出了两个干预贸易的理论：战略贸易论和外部经济论。根据这两种理论，政府对贸易的干预在某些条件下可能更符合国家利益。新贸易理论并不简单否定新古典贸易理论，但其修正了新古典方法关于固定规模收益的基本假

---

① 綦建红，李鸿.人力资本与国际贸易关系研究评述[J].经济学动态，2008（1）：103-106.
② VERNON, RAYMOND. International Investment and International Trade in the Product Life Cycle [J]. Quarterly Journal of Economics, 1966 (5): 190-207.

定,为分析不完全竞争市场和规模报酬变化中的世界贸易提供了一个较完整的框架。[1]

7. 竞争优势理论

1990 年,哈佛大学商学研究员迈克尔·波特提出国家竞争优势理论,又称钻石理论,用来分析一个国家如何在国际上创造并维持较强的竞争力。波特认为,一国竞争优势的构建主要取决于生产要素、需求状况、相关产业、企业组织、战略与竞争度以及机遇和政府作用。该理论能合理地诠释一国国际贸易的现状,预测一国贸易发展的前景。[2]

通过对比较优势理论、现代贸易理论的分析和解剖,我们可以总结出其包含的国际贸易影响因素,通过对这些因素做一个简单的综合,可为第三章的开放型经济环境评价指标模型提供理论上的依据。

二、对外直接投资理论[3]

20 世纪 50 年代以后,跨国投资活动逐渐增多,传统国际贸易理论和模型已经无法解释为何有些厂商要跨出国界到他国生产,而不采用传统的进出口方式进行贸易。传统国际贸易理论仅就进出口等贸易现象进行分析,而对于厂商为何要继续拥有所有权从事直接对外投资等问题,无法做出完整的解释。

随后发展起来的新古典国际贸易理论认为,对外投资的发生起因于国际要素禀赋(资金)的报酬不同,资金通过对外投资的方式,由报酬高的国家流入报酬低的国家,这种情形直到资金在两地间的报酬率相等为止。实际上,只有资产组合式的投资(Portfolio Investment)才会造成资本移动,而跨国企业很少将资本在国与国之间移动,通常只在国际资本市场上融通所需的资金。因此,FDI 并非如同资产组合式的投资,以一国的利率或资本报酬率为主要考虑,而是基于特定的优势或目标。从要素报酬差异的角度已不足以解释跨国投资。1960 年以后兴起许多新的理论,试图去解释对外直接投资的行为,其中以垄断优势理论、产品生命周期理论、内部化理论、边际产业扩张理论、国际生产折衷理论、对外投资动机论与产业网络理论较具代表性。由于产品生命周期理论在前面已经阐述,这里不再赘述。

(一) 垄断优势理论

垄断优势理论是产业组织理论的一部分,美国学者海默(S.Hymer,1960)

---

[1] 李群.新贸易理论文献回顾和述评 [J].产业经济研究,2002 (1): 65-71.
[2] 迈克尔·波特.国家竞争优势 [M].李明轩,邱如盖,译.北京:华夏出版社,2002.
[3] 段晓梅.台商投资大陆的区位选择及其投资环境研究 [D].厦门:厦门大学,2005.

在其博士论文《国内企业的国际化经营：对外直接投资的研究》[①] 中首先提出。该理论认为，企业进行对外投资的动机在于比东道国同类企业有利的垄断优势，可使其在东道国生产获得更多的利润。而企业之所以能够拥有和保持垄断优势是因为市场的不完全性，其主要表现为产品市场的不完全、要素市场的不完全、由规模经济引起的市场不完全以及由政府管理行为造成的市场不完全。由此可使企业拥有四种垄断优势：产品市场优势、要素市场优势、规模经济优势、政府管理行为带来的优势。总之，海默认为当厂商拥有的专属优势无法通过贸易行为来发挥其效益时，厂商会借着直接对外投资的方式来运用这些无形资产，以达到增加企业利润的目的。

克伍兹（Caves, 1971）、霍斯特（Horst, 1972）赫希（Hirsch, 1976）等学者则进一步探讨厂商要拥有何种特征及何种性质才会较倾向于海外投资。他们研究发现密集的研发活动所产生的无形资产（Intangible Asset）是海外投资厂商共同拥有的所有权优势，一些高科技厂商包括化学业、制药业及机械业等为主要从事海外投资的厂商；另外有销售集中度高（即市场占有率高）及进入障碍高的成熟寡占产业也是从事海外投资的主要厂商。

其后，尼克博克（Knickerbocker）于1973年提出寡占反应假说（Oligopolistic Reactions Hypothesis），指出在寡占市场中，由于每家寡占厂商的市场占有率都相当大，彼此间的牵制力相当强，因此一旦有一家厂商进行海外直接投资，其余竞争厂商为确保其市场占有率并维持竞争态势，也将追随其后进入当地市场，从而形成"滚雪球效果"（Snowball Effect）。

（二）内部化理论（The Internalization Theory）

内部化理论是由美国经济学家巴克利（P.J.Buckley）和卡森（M.C.Casson）[②] 在1976年出版的《跨国公司的未来》一书中首先提出来的。加拿大经济学家拉克曼（A.M.Rugmen）在1981年出版的《跨国公司：内部化市场学》一书中对内部化理论又做了进一步发展。内部化理论认为，在市场不完全的情况下，企业对外直接投资的真正动因是企业将内部市场来代替外部市场，通过内部组织体系将中间产品，特别是知识产品在企业内部转让，以降低成本，谋求整体利润的最大化。其结果是，企业通过对外直接投资建立跨国公司，通过内部化利益，企业对外直接投资实现了所有权之上的企业管理与控制

---

① S HYMER. The International Operations of National Firm: A Study of Direct Investment [M]. Cambridge: MIT Press, 1976.

② BUCKLEY P, CASSON M. The Future of Multinational Enterprise [M]. London: Macmillan and Co., 1976.

权的扩张。

内部化市场将科斯的"交易费用"理论用于国际直接投资领域，较好地解释了国际分工与国际市场的关系、直接投资与贸易障碍的关系、发达国家和发达国家之间以及发达国家对发展中国家跨国投资的原因。但内部化理论的不足在于忽略了厂商成长动态的过程，并且此理论无法说明为何某一个厂商胜过其他竞争者，即内部化理论主要在描述厂商相对于市场的成长，而非与其他厂商的比较。由于此观点在实证上很难衡量，也使得在实证研究上无法完全与其他理论独立。

（三）边际产业扩张理论

日本学者小岛清（Kojima,1978）[1] 教授认为，厂商寡占理论适合解释欧美大规模跨国企业对外投资行为，但对于一般不具有独占优势的中小企业对外投资行为则无从解释。他研究了20世纪六七十年代日本厂商的对外投资行为，结果发现日本企业对外投资行为并非因为扩张厂商的独占性竞争优势，反而是因为厂商为了谋求生存而不得不做的防御性行为。他认为，当一国的生产环境恶化（如工资上涨、外汇升值）以至于厂商失去国际竞争力时，厂商便会向外寻求发展，利用海外较便宜的生产要素来提升厂商竞争力。因此，对外投资时应选择在投资国是比较劣势（即边际产业），而地主国具有明显或潜在比较优势的产业，以互补性比较优势的方式进行海外投资。他认为，海外直接投资不单是资本的移动，而是资本、技术、经营管理知识等生产因素的整体转移。从某种程度上来说，小岛清教授的边际产业扩张理论和非农的国际产品生命周期理论有异曲同工之处。

（四）国际生产折衷理论（The Elasticity Theory of International Production）

英国经济学家约翰·邓宁[2]将贸易与国际直接投资这两个相互替代的国际化形式基于所有权禀赋和区位禀赋两个方面进行探讨，并采用折衷的方法和体系加以综合，于1977年提出了国际生产折衷理论。该理论的核心是OIL模式，即企业跨国投资受到三个因素的影响：所有权优势（Ownership-specific Advantages, O）、区位专属优势（Location-specific Advantages, L）以及市场内部化优势（Market Internationalization Advantages, I），当企业具有这三个优势时才会决定至国外生产。因此，折衷理论被称为OLI理论。

---

[1] KOJIMA, K. Direct Foreign Investment: A Japaneses Model of Multinational Business Operations [M]. London: Crom Helm, 1978.

[2] 邓宁. 国际生产和跨国公司 [M]. 伦敦：乔治艾伦和艾尔温出版有限公司，1981.

(五) 对外投资动机论

这一理论主要从对外投资动机的角度解释对外投资行为。经济学者将海外投资的因素归为市场、资源、生产成本、技术以及环保等因素。管理学者基于竞争策略的考虑,认为厂商之所以进行国际化的动机可归纳为四种类型:"追求市场"(Market-Seeking),即厂商基于产品在某地有潜在的销售市场,而到该地区设厂生产;"追随客户"(Follow the Client),即随着客户的移动而转向,如上下游厂商已赴其他国家设厂,中游厂商也必须跟着转移,否则对方可能会在当地另寻其他合作对象;"资源基础"(Resourse Based),即地主国(Host Country)拥有关键的资源,而该资源不具有跨国流动性,因而必须前往该国投资;"策略性考虑"(Strategic Focus),即寡占产业中对手厂商如果到海外设厂,其他厂商也会紧随着进入该国市场,寡占厂商因害怕先进入的厂商取得优势以补贴其他市场。其他对外投资的动机还包括分散经营风险以及由于当地市场国际化程度特别高,可以利用该市场进入全球市场等。

(六) 产业网络理论 (Industry Network Theory)

社会学是最早注意到网络现象,并开始以此为主题从事研究分析的。之后经济学等领域也开始注意并对网络现象进行研究。网络组织强调的是企业与企业间的互补性、重视互惠的共同利益、促进各企业发挥规模经济与弹性的优势。①

近年来,产业网络对于厂商的对外投资影响已日益受到学者的关注,而以网络的观点诠释企业的对外投资已经成为该研究领域的新动向。传统理论认为,对外投资是大型企业企图在海外发挥其专属优势的行为;网络理论则认为,对外投资是厂商企图建立网络连结和依靠网络关系,提高竞争力的行为。

戈沙尔和巴特利特 (Ghoshal & Bartlett, 1990)② 将跨国厂商视为一种跨组织间的网络,探讨母公司与子公司联结程度、资源整合以及与外在资源联结的程度对网络权力与中心度的影响,厂商内部网络联结在投资区位选择上扮演了重要的角色。此外,厂商进行对外投资时可能因为国际化经验不足或对当地市场不熟悉,借由国内的生产网络或熟悉的厂商引荐而进行海外直接投资,或利用自身优势与市场资源和其他厂商建立合作关系,建立全球化的策略网络,强化市场地位与市场绩效。

有一些学者认为,厂商的网络关系往往是带动厂商海外投资的主因。厂商

---

① 朱文贤. 以产业网络观点探讨台湾中小企业之国际化 [D]. 高雄:私立义守大学,1998.

② GHOSHAL S, C BARTLETT. The Multinational Corporation as an International Network [J]. Academy of Management Review, 1990, 15: 603-625; 1990, 16: 768-792.

在营运的过程中，通常会与其他国内或国外厂商有所联系，这些联系有可能是生产上的分工、研发合作的计划或行销通路的拓展等，由此形成的直接或间接的联系便是"网络"。不同的厂商在网络中扮演的重要性，往往会随其在网络中提供的功能不同而有所差异。若厂商在网络中提供的功能具有明显的独特性与不可替代性，则这些厂商在网络中便较具影响力。因此，当这些较具重要性的中心厂商决定进行海外投资时，其他网络周边的厂商为了维持原有的生产关系，便会跟随此中心厂商一同前往；中心厂商也会提供一些诱因来鼓励其前往，以降低部分的投资风险，于是一些彼此关系较紧密的厂商会有集体进行海外投资的现象。

三、FDI 经济增长影响效应的相关理论

随着全球经济一体化的发展，发展中国家通过大力引进 FDI，以促进经济增长。学术界对 FDI 对东道国经济增长的影响效应进行了大量研究，大多数学者都认为 FDI 能够促进发展中国家资本的形成和经济增长，扩大对外贸易，获得技术外溢效应和先进管理经验等。其理论主要包括经济发展理论、新古典经济增长理论、垄断优势理论、竞争优势理论、双缺口模型等。由于垄断优势理论、竞争优势理论前文已有分析，这里不再赘述。

（一）经济发展理论

发展经济学认为，引进 FDI 的主要目的是用来加快经济的发展。第一，弥补东道国资本不足，促进资本形成；第二，引进、吸收 FDI 带来的先进技术和管理经验；第三，增加就业机会；第四，促进产业结构升级和优化。

（二）新古典经济增长理论

新古典经济增长理论由索洛（1956）和斯旺（1956）在柯布-道格拉斯生产函数的基础上提出。该理论认为，囿于规模报酬递减，实物资本的增长对经济增长仅有短期效应，技术进步和劳动力增加才是经济长期增长的源泉。这表明东道国若吸引 FDI 仅是为了填补资金缺口，其对经济增长将仅有短期效应。注重外资所带来的技术进步和就业增加，才会有可能带来长期的经济成长。

（三）双缺口模型

双缺口模型由钱纳里和斯特劳特在 20 世纪 60 年代提出。该理论认为，发展中国家的经济发展受到以下约束：第一，较低的储蓄水平制约投资；第二，外汇收入较少；第三，技术水平落后，管理经验缺乏。引进外资有利于填补储蓄缺口和外汇缺口。同时，对外资技术和管理经验的吸收消化与扩散效应可以提升该国生产效率和经济发展质量。

四、FDI 技术溢出效应的相关理论

垄断优势理论、内部化理论、区位优势理论和国际生产折衷理论是外商直接投资理论的重要组成部分，其与 FDI 在东道国的技术溢出之间具有重要的理论渊源。注重研发、人力资本以及外部性的内生增长理论是 FDI 对东道国产生溢出效应的重要基础。FDI 在东道国的技术溢出过程本质上是知识溢出的过程。[①]

（一）内生增长理论

内生增长理论的代表人物以罗默（Paul Romer）和卢卡斯（Robert Lucas）为代表。该理论在新古典经济增长理论的基础之上，把知识积累增长、专业化人力资本引入增长模式，尤其强调劳动力的技术水平、教育程度、生产技能的熟练和协作能力等专业化人力资本积累是经济增长的源泉所在。该理论放弃了技术外生化的假定，突出技术的内生性。内生增长理论认为，一个企业的技术和人力资本作为生产投入要素，不仅促进了本企业的发展，还对其他企业具有积极的技术溢出效应。随着全行业技术与人力资本积累的增加，技术溢出效应也不断增大，进而促进了经济的持续增长。

该理论中的人力资本扩散效应与东道国吸引 FDI 所产生的技术溢出效应具有一致性。而且该理论中的"干中学""用中学"等观点对发展中国家如何吸收消化发达国家的先进技术提供了支撑。

（二）知识溢出理论

知识溢出（Knowledge Spillover Effect）理论认为，知识传播是知识的复制，而知识溢出则是知识的再造。知识不同于普通商品之处在于知识具有溢出效应。知识溢出过程具有链锁效应、模仿效应、交流效应、竞争效应、带动效应、激励效应。空间距离、市场结构、接受能力、社会网络均影响着知识溢出。知识溢出的途径有人员流动、产品流动、知识公开。其中，人员流动是隐性知识溢出的主要途径。

五、FDI 与生态环境关系的基础理论

（一）环境问题的外部性

生态环境问题是指生态环境破坏及其直接或者间接相关的各种问题。生态环境问题大体可分为三类：第一类是环境污染，第二类是舒适性的破坏，第三

---

① 李成刚. FDI 对我国技术创新的溢出效应研究 [D]. 杭州：浙江大学，2008.

类是自然（环境资源）的破坏。本书研究的生态环境问题为第一类，即环境的污染，包括空气、水质、土壤等污染问题。经济学主要用外部性理论揭示环境污染产生的原因。所谓外部性，是指企业或个人的经济活动对他人造成了影响，但这些影响并未计入市场的成本和交易价格中。外部性导致私人成本和社会成本或收益不一致，导致实际价格不同于最优价格。[①] 环境问题是外部不经济的典型例证，再加上市场失灵和政府失灵导致外部性无法得到纠偏所致。

1. 市场失灵

微观经济学认为，完全竞争的市场结构是资源配置的最佳方式。但在现实经济中，完全竞争市场结构只是一种理论上的假设。如果一些假设条件不能达到，市场就会失灵，无法使资源得到有效配置。导致市场失灵的原因主要有垄断、外部性、信息不完全、公共物品领域等。由于环境资源是典型的公共物品，产权难以明晰，从而导致市场失灵。

2. 政府失灵

政府失灵是指政府为弥补市场失灵而对经济、社会活动进行干预的过程中，由于政府行为自身的局限性和其他客观因素的制约而产生的新的缺陷，进而无法使社会资源达到最佳配置效率。在环境问题上，有可能存在政府干预的决策失效、相关部门的公共预算扩张、环保产品的供给效率低下、政府的寻租活动等，由此带来政府失灵的问题。政府失灵并不排除政府在环境管理中的责任和作用，如何通过有效的政策措施避免政府失灵才是关键。

3. 外部问题的内部化

外部问题的内部化，即通过制度安排，把经济主体在经济活动中产生的社会收益或社会成本，转为私人收益或私人成本。环境问题的内部化主要有"庇古手段"和"科斯手段"。"庇古手段"强调通过"看得见的手"——政府的干预来解决环境问题，其核心思想是由政府给环境问题的外部不经济性确定一个合理的负价格，由外部不经济性的制造者承担。"庇古手段"中最具代表性的就是排污收费。"科斯手段"主要通过"看不见的手"——市场机制本身来解决环境问题，"科斯手段"中最具代表性的是排污权交易。[②] 受各个国家的历史文化传统、经济发展水平、生产技术条件的影响，不同国家面临的环境问题不同，其环境的标准也存在较大差异，从而导致企业在不同的国家生产同样的商品，承担的环境成本也不相同。

---

① 陈宗团．城市环境管理经济方法 [M]．北京：化学工业出版社，2004．
② 陈宗团．城市环境管理经济方法 [M]．北京：化学工业出版社，2004．

(二) 污染天堂假说

污染天堂假说也称为污染避难所假说或产业区位重置假说,主要指污染密集产业的企业倾向于建立在环境标准相对较低的国家或地区。当产品的价格相同时,生产成本决定投资区位。如果各个国家除了环境标准外,其他方面的条件都相同,那么污染企业就会选择在环境标准较低的国家进行生产,这些国家就因而成为污染天堂。

该理论主要是由科普兰和泰勒 (Copeland & Taylor, 1994) 在研究南北贸易与环境污染关系时提出,其核心观点是在开放经济条件下,相对于环境规制更为严厉的发达国家而言,环境标准较低的国家的厂商将获得明显的比较优势,从而增强其国际竞争力。因此,发达国家的"肮脏产业"(Dirty Industries)为追求利润的最大化必然向发展中国家转移,从而推动后者污染密集型产业的发展,使其成为前者的污染避难所。

该理论提出后,众多学者对其进行补充完善,甚至提出了相反的结论。有学者 (Xing & Kolstad, 1996) 认为,污染避难假说必须满足三个前提条件:第一,环境规制导致污染程度不同的产业产生不同的生产成本;第二,不同区域的环境规制政策存在级差;第三,环境规制限制了某些产品的生产,迫使生产者重新选址。格罗斯曼和克鲁格 (Grossman & Krueger, 1991) 认为,国际经济的一体化有利于提升发展中国家收入水平,从而推动民众对洁净环境的需求,最终提升这些国家的环境质量。有研究者 (Hatzipanayotou 等, 2002) 研究表明,通过发达国家对发展中国家提供的资金和技术援助,环境效应的跨境外部性不仅不会影响发达国家福利,而且还能降低发展中国家污染水平,从而使整体福利得以增进。

(三) 污染晕轮效应

凯文·格雷和邓肯·布兰科 (Kevin Grey & Duncan Brank, 2002) 提出的污染晕轮效应 (Pollution Halo)。污染晕轮效应是指跨国公司对外直接投资过程中由于广泛建立和推广全球控制,在东道国的公司会采用相似的管理模式,从而为东道国提供传播绿色技术和学习先进管理经验的机会。也就是说,跨国公司在对外投资过程中,其先进的清洁生产技术和环境管理制度会向发展中国家扩散,从而改善和提升当地的环境水平。由此,跨国公司投资会通过知识扩散、技术溢出、资金投入等方式促进东道国的经济发展和技术进步,并对其环境带来积极影响。

伯索尔和惠勒（Birdsall & Wheeler，1993）[①]认为，全球经济一体化所带动的国际贸易与国际投资为欠发达国家提供了学习先进技术的机会，促使其清洁生产，从而提升东道国环境质量。卢巴·扎斯科（Lyuba Zarsky，1999）的研究更进一步表明FDI有利于提高全球的专业化分工，从而使生产活动和污染治理都带来规模效益递增效应。[②]

六、对上述相关理论的简要评述

（一）国际贸易理论的评述

开放型经济的理论基础主要从国际贸易和国际直接投资两个方面展开。国际贸易理论发展经历了从古典贸易理论到新古典贸易理论，进而到新贸易理论三个发展阶段。一直以来，在国际贸易理论界占主流地位的是以大卫·李嘉图的比较优势理论和赫克歇尔-俄林的要素禀赋理论（简称H-O模型或H-O理论）为代表的主张自由贸易的传统贸易理论。由于没有新产品的发明、排除技术进步因素的影响等一系列假设条件决定了比较优势理论只能用来解释静态的国际贸易利益。"里昂惕夫悖论"使西方经济学家对静态比较优势和二战后出现的贸易新现象进行重新思考研究，传统比较优势理论的动态化研究也应运而生。哈佛大学教授弗农的产品生命周期理论、日本学者赤松的雁行形态理论以及筱原三代平的动态比较优势理论都从不同角度修正了静态的比较优势理论，使比较优势理论在指导各国贸易实践中更为合理、有效。

但这些理论仍只是对比较优势理论和要素禀赋理论的不断修正和拓展，并没有对其理论渊源做出根本性的变化。随着产业内国际贸易的不断发展，尤其是二战后，第三次科技革命的蓬勃兴起推动了生产力的巨大进步，促进了当代世界贸易发展和贸易模式的显著转变。传统贸易理论中一些假定已经与国际贸易的现实情况产生了不一致，其在解释很多国际贸易发展中的新现象时越发显得苍白无力，经济学家为此展开更广泛和深入地研究，试图采用更新的研究方法来丰富和完善国际贸易的理论体系。

在20世纪70年代中期以前，西方学者主要是针对发生在发达国家之间的产业内贸易新现象进行大量的经验性研究的同时，进行理论的探索。例如，瑞典经济学家林德（Linder S.B）在1961年将需求导入国际贸易理论，分析需求

[①] BIRDSALL N, D WHELLER. Trade Policy and Pollution in Lation American：Where are the Pollution Haven？［J］. Journal of Environment and Development，1993（2）：137-145.

[②] LYUBA ZARSKY. Havens，Halos and Spaghetti：Untangling The Evidence about Foreign Direct Investment and The Environment［M］. Organisation for Economic Co-operation and Development，1999.

在国际贸易中的重要地位,同时提出了解释工业品贸易的偏好相似理论。美国经济学家波斯纳(Posner, M. A.)于1961年在《国际贸易和技术变化》一文中以科学发明、技术创新的推广过程来解释国际贸易的发生和发展而提出的技术差距理论。美国经济学家弗农(P.Vernon)和威尔(L.T.Well J)等人提出的产品生命周期理论,合理地解释了二战后工业制成品的贸易流向以及对贸易格局的影响。20世纪70年代末,以克鲁格曼(Krugman P, 1979)和兰卡斯特(Lancaster K, 1979)的研究为开端,学者们开始了对产业内贸易成因的探讨,从而形成水平型产业内贸易和垂直型产业内贸易两大类基本理论模型。

综上所述,以上学者讨论和分歧的焦点在于传统新古典贸易理论能否充分解释产业内贸易等新现象。引入规模经济和垄断竞争等相关因素成为新H-O理论与新贸易理论(规模报酬递增和不完全竞争)争论的核心问题,他们对产业内贸易性质的不同理解致使各自理论的假设条件不同,从而造成了不同的均衡特征以及不同的结论。

然而,无论是传统贸易理论还是现代贸易理论,仍存在着一定的不足,主要表现为对发展中大国参与经济全球化的复杂性、多样性缺乏深刻的研究。事实上,对于发展中大国,在经济发展过程中,既有该国内部不同区域之间贸易分工问题,又有该国与其他国家,包括发展中国家和发达国家的产业分工和产业内贸易问题,但如此丰富的现实问题往往被抽象化和简单化。

(二)国际直接投资理论的评述

西方学者对国际直接投资进行的分析和研究,形成了不同的学术流派,各种理论大致可分为两大类别:一是基于国际贸易基础上的宏观导向理论,二是基于工业组织基础上的微观导向理论。前者从不同国家的生产要素或生产环境差别对国际直接投资现象做出解释,发展为对外投资宏观理论,其中以小岛清的边际产业扩张理论和邓宁的投资发展阶段理论为代表;后者则从企业层面考察对外直接投资行为,试图从企业竞争优势角度解释国际直接投资现象,发展为对外直接投资微观理论,其中以海默的垄断优势理论、巴克利和卡森的内部化理论、邓宁的国际生产折衷理论、弗农的国际产品生命周期理论等为代表。总结西方国际直接投资理论各种流派的观点,其局限性如下:

(1)西方国际投资理论的一个共同点是企业的垄断优势,但对引起垄断原因的解释,回避了社会化大生产与私人所有制的矛盾导致国内缺乏有利的投资场所,而不得不对外投资的本质趋向。

(2)对于国家在直接投资中的作用论述不够。其实政府往往会从本国的利益出发,制定政策对对外投资进行干预或引导,这对国际直接投资与东道国的经济影响极大。但是西方直接投资理论因重视市场的作用,对此研究不够深入。

(3) 其理论主要为跨国公司和发达国家服务,而对受资方发展中国家带来的经济影响,则较少涉及。

(4) 缺乏科学统一的理论基础。西方直接投资理论说明现象的多,揭露本质和规律的少。其理论只能说明某一方面、某些国家、某个时期的情况,统一的理论体系尚未形成。

(三) 上述核心理论对本书的深入研究的启示

从绝对优势、比较优势和要素禀赋的传统贸易理论来看,无论是不同的国家还是同一国家内部不同地区之间,只要它们之间在技术、土地、资本、劳动力等要素的丰裕程度上存在差异,则这些国家和地区之间选择相对优势要素进行产业分工和生产,这对双方是利大于弊的。

林德的偏好相似理论认为各国对于产品的需求主要取决于收入水平,两个收入水平相似的国家对于产品的需求可能更接近。企业首先满足国内需求,剩余的产品将出口到有相似需求的国家。东盟国家与我国有相似的要素禀赋,长江上游地区的开放型经济也需要加强与这些国家的贸易往来。

产品生命周期理论,考虑了技术对贸易的影响,将要素禀赋理论从静态发展为动态。发达国家在科技水平和新技术开发方面的确具有优势,新产品开发之初,对特殊的技术和高素质劳动力的需要,往往会在发达国家进行生产。产品成熟进入到大规模生产阶段,则会转移到不太发达但是劳动力低廉的国家进行批量生产。产品生命周期理论虽然是针对不同国家而言的,但对于经济发展水平不一致的国家内部而言,仍然具有借鉴意义。欠发达地区不是所有产业均落后,发达地区也不是一切产业均发达。欠发达地区政府与企业要积极争取与发达地区在产业生命的初期、中期、后期产业实现全方位的合作,中央政府应引导支持这样的多层次合作。

新贸易理论告诉我们,不同国家和地区之间不仅可以交换不同的产品,而且可以交换本质相同的产品。对于一国内部的不同地区之间,为了满足消费者的多样化需求,实现规模经济,应从产业内分工和产业间贸易角度重视区域经济的一体化。不要简单地否定区域之间的产业趋同,而要具体问题具体分析。如果不同区域之间生产了本质相同的产品,但在款式、色彩、口味等方面能满足消费者的多样化需求,这样的产业分工及产业内贸易也是有生命力的。

竞争优势理论告诉我们,竞争优势理论不仅适用于国家,而且也适用于地区。国家内部的不同地区,不仅要重视培育比较优势产业,而且要从战略上注重培育竞争优势产业。从现实出发，在比较优势产业基础上，发展竞争优势产业是最佳选择，即一个地区重点发展既有比较优势又有竞争优势的同一产业，那么该地区的开放型经济将具有顽强的生命力，这样的竞争优势是内生的，而外生的或无中生有的竞争优势产业培育则需要强有力的外部引导和支撑。

第三节 国内外相关研究

一、开放型经济度量方法的相关研究

国外最早用外贸依存度（进出口贸易总额与国内生产总值的比值）来表示经济开放度。20世纪90年代，道勒斯（Dollars，1992）[①] 以"Summers-Heston"（萨默斯-赫斯顿）以物价水平数据为基础，通过测度同一商品在本国和美国的价格之比来衡量一国经济的开放程度。萨克斯和华纳（Sachs & Warner，1995）[②] 扩大了指标数量和范围，采用平均关税率、非关税壁垒、是否为计划经济体制、黑市交易费用以及主要外贸是否为国家垄断5类指标，将国家分为开放与不开放两种类型，即若符合其中任何一条，则这个国家属于贸易不开放国家，相反则为贸易开放国家。埃德华兹（Edwards，1992）[③] 将已有的经济开放度度量方法进行了归纳，提高了度量方法的准确性。一些学者则采用构建模型的方法来衡量经济开放度。哈里森（Harrison，1996）[④] 以"萨默斯和赫斯顿（Summers & Heston）统计得到的各国物价水平数据为基础，用消费品相对价格对城市化指数、土地禀赋和人口等变量通过回归得到的残差值来判断价格扭曲程度，残差越大，价格扭曲程度越严重。劳（Low，1998）用外贸依存度与国内生产总值、人均国内生产总值的平方、人口数进行回归，以修正贸易开放度指数。

国内学者从我国实际出发，在国外研究的基础上，结合我国经济发展和对

---

① DOLLARS D. Outward-Oriented Developing Economies Really Do Grow More Rapidly: Evidence from 95 LDCs, 1976-1985 [J]. Economic Development and Cultural Change, 1992, 40 (3): 523-544.
② SACHS J, WARNER A. Economic Reform and the Process of Global Integration [J]. Brooking Papers of Economic Activity, 1995 (1): 1-118.
③ EDWARDS S. Trade Orientation, Distortions and Growth in Developing Countries [J]. Journal of Development Economics, 1992 (39): 31-57.
④ HARRISON A. Openness and Growth: A Time-Series, Cross-Country Analysis for Developing Countries [J]. Journal of Development Economics, 1996 (48): 419-147.

外开放基本情况，采用指标法和构建模型法来测度一国的经济开放度。李翀（1998）①从国际贸易、国际金融、国际投资三个方向重构了对外开放度评价模型，并根据各指标在国际经济活动中的重要程度进行赋权。陈耀庭（2000）②从外贸依存度和外资依存度两个方面来度量经济开放度，对我国与另外7个国家的经济开放程度进行了比较分析。黄繁华（2001）③从商品贸易、服务贸易、国际直接投资和间接投资4个方面衡量了我国的经济开放度。谢守红（2003）选取外贸依存度和外资依存度，利用1990年和2000年的统计资料对中国各省份对外开放度进行测定和比较分析，根据对外开放度的时空差异特征对各省份进行分类。④胡智和刘志雄（2005）引入投资开放度、生产开放度、贸易开放度、实际关税率和对外金融比率5个有代表性的指标，通过因子分析方法对我国经济开放度进行了测算。⑤范良（2005）以贸易开放度和投资开放度来界定我国的经济开放度指标，运用两变量VAR系统方法实证分析1982—2004年我国经济增长与经济开放度指标之间的关系。⑥王晓亮和王英（2013）从开放基础、开放规模、开放结构和开放效益4个方面构建了包含24个指标的区域开放型经济发展评价指标体系，运用改进的熵值法测度7个省（市）于2010年的开放型经济发展水平并排序。⑦

二、FDI与经济增长的相关研究

（一）FDI对东道国经济增长的影响

一些国外研究者认为FDI极大地促进了东道国经济增长，因为FDI能够促进发展中国家资本的形成，扩大发展中国家的进出口贸易，是发展中国家获取国际资本的主要方式。例如，有学者（Husian & Jun，1998）⑧对除中国以外的东亚国家1970—1988年的时间序列数据和截面数据进行回归分析，得出外商直接投资对东亚国家的经济增长有明显的促进作用的结论。有学者（Hansen &

---

① 李翀. 我国对外开放程度的度量与比较 [J]. 经济研究，1998（1）：26-29.
② 陈耀庭. 90年代中国经济开放度和国际化研究 [J]. 世界经济与政治，2000（8）：11-15.
③ 黄繁华. 中国经济开放度及其国际比较研究 [J]. 国际贸易问题，2001（1）：19-23.
④ 谢守红. 中国各省区对外开放度比较研究 [J]. 地理科学进展，2003（3）：296-303.
⑤ 胡智，刘志雄. 中国经济开放度的测算与国际比较 [J]. 世界经济研究，2005（7）：10-17.
⑥ 范良. 经济开放度与经济增长——基于VAR方法对中国的实证研究 [J]. 财经问题研究，2005（11）：13-20.
⑦ 王晓亮，王英. 区域开放型经济发展水平评价指标体系构建 [J]. 地域研究与开发，2013（3）：27-31.
⑧ HUSIAN, JUN. FINDIAV R. Relative Backwardness, Direct Foreign Invest ment and the Transfer of Technology: A Simple Dynamic Model [J]. Quartely Journal of Economies，1998（5）.

Rando，2004)①的研究也发现 FDI 和发展中国家国内生产总值增长有长期因果关系。有学者（Baharumshah & Thanoon，2006)②也证实了 FDI 对东亚国家经济增长有促进作用。

一些国外研究者认为，FDI 对东道国经济增长的影响与该国所处的特定情况有关。有研究者（V N Balsutiramanyam，M Salisu & D Sapsford，1996)③运用46 个国家和地区的横截面数据，构建了不同贸易政策影响经济增长的模型。结果表明，相对于实行内向型政策的国家，FDI 对实行外向型政策的国家的经济增长的促进作用更大。有研究者（Makki，2004)④研究了 66 个发展中国家和地区的外商直接投资与经济增长的关系，认为 FDI 想要更好地发挥对一国经济增长的促进作用，就必须要和宏观经济政策、政治稳定和人力资本相互结合。有研究者（E Borensztein，J Crego & J W Lee，1998)⑤对 69 个发展中国家和地区 1970—1989 年吸收发达国家直接投资数据建立多元回归方程。结果表明，如果东道国具有较为先进的技术吸收能力，则外商直接投资对经济增长的拉动作用比国内投资要大。

我国自改革开放以来，利用外资的规模大幅增加，速度惊人，许多学者也就 FDI 与经济增长关系进行了大量研究。厉以宁等（1993)⑥撰写的《中国经济增长与波动》一书为国内较早研究外商直接投资与经济增长关系的著作。厉以宁等认为，FDI 对中国经济增长的影响可分为直接影响和间接影响。该书的重点是从理论和实证两个方面总结中华人民共和国成立以来的经济增长、经济波动和经济周期的规律。

曾慧（2012)⑦从技术创新的视角出发，运用 2000—2008 年我国 30 个省、市、区的面板数据，构建了研发活动影响经济增长效应的理论模型，实证检验

---

① HANSEN，RANDO. On the Causal Links between FDI and Growth in Developing Countries [J]. Department of Economic，2004（13）：195-199

② BAHARUMSHAH A Z，THANOON A M. Foreign Capital Flows and Economic Growth in East Asian Countries [J]. China Economic Review，2006，17（1）：70-83.

③ BALASUBRAMANYAM V N，SALISU M，SAPSFORD D. Foreign Direct Investment and Growth in EP and IS Countries [J]. Economic Journal，1996，106（434）：92-105.

④ MAKKI. Impact of Foreign Direct Investment and Trade on Economic Growth：Evidence from Developing Countries [J]. American Agricultural Economics Association，2004（4）：795-801

⑤ BORENSZTEIN J GREGORIO，J W LEE. How Does Foreign Direct Investment Affect Economic Growth [J]. Journal of International Economics，1998（8）：211-216

⑥ 厉以宁. 中国经济增长与波动 [M]. 北京：中国计划出版社，1993.

⑦ 曾慧. 基于技术创新能力的 FDI 与中国经济增长 [J]. 浙江工商大学学报，2012，1（3）：32-38.

了研发活动在推动FDI促进我国经济增长过程中的重要作用。结果表明，FDI对我国经济增长的促进作用受到技术创新能力的限制，而且技术创新能力对于我国东、中、西部地区FDI经济增长效应的影响存在明显的区域差异。

刘宏（2013）[①]认为，FDI对中国经济的显性影响表现在经济增长和就业两个方面，FDI对我国经济增长和就业具有明显的促进作用，我国经济增长对FDI的流入具有积极影响，但呈现波动态势。

杨晓丽（2013）[②]运用我国1998—2008的外商直接投资数据，建立面板数据模型，实证研究了外商直接投资与经济增长的影响效应，认为同等数量的FDI，质量不同会对东道国经济增长产生不同的影响。杨晓丽以我国地方政府招商引资为例，各地政府纷纷出台优惠政策吸引外资，在外资数量提升的同时，相应地降低了FDI的质量，只有FDI质量提高，才能稳步推动经济持续增长。

（二）FDI的区域影响效应

目前，我国FDI的区域影响效应研究主要以国家为整体进行研究，只有少量的分区域研究，并且主要集中在长三角地区（陈晓峰，2011[③]；李晓钟、张小蒂，2004[④]；朱道才，2010[⑤]；于津平，2011[⑥]），珠三角地区（谭蓉娟，2012[⑦]；史修松，2011[⑧]；陈恩，2009[⑨]），有少量针对北京和天津的研究（马

[①] 刘宏，李述晟.FDI对我国经济增长、就业影响研究——基于VAR模型［J］.国际贸易问题，2013（4）：105-114.

[②] 杨晓丽.地方政府FDI税收竞争的策略性及其经济增长效应［J］.中南财经政法大学学报，2011，185（2）：22-28.

[③] 陈晓峰.长三角地区FDI与环境污染关系的实证研究——基于1985—2009年数据的EKC检验［J］.国际贸易问题，2011（4）：84-93.

[④] 李晓钟，张小蒂.外商直接投资对我国长三角地区工业经济技术溢出效应分析［J］.财贸经济，2004（12）：75-80.

[⑤] 朱道才，陆林，晋秀龙.空间格局及其经济效应的分析——泛长三角FDI实证［J］.地理科学，2010，30（2）：184-189.

[⑥] 于津平，许小雨.长三角经济增长方式与外资利用效应研究［J］.国际贸易问题，2011（1）：72-81.

[⑦] 谭蓉娟.FDI强度与珠三角装备制造业低碳化转型发展——基于投入产出与面板数据的实证研究［J］.国际贸易问题，2012（2）：81-91.

[⑧] 史修松.开放条件下FDI企业转移的影响因素研究——以长三角、珠三角为例［J］.技术经济与管理研究，2011（2）：106-109.

[⑨] 陈恩，李道庆.外商直接投资对广东地区收入差距的影响探析［J］.社会工作与管理，2009，9（2）：19-24.

琏，2008①；肖亦卓，2006②；吕世生，2004③；张智林，2006④；过晓颖，2010⑤，而把长江上游地区作为整体研究对象的还没有，分别对长江上游四省市的研究也非常少。针对四川省的相关研究仅有曾勉（2007）⑥、胥丽娜（2008）⑦、朱磊（2010）的研究，分别从产业结构调整、技术溢出效应、经济发展做了初步论述；针对重庆市的相关研究有陈洪东（2006）⑧、汤雁冰（2007）⑨、陈享光（2009）⑩、王全意（2011）⑪的研究，主要围绕对外出口和技术溢出两个方面展开研究；针对云南省的相关研究有王新燕（2005）⑫、李富昌（2006）⑬、陈静思（2009）⑭、张黎和罗宏翔（2011）⑮的研究，主要从经济增长和贸易效应两方面展开研究；对贵州省的研究有马国胜（2007）⑯、于菁（2009）⑰、宗建亮（2010）⑱、黄正松（2015）⑲等的研究，主要从经济

---

① 马琏.FDI对北京经济增长影响的研究[D].北京：北京林业大学，2008.

② 肖亦卓.外商直接投资与北京经济增长[J].北京社会科学，2006（5）：89-92.

③ 吕世生，张诚.当地企业吸收能力与FDI溢出效应的实证分析——以天津为例[J].南开经济研究，2004，6（6）：72-77.

④ 张智林.FDI的溢出效应对天津经济影响的实证研究[J].环渤海经济瞭望，2006（7）：25-27.

⑤ 过晓颖，高奇.FDI对天津进出口贸易的影响——基于1985—2007年的计量模型分析[J].天津商业大学学报，2010，30（3）：17-21.

⑥ 曾勉.利用FDI促进四川产业结构调整的策略研究[D].成都：西南财经大学，2007.

⑦ 胥丽娜.FDI对区域经济的影响——基于山东、河南和四川的比较分析[J].周口师范学院学报，2008（7）：32-35.

⑧ 陈洪东.FDI对重庆经济增长贡献的实证研究[D].重庆：重庆大学，2006.

⑨ 汤雁冰.外商投资挤出溢出效应实证研究[D].重庆：重庆大学，2007.

⑩ 陈享光，王选华.我国西部地区引进FDI技术溢出效应考察：以重庆为例[J].西南大学学报（社会科学版），2009，35（5）：126-132.

⑪ 王全意，喻后勇.FDI对重庆出口贸易总量和结构影响的实证分析[J].特区经济，2011（3）：216-218.

⑫ 王新燕，张伟.云南进出口和FDI与经济增长关系的实证分析[J].云南财经大学学报，2005，21（3）：60-64.

⑬ 李富昌，罗琳，希洛.FDI对云南资本形成效应分析[J].云南财贸学院学报（社会科学版），2006（2）：62-64.

⑭ 陈静思，李丽.FDI利用中吸收能力对云南经济增长影响的实证分析[J].云南财经大学学报（社会科学版），2009，24（1）：76-79.

⑮ 张黎，罗宏翔.FDI流入与出口贸易双向关系实证研究——以东盟和云南为例[J].云南财经大学学报（社会科学版），2011（4）：9-12.

⑯ 马国胜.FDI与贵州经济发展的实证分析[J].贵州财经大学学报，2007（1）：103-106.

⑰ 于菁.FDI与贵州对外贸易关系的实证分析[J].贵州财经大学学报，2009（4）：102-106.

⑱ 宗建亮，李小婧.欠发达地区对外开放与经济发展相关因素研究——以贵州对外贸易、FDI为例的实证分析[J].贵州财经大学学报，2010，28（5）：100-105.

⑲ 黄正松.贵州FDI技术溢出渠道的实证分析[J].统计与决策，2015（8）：139-141.

发展、对外贸易、技术溢出进行了论述。

三、FDI 技术溢出效应的国内外研究

(一) 国外研究现状分析

国外学者对 FDI 技术溢出效应的研究起源于 20 世纪初，并且在理论研究上已经达成共识，即外商直接投资会通过竞争、示范、人员流动以及上下游产业关联等方式对东道国产生技术溢出。但是，结合不同学者利用不同国家、地区，不同时期的数据进行的实证研究，对于技术溢出效应的正负作用却得出了不同结论，既有 FDI 会产生正向的技术溢出效应的结论，也有负向的技术溢出效应的结论。

国外关于 FDI 技术溢出效应最早的实证研究的是科伍斯（Caves）[1] 在 1974 年通过对加拿大 1966 年横截面数据分析得出制造业中外资份额的增加会带动当地行业利润率的增加的结论。但是，在分析 FDI 的技术溢出效应时，实证结果却没能得出外资会产生技术溢出效应的结论。1994 年，科克（Kokk）[2] 利用墨西哥 1970 年和 1971 年两年制造业的数据进行实证研究，结果表明在制造业中确实存在技术溢出效应，而且在内外资企业技术差距小和产品差异化小的行业，外商直接投资的技术溢出效应要比其他行业明显，建议政府可以利用政策导向，引导外商直接投资向这类行业流动，以充分利用 FDI 的技术溢出效应。吉尔玛和丰克林（Girma & Wakelin, 2001）[3] 分析了不同来源国的 FDI 对英国制造业的技术溢出效应，实证结果表明来自日本的外商直接投资对英国产生的技术溢出效应最大。佩尔森和布洛姆斯特姆（Persson & Blomstrom）[4] 在 1983 年利用墨西哥 1970 年制造业不同企业的横截面数据进行实证研究，结果表明 FDI 会对墨西哥制造业产生正向的技术溢出效应。哈里森和艾肯特（Hairison & Aitken）[5] 在 1999 年利用委内瑞拉 1976—1989 年超过 4 000 家企业

---

[1] CAVES. Multinational firms, competition and productivity in host-country markets [J]. Economic, 1974 (41): 176-193.

[2] KOKKO A. Technology Market Characteristics and Spillovers [J]. Development Economics, 1994 (43): 279-293.

[3] GIRMAS, WAKELIN K. Who Benefit from Foreign Direct Investment in the UK [J]. Scottish-Journal of Political Economy, 2001, 48: 119-133.

[4] BLOINSTROM M, H PERSSON. Foreign Direct Investment and Spillovers Efficiency in an Undeveloped Economy Evidence from the Mexican Manufacturing Industry [J]. World Development, 1983, 11: 493-501.

[5] ATIKEN B J, HARRISON A E. Do Domestic Firms Benefit from Foreign Direct Investment: Evidence from Panel Data [J]. American Economic Review, 1999, 89: 605-618.

的面板数据来分析外商直接投资的技术溢出效应，实证结果表明来自美国的外商直接投资产生的技术溢出效应相对较小。然而，在对FDI技术溢出效应的研究中，同样有发现存在负溢出效应的情况，比如施特罗布尔和巴里奥斯（Strobl & Barrios, 2002）[1]、加瓦瑞斯克（Javorcik, 2004）[2]、布瓦利亚（Bwalya, 2006）[3]等的研究。

（二）国内研究现状分析

我国从20世纪90年代后期开始了对FDI技术溢出效应的研究，进入21世纪，更是出现了大量的相关研究。然而，由于研究角度、研究方法和研究区域的差别，我国国内学者对FDI技术溢出效应研究得到的结论也是不同的。

首先，从全国层面来看，秦晓钟（1998）[4]利用1995年我国工业部分行业数据，测算了劳动生产率与外商直接投资资产效率的相关系数，发现在行业差距较小的行业FDI技术溢出效应更为显著。何洁等（1999）[5]在菲德尔（Feder）模型的基础上，将整个工业分为内资和外资两个部门，采用1985—1996年的时间序列数据进行实证研究，结果表明外商直接投资在我国工业部门中存在正的技术溢出效应。潘文卿（2003）[6]同样以我国工业部门作为研究对象，利用1995—2000年的工业部门的面板数据，对外资的技术溢出效应进行研究，实证结果表明外商直接投资对我国内资工业部门总体产出的增加有着重要的促进作用。平新乔（2007）[7]采用我国第一次全国经济普查数据，构建不同的计量模型分析了外国直接投资对我国内资企业的技术溢出效应，结果表明未有明显证据说明外资对内资企业存在正向的技术溢出效应。姜瑾

---

[1] BARRIONS S, STROBL E. Foreign Direct Investment and Productivity Spillovers: Evidence from the Spanish Experience [J]. Weltwirtschaftliches Archiv, 2002, 138: 459-481.

[2] JAVORCIK B S. Does Foreign Direct Investment Increase Productivity of Domestic Firms Is Search of Spillovers through Backward Linkages [J]. American Economic Review, 2004, 94 (3): 605-627.

[3] BWALYA S M. Foreign Direct Investment and Technology Spillovers: Evidence from Panel Data Analysis of Manufacturing Firms in Zambia [J]. Journal of Development Economics, 2006, 81 (2): 514-526.

[4] 秦晓钟.浅析外商直接投资技术外溢效应的特征[J].投资研究，1998（4）：45-47.

[5] 何洁，许罗丹.中国工业部门引进外国直接投资外溢效应的实证研究[J].世界经济文汇，1999（2）：12-15.

[6] 潘文卿.外商投资对中国工业部门的外溢效应：基于面板数据分析[J].世界经济，2003（6）：3-7.

[7] 平新乔.外国直接投资对中国企业的溢出效应分析：来自中国第一次全国经济普查数据的报告[J].世界经济，2007（8）：3-13

(2007)① 在前人研究的基础上构建了一个包含前后向联系效应和水平溢出效应等变量在内的计量模型,通过对国内 21 个行业的面板数据进行实证研究,结果发现 FDI 对我国的技术溢出效应在行业间比在行业内更为明显。

其次,从具体省份层面来看,研究某省份 FDI 技术溢出效应的研究相对较少,主要有陈斌(2000)② 对江苏省的研究、张海洋等(2004)③ 对广东省的研究、刘阿彬(2009)④ 对福建省的研究、杨京京(2009)⑤ 对重庆市的研究、张俊鹏(2013)⑥ 对浙江省的研究等。

四、FDI 的环境效应研究综述

(一) 国外研究

1. FDI 加剧环境污染

认为 FDI 会加剧东道国环境污染的代表学说有污染天堂假说,其代表人物有沃尔特和尤格劳(Walter & Ugelow,1979;1982)。他们认为,发达国家企业因为严格的环境管制而迁址至发展中国家,使发展中国家成为"污染避难所",进而加剧东道国环境污染。杜阿和埃斯蒂(Dua & Esty,1997)⑦ 指出,在经济全球化进程中,一些发展中国家为吸引外资或增强本国产品的国际竞争力,纷纷降低各自的环境质量标准,出现所谓的"向底线赛跑"(Race To the Bottom),导致环境质量的整体下降。有研究者的数据分析表明,外商直接投资的环境影响是负面的(Lyuba Zarsky,1999)⑧。世界银行(2000)调查结果显示,外商投资会刺激经济增长,从而导致更多的环境污染。有研究者(Matthew A.C,Robert J.R & Fredriksson P.G,2006)对 1982—1992 年 33 个发达国家和发展中国家的实证研究也支持了 FDI 对环境产生不利影响的观点。格雷泽

---

① 姜瑾. FDI 技术溢出效应影响因素研究的理论假设与经验证据 [J]. 外国经济与管理,2007 (1):60-65.
② 陈斌. 江苏外商直接投资外溢效应的实证研究 [J]. 江苏统计,2000 (9):23-26.
③ 张海洋,刘海云. 外资溢出效应与竞争效应对中国工业部门的影响 [J]. 国际贸易问题,2004 (3):76-81.
④ 刘阿彬. 福建省 FDI 技术溢出效应的实证分析 [D]. 厦门:集美大学,2009.
⑤ 杨京京. 重庆 FDI 的技术溢出效应分析 [D]. 重庆:西南政法大学,2009.
⑥ 张俊鹏. 浙江省 FDI 技术溢出吸收能力影响因素分析 [D]. 沈阳:辽宁大学,2013.
⑦ DUA ANDRE, DANIEL ESTY. Sustaining the Asia Pacific Miracle: Environmental Protection and Economic Integration [M]. Washington: Institute for International Economics,1997.
⑧ LYUBA ZARSKY. Untangling the Evidence about the Relationship between Foreign Direct Investment and the Environment [J]. OECD Conference on Foreign Direct Investment and the Environment,1999.

(Grether，2003)及道田(Michida，2005)等人也为污染天堂假说提供了验证。

2. FDI 遏制环境污染

这种观点认为，FDI 对东道国改善环境质量是有利的。伯索尔和惠勒(Birdsall & Wheeler)[①]认为，外商投资不仅可以促进东道国的技术进步，还会带去先进的治污技术，东道国可以运用和发达国家相同的环境标准，从而利于东道国环境污染的改善。曼尼和索勒(Mani & Wheeler，1998)认为，FDI 可以促进东道国收入水平而最终改善区域环境质量，虽然在初期阶段 FDI 的大量涌入导致环境污染，但随着经济发展水平的提高，对环境管制则更趋严格，环境质量会得到改善，因此"污染天堂"只是暂时的。达斯古普截和拉普兰特(Dasguptas & Laplante)[②]对中国的大型企业调查后发现，这些企业二氧化硫排放控制率达到 70% 以上，每吨排放成本只有几美元，因此环境规制成本因素不能给跨国企业提供足够强烈的转移动机。从理论上来说，波特(Potter，1995)反对污染天堂假说，认为企业在政府的环保压力下，不得不增加清洁生产技术的投入和创新，从而研发出更加清洁的生产技术和设备，通过创新活动带来的效益抵消环境成本，是企业可持续发展的动力和源泉。

3. 污染中立说

持此观点的学者认为，FDI 的环境效应不仅仅局限于两者的二元分析，FDI 的环境效应是可以分解的，正效应或负效应取决于各种效应的综合作用。比如格罗斯曼和克鲁格(Grossman & Krueger，1992)[③]建立了对外贸易的环境效应分析的基本框架，将环境效应分为了规模效应、结构效应和技术效应三个方面，确定这三个效应的正负和大小，加总之后会得到贸易增长对一国生态环境总的影响。梅比和麦克纳利(Mabey N & Mcnally R，1999)指出，FDI 与环境之间的关系是复杂的，因为 FDI 一方面带来了清洁的技术和先进的管理，另一方面又对环境造成了不可逆的破坏。

在实证方面，格罗斯曼(Grossman，1995)[④]解释了环境的库兹涅茨曲线

[①] BIRDSALL. N, WHEELER D. Trade Policy and Industrial Pollution in Latin America: Where are the Pollution Havens? [J] Journal of Environment and Development, 1993 (2): 137-149.

[②] DASGUPTAS, LAPLANTE B, WANG H, et al. Confronting the Environmental Kuzents Curve [J]. Journal of Economics Perspectives, 1997, 16 (1): 147-168.

[③] GROSSMAN G M, KRUEGER A B. Environmental Impacts of a North American Free Trade Agreement [J]. Social Science Electronic Publishing, 1992, 8 (2): 223-250.

[④] GROSSMAN G M, KRUEGER A B. Economic Growth and the Environment [M]. NewYork: Kluwer Academic Publishers, 1995.

的倒 U 形形状，将 FDI 的环境效应分为规模效应、结构效应、技术效应以及收入效应：规模效应会导致环境的负外部效应，技术效应和政策效应促成环境的正效应。有研究者（Zarsky L, 1999）认为，影响 FDI 环境绩效的因素至少有六种，并且影响程度和正负效应都不一样。也有研究者（Borregaard N & Dufey A, 2004）使用此法研究了智利和秘鲁的采矿业造成的环境影响，也证明了正效应来源于技术效应和政策效应，而负效应来源于规模效应这个观点。

有研究者（Jie He, 2006）把 FDI 的环境效应拆分为规模效应、结构效应和技术效应，经过研究中国的 FDI 工业和二氧化硫排放量的关系，发现 FDI 对经济增长和结构转换引起的污染排放增加完全抵消了 FDI 对环境正效应，使得污染增加。

（二）国内研究

对于 FDI 的环境效应问题，国内学者研究不多，主要是对国外三大理论的证明。结合中国实际情况，针对上述三大理论进行再证明或者解决中国国内实际问题还没有形成统一的观点。

1. 区域 FDI 的环境效应研究

证明了 FDI 对发展中国家的污染天堂假说的学者如下：潘申彪和余妙志（2005）[①] 利用 1996—2003 年江苏、浙江、上海三省（市）实际利用 FDI 和废气排放量的数据进行因果关系检验，发现在上海、江苏两省（市）单独检验中，两者因果关系较为明显，但是在浙江则关系不明显。结论是三省（市）吸引的外商直接投资增长是导致该区域的环境污染加剧的原因之一。杨海生等（2005）[②] 选取 1990—2002 年中国 30 个省（市、区）贸易、FDI、经济和环境的相关面板数据，从定性和定量两个角度探讨贸易与 FDI 对我国环境库茨涅兹曲线（EKC）的影响，结果发现 FDI 规模的扩大与污染物排放量增加之间呈现明显的正相关关系。苏振东和周玮庆（2010）[③] 的研究结果同样显示外商直接投资对我国环境具有显著的负面作用，并且在我国三大区域同样呈现出"东高西低"的梯度特征。王佳琦（2011）[④] 通过对珠三角、长三角、环渤海三大经济圈 FDI 环境效应进行研究，得出三大经济圈某种程度上已经成为 FDI 的

[①] 潘申彪，余妙志. 江浙沪三省市外商直接投资与环境污染的因果关系检验 [J]. 国际贸易问题，2005（12）：74-79.

[②] 杨海生，贾佳，周永章，等. 贸易、外商直接投资、经济增长与环境污染 [J]. 中国人口·资源与环境，2005，15（3）：99-103.

[③] 苏振东，周玮庆. 外商直接投资对环境污染的影响与区域差异——基于省级面板数据和动态面板数据模型的异质性分析 [J]. 世界经济研究，2010（6）：63-67.

[④] 王佳琦. 王佳琦. 外商直接投资的环境效应研究 [D]. 苏州：苏州大学，2011.

"污染避难所"的结论。李敦瑞（2012）[①]得出FDI方式的污染产业转移会引起引资地区环境污染的加剧的结论。马章良（2013）[②]经过对浙江1985—2010年FDI的环境效应进行相应的实证分析，得出FDI导致浙江环境污染指标上升，形状为U形的结论。

但是，也有不少学者证明FDI引入并非只存在污染天堂效应。徐惠明（2006）[③]对昆山进行了局部小范围的定性分析，认为FDI对当地的环境产生了污染晕轮效应，同时说明FDI在昆山产生的环境效应为正。许士春等（2009）[④]的研究结论表明，污染天堂假说在江苏是不成立的，并认为江苏的环境污染问题主要是由于省内企业大规模出口造成的。邓玉萍（2011）[⑤]经过对省域的2000—2009年面板数据的自相关模型和空间异质性模型考察研究，得出的结论是FDI在地理上集群有利于改善我国的环境污染状况，全球离岸金融中心外资显著降低了我国环境污染程度。

保持中立的学者有张欣（2012）[⑥]，其研究结论表明FDI对我国环境的影响存在区域性差异，而这种差异与该地区的环境规制效率有明显关系，环境规制效率高的地区才会有"污染光环"效应，而环境规制效率低的地区才会成为国际资本的"污染避难所"。

2. 产业FDI的环境效应研究

从产业层面进行研究，夏友富（1999）[⑦]对FDI对中国污染密集产业和高度污染密集产业进行实证分析，认为FDI是国外企业向中国转移污染密集型企业的通道，对中国生态环境的负面影响不容忽视。郭印（2004）[⑧]认为，目前地方政府在制定引资决策时过于急功近利，对拟引进的项目和技术发展缺乏合理、全面、科学的考察，忽视了资源合理利用、可持续发展等因素的全面分

[①] 李敦瑞.污染产业转移视角下FDI环境外部性的跨界效应[J].经济与管理，2012，26（4）：5-9.

[②] 马章良.浙江省FDI环境效应的实证分析[J].改革与战略，2013，29（1）：80-85.

[③] 徐惠明.FDI对昆山环境溢出效应研究[M].上海：同济大学出版社，2006.

[④] 许士春，庄莹莹.经济开放对环境影响的实证研究——以江苏省为例[J].财贸经济，2009（3）：107-112.

[⑤] 邓玉萍.基于空间效应的FDI对我国环境污染影响研究[D].长沙：湖南大学，2011.

[⑥] 张欣.我国FDI环境库兹涅茨效应检验与优化路径研究——基于动态面板的系统GMM分析[J].西安财经学院学报，2012，25（5）：23-28.

[⑦] 夏友富.外商投资中国污染密集产业现状、后果及其对策研究[J].管理世界，1999（1）：109-123.

[⑧] 郭印.利用外国直接投资项目中的环境保护问题[J].甘肃社会科学，2004（1）：41-42.

析，这进一步增加了引资地区的资源环境承载压力。章燕（2007）[①]对化学工业 FDI 的环境效应进行了研究，结果表明从对环境的绝对影响看，化学工业 FDI 对我国环境存在负效应；从对环境相对影响看，国有化工企业的负环境效应大于"三资"化工企业的负环境效应，这与国有化工企业的规模较大有关。沙文兵和石涛（2006）[②]利用 1999—2004 年我国 30 个省（市、区）的面板数据，对外商直接投资的环境效应进行测度。计量结果显示，外商直接投资对我国生态环境具有显著的负面效应，外资工业企业总资产每增加 1%，工业废气排放量增加 0.358%。包群、吕越等（2010）[③]选取 2001—2006 年我国 36 个行业的工业面板数据，实证考察了 FDI 对六种污染物的影响，并进一步根据行业外资进入程度高低划分了两类子样本进行估计，结果表明 FDI 进入的环境效应与引资程度密切相关。

也有许多学者的研究结论趋于 FDI 对环境影响具有正效应。戴育琴和欧阳小迅（2006）[④]通过分析外商投资于我国污染产业的分布结构及构建产业竞争力系数比值，发现与污染密集型产业相比，外商的清洁密集型产业的生产能力和比较优势更突出，外商投资对我国污染产业具有拉升效应，因而中国在吸收国外直接投资的过程中并没有成为许多人所认为的"污染天堂"。张玉彩（2012）[⑤]得知 FDI 会降低工业废水的排放量，提高工业二氧化硫排放量，但对工业固体废弃物则是结论相反。部分学者证明了 FDI 的环境效应是先负后正的效应，沈能（2013）[⑥]从数理分析中发现不同的 FDI 规模效应和收入效应上的均衡比较结果，引致了 FDI 和我国总体工业污染排放在维度上呈现倒 U 形轨迹关系。

五、FDI 和对外贸易的相互影响关系研究

综观外商直接投资与对外贸易关系的相关研究，虽然研究的方法各异，但理论分析得出的代表性结论却基本可以归结为两类，即以芒德尔（Mundell）

[①] 章燕. 我国化学工业 FDI 的环境效应研究 [D]. 杭州：浙江大学，2007.
[②] 沙文兵，石涛. 外商直接投资的环境效应——基于中国省级面板数据的实证分析 [J]. 世界经济研究，2006（6）：76-81.
[③] 包群，吕越，陈媛媛. 外商投资与我国环境污染：基于工业行业面板数据的经验研究 [J]. 南开学报（哲学社会科学版），2010（3）：93-103.
[④] 戴育琴，欧阳小迅. "污染天堂假说"在中国的检验 [J]. 企业技术开发，2006，25（12）：91-93.
[⑤] 张玉彩. 山西省外商直接投资与生态环境关系的实证研究 [D]. 西安：西北大学，2012.
[⑥] 沈能. 异质行业假定下 FDI 环境效应的非线性特征 [J]. 上海经济研究，2013（2）：13-21.

为代表的相互替代理论和以小岛清（K. Kojima）为代表的互补理论。美国经济学家罗伯特·芒德尔（RobertA. Mundell）在 1957 年提出了著名的贸易与投资替代模型。他认为中，在存在国际贸易壁垒的情况下，如果直接投资厂商始终沿着特定的轨迹（即所谓的"Rybczynski 线"）实施跨国直接投资，那么这种跨国直接投资就能够在相对最佳的效率或最低的生产要素转换成本的基础上，实现对商品贸易的完全替代。[①] 与此相对应，日本经济学家小岛清（K. Kojima）教授则提出贸易与外国直接投资具有互补关系。他从比较成本和比较利润率的角度重新解释了国际贸易和对外直接投资。在其边际产业扩张理论中，小岛清教授指出，国际直接投资应该从本国处于比较劣势的边际产业开始依次进行，这样既可以充分挖掘东道国的比较优势，又可以集中精力发展本国的比较优势产业，巩固本国的国际贸易地位，在这种情况下国际直接投资与国际贸易存在着相互促进的互补关系。[②] 美国经济学家帕特瑞（P.Patrie，1994）认为，不同的投资动机对贸易的影响也是不同的。他根据投资动机将 FDI 分为三大类，即市场导向型直接投资、生产导向型直接投资和贸易促进型直接投资，并指出只有以避开严厉的贸易壁垒为主要目的市场导向型直接投资与国际贸易之间存在相互替代的关系，而后两类国际直接投资与国际贸易都是互补的。帕特瑞的结论是由于激发直接投资的动机不同，贸易与投资的关系也不同；替代贸易的投资只是直接投资中的部分现象。

进入 20 世纪 90 年代，贸易和直接投资的实证研究取得了突破性的进展。很多学者对贸易与投资的新型关系进行了实证检验。例如，哈恩（Hein，1992）通过建立基于拉丁美洲和东亚地区数据的政策模型分析得知，这两个地区的出口导向策略吸引了大批外国直接投资，因此他认为是出口引致了 FDI。戈德伯格和克莱茵（Goldberg & Klein，1998）研究了日本和美国的 FDI 对拉美国家和东南亚国家进出口的影响。他们发现，资本流动与双边贸易之间存在互补性。特别是在亚洲国家，日本对东南亚国家的 FDI 显著增加了双边进口和出口。但是，拉美国家与日本之间、拉美国家之间以及美国与东南亚国家之间的贸易与 FDI 不存在显著的关系。韩国学者（Lim & Moon，2001）证明当发达国家向不发达国家投资，而投资是新设立的或者投资产业在母国是夕阳产业时，FDI 和贸易之间呈正相关关系。

关于中国直接投资和贸易关系问题，国内外学者进行了较多的研究，绝大

---

① MUNDELL R A. International Trade and Factor Mobility [J]. American Economic Review, 1957, 47: 321-335.

② 小岛清. 对外贸易论 [M]. 周宝廉, 译. 天津：南开大学出版社, 1987.

多数研究采用了实证分析方法。大多数研究认为，中国直接投资利用与中国对外贸易之间存在互相促进的关系。谢冰（2000）[①]通过对1980—1997年中国期间的有关数据进行了实证分析，得出外商直接投资与中国对外贸易发展之间是互补关系，外资对中国外贸结构的优化、贸易绩效的提高和市场的扩张都具有重要的推动作用的结论。史小龙和张峰（2004）[②]运用协整方法和误差修正模型，考察了外商直接投资对我国进口和出口贸易显著的促进作用。从短期来看，外商直接投资与进出口的关系由短期偏离向长期均衡调整的速度很快，外商直接投资的短期波动对进口的短期变化影响明显，而对出口的短期变化影响不显著。叶文佳和于津平（2008）[③]基于面板数据回归分析，对1995—2006年欧盟对华直接投资对中欧贸易的影响进行了实证研究。结果表明，欧盟对华直接投资对中欧贸易具有显著的促进作用，FDI存量对中国出口促进较大，而FDI流量对中国进口促进作用明显。同时，该研究发现，欧盟对华直接投资存量增加对中国对欧贸易顺差具有显著影响。戴志敏和罗希晨（2006）[④]对我国外商投资与出口贸易关联度进行分析后指出，我国外商投资对出口贸易的影响宏观上属于互补效应，外商直接投资和商品出口额有双向的格兰杰关系，即两者互相影响。项本武（2009）[⑤]使用2000—2006年我国对50个国家或地区直接投资和进出口的面板数据，运用面板协整模型和面板误差修正模型，对我国对外直接投资的长短期贸易效应进行了检验。研究结果显示：中国对外直接投资与中国出口及进口均存在长期协整关系。在长期，中国对外直接投资对中国进出口的拉动作用相当大。在短期，中国对外直接投资与中国出口及进口的长期稳定（协整）关系，对短期的出口及进口的抑制（调节）作用并不显著，对短期的对外直接投资具有显著的正向调节效应。赵蓓文（2009）[⑥]分析了贸易投资一体化背景下FDI对美中贸易逆差的影响，其通过关于中美贸易不平衡问题产生的原因的理论分析和美国在华直接投资的贸易效应的格兰杰因果检

[①] 谢冰. 外国直接投资的贸易效应及其实证分析[J]. 经济评论, 2000 (4)：30-35.

[②] 史小龙, 张峰. 外商直接投资对我国进出口贸易影响的协整分析[J]. 亚太经济, 2004 (3)：42-47.

[③] 叶文佳, 于津平. 欧盟对中国FDI与中欧贸易关系的实证研究[J]. 世界经济与政治论坛, 2008 (4)：21-28.

[④] 戴志敏, 罗希晨, 等. 我国外商投资与出口贸易关联度分析[J]. 浙江大学学报（人文社会科学版）, 2006, 36 (6)：67-73.

[⑤] 项本武. 中国对外直接投资的贸易效应研究——基于面板数据的协整分析[J]. 财贸经济, 2009 (4)：77-82.

[⑥] 赵蓓文. 贸易投资一体化背景下FDI对美中贸易逆差的影响：理论分析与实证检验[J]. 国际贸易问题, 2009 (10)：32-41.

验，探讨了 FDI 对美中贸易逆差的影响，指出美国在华直接投资与中国对美国出口之间存在双向的因果关系，即相互影响。

目前，国内学者对国际贸易和 FDI 之间的关系大多将外商直接投资作为一个整体进行研究，分国别进行双边贸易和投资的研究主要集中在与中国经贸往来密切的美国（黄蔚[①]、杨来科和廖春[②]、庄宗明和马明申[③]等）、日本（赵雪燕[④]、王洪亮和徐霞[⑤]、李彬[⑥]、刘向丽[⑦]）等，对其他国家和地区的研究则较少，对我国某个特定区域的外商投资和贸易关系的研究更是凤毛麟角，对长江上游地区的相关研究尚未有涉足。本书的研究把长江上游地区的外商投资和对外贸易作为研究对象，力图从一个缩小的、简化的范围，探讨国际投资和国际贸易的相互关系。

六、研究述评及借鉴

关于开放型经济的研究主要从三个方面予以展开：一是经济开放度的度量方法，二是对外贸易发展影响因素研究，三是外商直接投资的影响因素。关于经济开放度的度量方法，国外学者最早用外贸依存度进行研究，国内学者主要运用指标法和模型法；关于对外贸易发展影响因素的变量选择，国内外学者都认为应该根据研究对象（国家或地区）的不同，从而选择不同的变量，变量主要包括外商直接投资、出口商品结构、劳动力要素、国内生产总值、进出口总额等；关于外商直接投资的影响因素研究，国内外学者更多地运用李嘉图的比较优势理论进行研究，在方法选择上，多运用面板数据模型进行分析。

综观以上三个方面的文献综述，针对长江上游地区的研究相对较少，本书的研究拟在梳理分析国内外研究成果的基础上，探索长江上游地区开放型经济发展的理论体系和系统框架。

关于 FDI 对经济增长的影响研究，国内外众多学者通过构建面板数据模

---

① 黄蔚.美国对华直接投资发展的实证研究及趋势分析 [J].国际贸易问题，2005（12）：98-103.
② 杨来科，廖春.美国对华直接投资的贸易效应研究 [J].财贸经济，2006（12）：72-76.
③ 庄宗明，马明申.美国对华直接投资的发展及其影响因素分析 [J].世界经济，2007，30（6）：19-26.
④ 赵雪燕.日本对华直接投资与中日贸易关系浅析 [J].日本问题研究，2004（2）：17-19.
⑤ 王洪亮，徐霞.日本对华贸易与直接投资的关系研究（1983—2001）[J].世界经济，2003（8）：28-37.
⑥ 李彬.中国对日出口贸易与日本对华直接投资关系的协整分析 [J].当代财经，2007（4）：105-108.
⑦ 刘向丽.日本对华制造业 FDI 对中日制成品产业内贸易影响的实证分析 [J].国际贸易问题，2009（1）：67-72.

型,从弹性系数的角度说明外商直接投资对经济增长的贡献程度。我们发现,如果选择的变量本身具有线性相关特征,则弹性系数值不能全面反映贡献程度。在外商直接投资对经济增长的机理方面,国内外学者多采用"双缺口"模型进行分析;在研究对象的选择方面,国外学者通常以发展中国家为主,国内学者研究对象多为整个中国,也有较多学者以东、中、西部地区为研究对象;在资本形成方面,已有研究通常认为外商直接投资促进了东道国的资本形成,提高了东道国的储蓄率;在产业结构研究方面,多数学者认为外商直接投资优化了东道国产业结构,但也有学者认为根据产业性质不同,外商直接投资对产业结构具有正反两方面的影响。本书的研究在借鉴和参考这些已有研究成果的基础上,认为研究外商直接投资与经济增长的关系,可以构建面板数据模型,但变量必须选择恰当,如果变量本身之间具有高度线性关系,则所研究系数值不能真实反映经济问题。

关于 FDI 的技术溢出效应,学者们从不同的角度进行了相关研究,既有国家层面和省际层面的研究,也有行业内与行业间的研究。虽然研究成果众多,但主要以国家作为研究对象或以某省份作为研究对象,在区域研究中大多以长三角和珠三角等经济发达的地区为主,针对西部地区 FDI 技术溢出效应的研究较少。本书的研究立足长江上游地区,拟从区域总体和行业层面分析 FDI 技术溢出效应及影响因素,为长江上游地区改善投资环境、吸引外资、推动技术进步提供依据。

综上所述,国内外对 FDI 影响效应的相关研究取得了丰硕的成果,这为本书的研究的顺利开展奠定了坚实的理论基础。然而,已有研究在某些领域仍有不足,有待完善,而且目前还没有专门就长江上游地区的 FDI 溢出效应进行研究。有鉴于此,我们拟在已有研究基础上,对长江上游地区开放型经济进行系统评估,对 FDI 的经济增长效应、技术溢出效应、环境影响效应进行测评,并兼顾规范分析和实证分析,深入剖析其相关的影响因素,为长江上游地区吸引 FDI 的改善路径和政策工具选择提出相应的对策建议,为长江上游四省(市)发展更高层次的开放型经济及更好地融入"一路一带"倡议和长江经济带建设等国家战略,推动经济可持续发展提供科学依据和决策参考。

第二章 长江上游地区开放型经济发展现状及优劣势

长江上游地区是我国经济发展中极具特色的一个地区,山地面积广大且交通相对闭塞,资源丰富且人口众多,战略地位重要但经济发展起步较晚。长江上游地区作为我国西部重要的经济发展区域,开放型经济发展有其自身的优势条件,同时也有其劣势限制,面临着机遇和挑战。对其发展条件进行科学客观的评价和判断,是研究长江上游地区开放型经济发展的重要基础。

第一节 长江上游地区经济社会发展现状

长江上游地区的经济腹地主要包括重庆、四川、贵州、云南四省(市),是跨越中国西南、中南腹地的重要经济带,是整个长江经济带不可或缺的重要组成部分。

一、经济发展水平显著提高,但各省(市)增速不同

(一)地区生产总值总量

随着西部大开发战略的实施与推进,西部地区经济快速发展,长江上游地区经济发展更是引人瞩目。2000—2015年,长江上游地区地区生产总值(GDP,下同)占西部地区GDP的比重均超过45%,对推动西部地区经济发展具有重要支撑作用。由图2.1可知,2000—2015年,西部地区GDP与长江上游地区GDP占我国国内生产总值比重总体呈上升趋势。西部地区GDP与长江上游地区GDP占我国国内生产总值比重分别由2000年的17.23%、8.74%上升至2015年的21.05%、10.14%,分别增长了3.82%、1.40%。在我国国内生产总值高速增长时期,西部地区和长江上游地区在基础条件较薄弱、自然环境较恶劣的情况下,地区生产总值在国内生产总值

中的占比仍保持一定的增长趋势，经济发展水平得到明显提升。

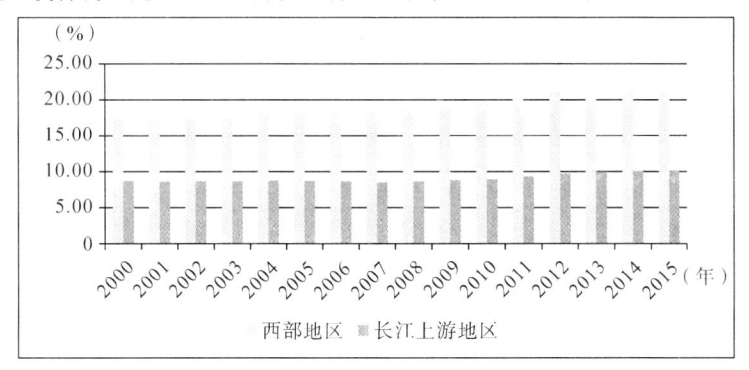

图 2.1　西部地区与长江上游地区 GDP 占国内生产总值的比重
资料来源：国家统计局及国家数据网（http://data.stats.gov.cn/index.htm）。

虽然长江上游四省（市）的经济实力均有大幅提升，但区域内经济增长速度不同。四川、重庆增幅较大，云南、贵州增幅较小。其中，只有四川 GDP 高于全国均值（如图 2.2 所示）。2000—2003 年，长江上游地区四省（市）GDP 增长均比较缓慢，2004—2008 年增速有所提高，2009 年之后增长迅速。2015 年重庆、四川、贵州、云南 GDP 已分别达到 15 717.27 亿元、30 053.10 亿元、10 502.56 亿元、13 619.17 亿元，分别为 2000 年的 8.8 倍、7.7 倍、10.2 倍、6.8 倍。2015 年，我国各省（市、区）的平均水平为 23 315.09 亿元，重庆、贵州、云南均低于全国平均值。贵州、云南 GDP 增速并不低，但由于经济基础较为薄弱，GDP 总量一直低于四川、重庆。

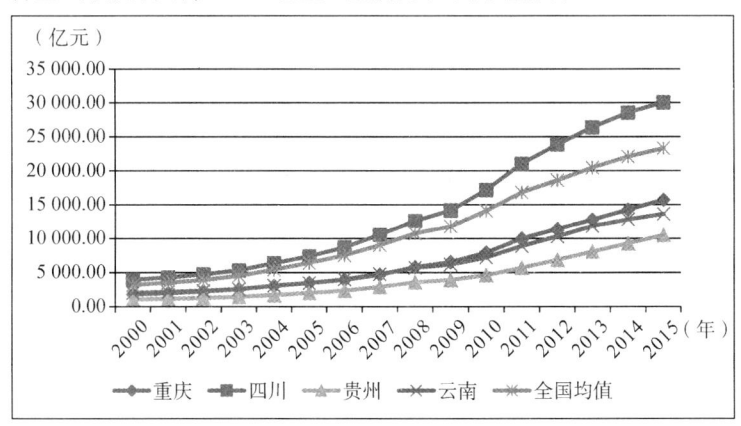

图 2.2　2000—2015 年长江上游地区四省（市）GDP
资料来源：国家统计局及国家数据网（http://data.stats.gov.cn/index.htm）。

(二)人均地区生产总值

人均GDP可以衡量当地经济发展水平与人民生活水平。由图2.3可知，2000—2015年，长江上游地区人均GDP、西部地区人均GDP、全国人均国内生产总值均有显著增长，全国人均国内生产总值一直高于西部地区人均GDP和长江上游地区人均GDP。从长江上游地区四省（市）人均GDP对比情况来看，重庆人均GDP为四省（市）中最高，其次为四川，云南和贵州较低，这说明重庆、四川的经济发展水平和居民生活水平较高。2015年，重庆、四川、贵州、云南人均GDP分别为52 095.69元、36 632.25元、29 752.29元、28 720.31元，分别为2000年的8.3倍、7.8倍、10.9倍、6.1倍，重庆人均GDP已超过全国平均水平（50 251.00元）。

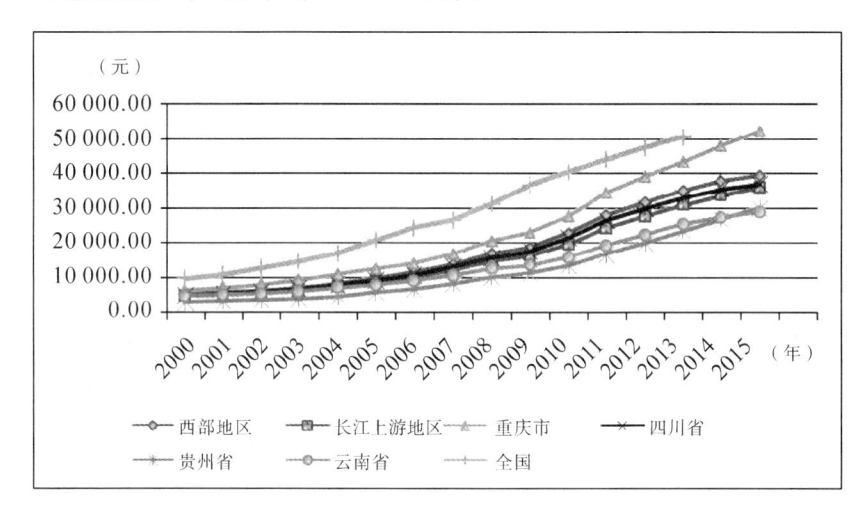

图2.3 长江上游地区四省（市）人均GDP发展情况

资料来源：国家统计局及国家数据网（http://data.stats.gov.cn/index.htm）。

二、产业结构进一步优化，工业化水平提升

(一)产业结构

由表2.1可知，长江上游地区产业结构进一步优化，2015年第一产业占比较2000年下降了9.87个百分点，第二产业占比较2000年增加了3.74个百分点，第三产业占比由38.92%增加至45.05%，增长了6.13个百分点。这表明长江上游地区产业结构进一步优化，第二产业、第三产业对区域经济发展拉动作用增强。通过四省（市）对比分析可知，四川第一产业下降幅度最大，下降了11.83个百分点，云南第一产业下降幅度最小，下降了6.38个百分点；

四川、重庆第二产业占比增加较多,分别增长了7.60个百分点、2.54个百分点;贵州第三产业占比增幅最大,增长了9.21个百分点。2015年,重庆、云南第三产业占比均超过45%。

表2.1　　　长江上游地区四省（市）产业结构发展情况　　　单位:%

地区	2000年 第一产业占比	2000年 第二产业占比	2000年 第三产业占比	2015年 第一产业占比	2015年 第二产业占比	2015年 第三产业占比
重庆	15.91	42.44	41.66	7.32	44.98	47.70
四川	24.07	36.48	39.45	12.24	44.08	43.68
贵州	26.33	37.98	35.68	15.62	39.49	44.89
云南	21.47	41.43	37.10	15.09	39.77	45.14
长江上游地区	22.07	39.01	38.92	12.20	42.75	45.05
西部地区	21.44	38.97	39.59	11.97	44.64	43.39
全国	15.02	45.03	39.94	8.42	44.38	47.20

资料来源:国家统计局及国家数据网（http://data.stats.gov.cn/index.htm）。

（二）工业化

由表2.2可知,长江上游地区2015年工业增加值为23 760.44亿元,为2000年的8.42倍,年均增长率为15.26%,高于全国工业增加值年均增长率。长江上游地区2015年工业增加值占GDP的比重比2000年增加了1.79个百分点,西部地区的这一比重增加了3.91个百分点,全国的这一比重下降了1.02个百分点。这是因为长江上游地区工业化起步慢、工业化水平低,其工业化仍在继续,而在我国经济比较发达的地区,已经进入到后工业化时代,其服务业发展速度高于工业,故其工业在GDP的占比呈下降趋势。

从长江上游地区四省（市）工业化水平来看,四川2015年工业增加值为11 039.08亿元,为2000年的9.56倍,远大于其他三省（市）,分别约为重庆、贵州、云南的1.99倍、3.33倍、2.87倍。长江上游地区四省（市）2015年工业增加值较2000年均显著增加,尤其是贵州提升很快,2015年为2000年的10倍左右。总体而言,四川、重庆工业化水平较高,贵州、云南工业基础较薄弱,工业增速虽快,但与四川、重庆相比仍有一定差距。

表 2.2　长江上游地区四省市 2000 年与 2015 工业增加值及占比

地区	工业增加值（亿元） 2000 年	工业增加值（亿元） 2015 年	年均增速（%）	工业增加值占 GDP 的比重（%） 2000 年	工业增加值占 GDP 的比重（%） 2015 年	2015 比 2000 年百分点增加
重庆	633.98	5 557.52	15.57	35.40	35.36	-0.04
四川	1 154.46	11 039.08	16.24	29.39	36.73	7.34
贵州	328.73	3 315.58	16.66	31.92	31.57	-0.35
云南	704	3 848.26	11.99	35.00	28.26	-6.75
长江上游地区	2 821.17	23 760.44	15.26	32.20	34.00	1.79
西部地区	5 479.47	51 666.34	16.14	31.72	35.63	3.91
全国	38 578.59	275 119.16	13.99	39.09	38.06	-1.02

资料来源：国家统计局及国家数据网（http://data.stats.gov.cn/index.htm）。

从长江上游地区四省（市）内部来看，重庆、四川工业增加值对 GDP 的贡献率较大，基本处于 35%～45%，贵州、云南工业增加值对 GDP 的贡献率较小，很少超过 35%。长江上游地区四省（市）工业增加值占 GDP 的比重 2006—2015 年均呈先上升后下降的趋势，这与长江上游地区四省（市）GDP 中第三产业占比不断提高相吻合，第三产业创造的产值增长快，从而使得长江上游地区四省（市）工业增加值占 GDP 的比重有一定程度的下降（见图 2.4）。

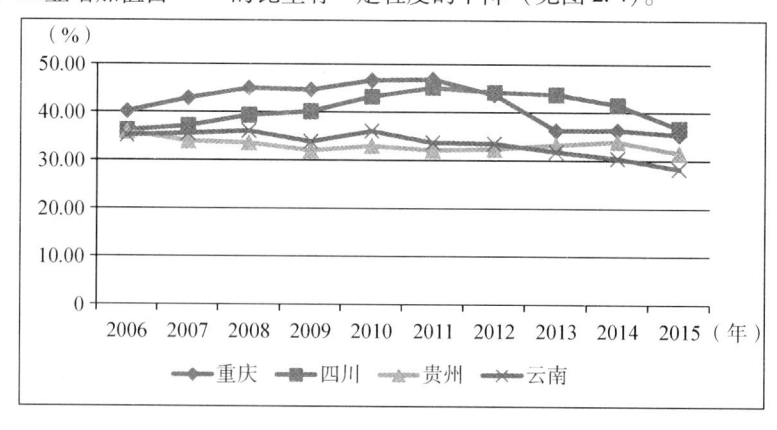

图 2.4　2006—2015 年长江上游地区四省（市）工业增加值占比

资料来源：国家统计局及国家数据网（http://data.stats.gov.cn/index.htm）。

三、城市化水平稳步提升，城镇化进程加快

西部地区、长江上游地区以及全国城镇化率均呈增长趋势，西部地区和长江上游地区城镇化率均低于全国平均水平（如图2.5所示）。2015年，西部地区城镇化率高于长江上游地区城镇化率近一个百分点。2006年，全国、西部地区、长江上游地区城镇化率分别为44.86%、35.69%、33.91%，2015年则分别增至56.54%、48.74%、47.65%，10年时间分别提高了11.68%、13.05%、13.74%，长江上游地区提升幅度较大。因此，长江上游地区城镇化率虽低于全国总体水平，但城镇化进程加快，与全国总体水平的差距逐年缩小。

图2.5 西部地区、长江上游地区及全国城镇化率

资料来源：国家统计局及国家数据网（http://data.stats.gov.cn/index.htm）。

长江上游地区四省（市）城镇化基础不同，城镇化进程也不同。2006—2015年城镇化水平最高的为重庆，其次为四川，云南与贵州居后（如图2.6所示）。2006年，重庆、四川、贵州、云南分别为46.69%、34.30%、27.45%、30.49%，2015年分别升至60.92%、47.68%、42.01%、43.34%，10年时间城镇化率分别提高了14.23%、13.38%、14.56%、12.84%，重庆与贵州提升幅度明显。四川城镇化水平虽然与重庆仍有一定差距，但一直稳中有升。贵州、云南2006—2009年城镇化率增速缓慢，2009年之后城镇化进程明显加快。贵州、云南城镇化率远低于重庆。2015年，贵州、云南城镇化水平仍不及重庆2006年时的城镇化水平。重庆是长江上游地区城市化水平最高的省（市），其城镇化率甚至高于全国平均水平。

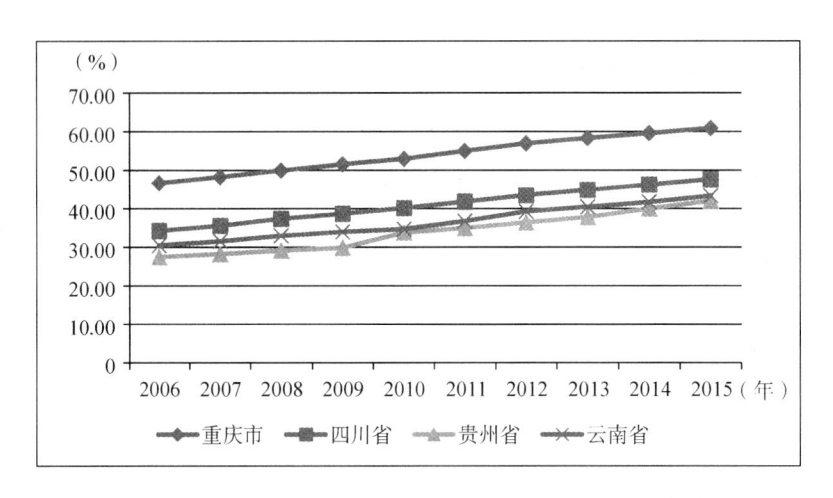

图 2.6 长江上游地区四省（市）城镇化率

资料来源：国家统计局及国家数据网（http://data.stats.gov.cn/index.htm）。

四、全社会固定投资规模不断增长且增速较快

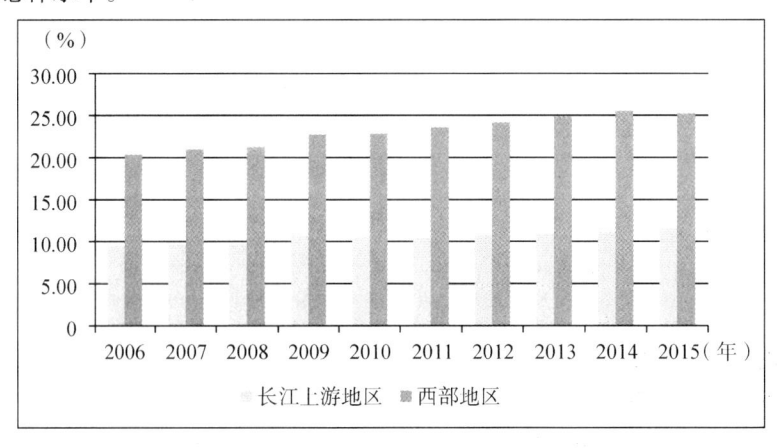

2006—2015 年，长江上游地区与西部地区全社会固定投资占全国的比重持续上升（如图 2.7 所示）。2006 年，长江上游地区全社会固定投资为 10 226.27 亿元，占全国的 9.46%；2015 年增至 64 325.30 亿元，占全国的比重上升为 11.56%；2015 年长江上游地区全社会固定投资为 2006 年的 6.29 倍，全国的这一比例为 5.15 倍，这表明长江上游地区全社会固定投资增长速度快于全国总体水平。

图 2.7 长江上游地区与西部地区全社会固定投资占全国的比重情况

资料来源：国家统计局及国家数据网（http://data.stats.gov.cn/index.htm）。

2006—2015年，西部地区全社会固定投资占全国的比重由20.36%升至25.23%，西部地区所占比重也日益增长。长江上游地区全社会固定投资占西部地区全社会固定投资的比重均维持在45%左右。

从长江上游地区四省（市）对比来看，全社会固定投资额变化趋势相似，2006—2008年缓慢增长，2008—2010年增速加快，之后呈直线式增长（如图2.8所示）。区域内四川居于首位，重庆次之，云南、贵州居后，只有四川高于全国平均值，这与地区GDP呈现的特征相同。重庆、四川、贵州、云南的投资规模在2006—2015年均有大幅提升，2015年分别为2006年的5.96倍、5.78倍、9.14倍、6.11倍。

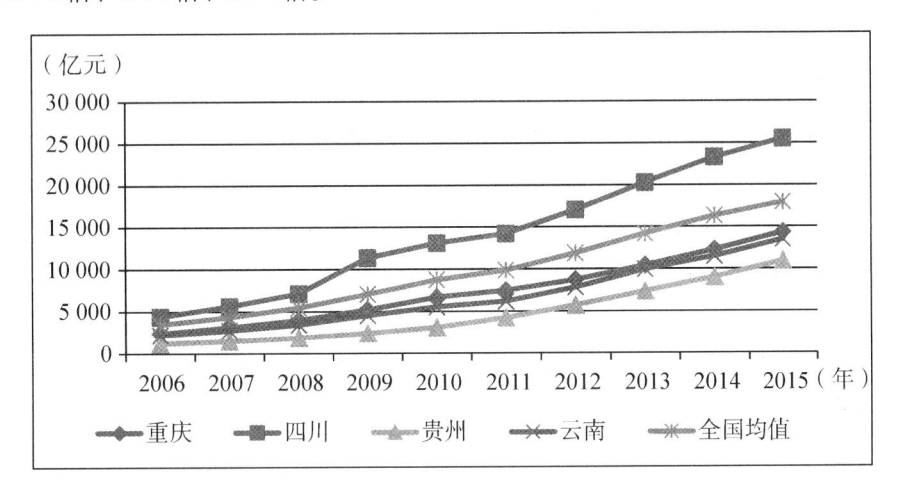

图 2.8 长江上游地区四省（市）全社会固定投资额

资料来源：国家统计局及国家数据网（http://data.stats.gov.cn/index.htm）。

五、社会消费品零售总额大幅增长，区域消费需求明显增加

随着长江上游地区经济的快速发展，人民生活水平日益提高，购买力逐渐增强，社会消费品零售总额大幅增长。

长江上游地区社会消费品零售总额占全国的比重逐年增加（如图2.9所示），由2006年的8.62%增长至2015年的9.55%。由于全国其他地区社会消费品零售总额增速也比较快，致使长江上游地区占全国的比重没有明显提升。但从时间序列来分析，2015年长江上游地区社会消费品零售总额为2006年的4.21倍，绝对值增长了21 869.10亿元，区域消费需求增长是显著的。

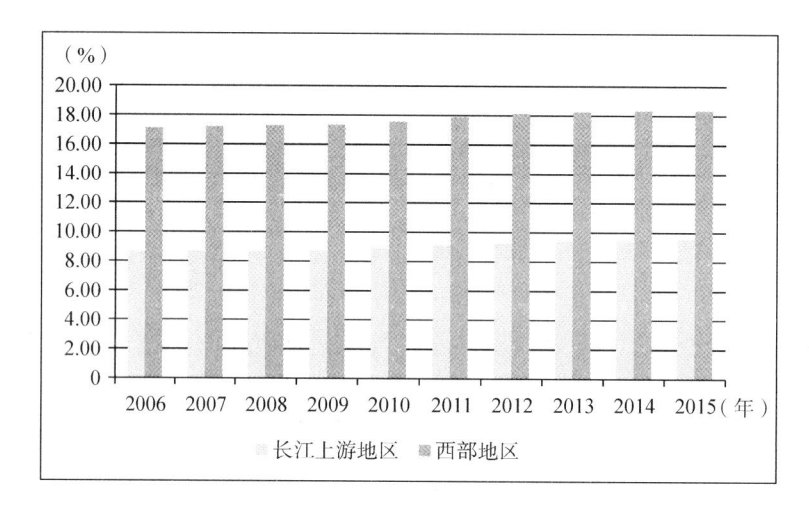

图2.9 长江上游地区与西部地区社会消费品零售总额占全国的比重情况

资料来源:国家统计局及国家数据网(http://data.stats.gov.cn/index.htm)。

从长江上游地区四省(市)的横向对比来看,四川社会消费品零售总额一直比较高且增长幅度较大,重庆居第二,云南、贵州相对较少。四省(市)中,只有四川高于全国平均水平。从纵向来看,2006—2015年重庆、四川、贵州、云南社会消费品零售总额均有大幅度增长,2015年分别为2006年的4.49倍、4.00倍、4.62倍、4.24倍,全国平均水平为3.79倍,四省(市)的增长倍数高于全国平均水平(如图2.10所示)。

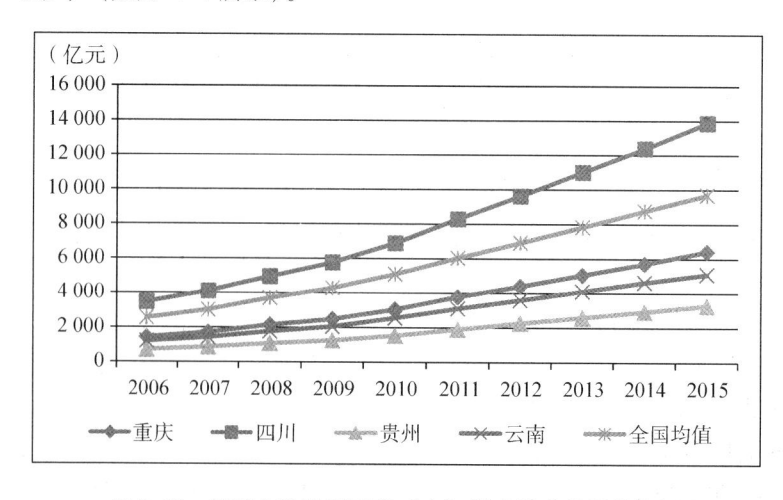

图2.10 长江上游地区四省(市)社会消费品零售总额

资料来源:国家统计局及国家数据网(http://data.stats.gov.cn/index.htm)。

第二节　长江上游地区开放型经济发展现状

一、长江上游地区对外贸易的现状和特征

(一) 长江上游地区对外贸易规模不断扩大

自改革开放以来，长江上游地区的对外贸易规模总体上呈上升趋势，如表2.3所示。其对外贸易从1999年开始迅猛增长，这一方面是由于1999年国家西部大开发的战略决策的实施，为西部地区的对外开放掀开了新的一页，同时2001年我国正式加入世界贸易组织（WTO），迈开了向高层次开放型经济发展的步伐。长江上游地区的贸易总额从1999年的57.25亿美元增加到2014年的2 060.1亿美元，年均增长率为24.75%，高于西部22.59%和全国17.31%的增长水平。2009年，受到美国次贷危机的影响，出口大幅下降，长江上游地区出口下降5.30%，比西部地区14.11%和全国13.88%的下降幅度有所降低。但2015年，外贸再次出现大幅下降，全国的降幅为8.1%，西部地区的降幅为12.96%，长江上游地区的降幅高达21.19%。其主要原因在于金融危机后，全球经济仍然处于深度调整期，仅维持低速增长，外需低迷，国际贸易动力不足。

从长江上游地区四省（市）的外贸发展情况来看（如图2.11所示），重庆、四川、贵州、云南四省（市）的对外贸易总额分别从1999年的12.09亿美元、24.68亿美元、5.48亿美元、16.6亿美元增加至2014年的954.32亿美元、702.03亿美元、107.71亿美元、296.07亿美元，分别增长了77.93倍、27.45倍、18.66倍、16.84倍，重庆的增幅最令人瞩目。重庆的外贸增长为何取得了如此骄人的成绩，这与重庆在内陆开放型经济中探索出的独特模式有很大的关系，重庆在长江上游地区中外贸总额占比从1997年的28.70%上升至2015年的45.86%，并在2013年超过一直居于首位的四川，跃居第一。贵州的占比一直很低，大体徘徊在10%以下（见图2.12）。

表 2.3　　　　　　　1999—2015 年长江上游地区对外贸易总体规模

年份	长江上游地区外贸总额（亿美元）	长江上游地区出口总额（亿美元）	长江上游地区进口总额（亿美元）	长江上游地区顺差总额（亿美元）	全国外贸总额（亿美元）	长江上游地区外贸占全国比重（%）	长江上游地区外贸依存度（%）	全国外贸依存度（%）
1999	57.25	28.55	28.70	-0.15	3 606.3	1.59	5.82	33.29
2000	65.79	38.04	27.75	10.29	4 743.0	1.39	6.22	39.58
2001	72.90	41.57	31.33	10.24	5 096.5	1.43	6.32	38.47
2002	88.34	54.82	33.51	21.31	6 207.7	1.42	6.95	42.70
2003	114.30	68.71	45.58	23.13	8 512.1	1.34	7.97	51.87
2004	152.64	89.61	63.02	26.59	11 547.4	1.32	8.91	59.78
2005	183.41	107.23	76.18	31.05	14 221.2	1.29	9.21	62.99
2006	243.40	144.06	99.34	44.72	17 604.0	1.38	10.28	64.88
2007	328.83	193.17	135.66	57.51	21 737.3	1.51	10.95	62.18
2008	445.29	257.18	188.11	69.06	25 632.6	1.74	11.19	56.69
2009	422.62	243.04	179.58	63.46	22 075.4	1.91	9.38	44.23
2010	617.11	358.59	258.52	100.07	29 740.0	2.08	11.31	50.18
2011	978.48	613.16	365.32	247.85	36 418.6	2.69	13.85	49.72
2012	1 399.9	920.06	479.86	440.20	38 671.2	3.62	16.85	47.04
2013	1 668.6	1 113.0	555.6	557.4	41 589.9	4.01	17.49	45.30
2014	2 060.1	1 364.3	695.9	668.4	43 015.3	4.79	19.50	41.36
2015	1 623.7	1 148.4	475.2	673.2	39 530.3	4.11	14.47	36.40

资料来源：国家统计局及国家数据网（http://data.stats.gov.cn/index.htm）。

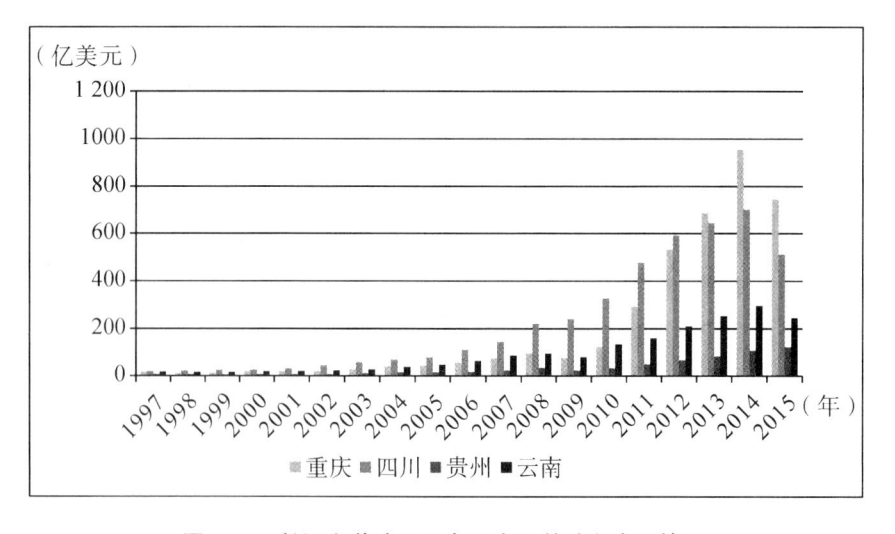

图 2.11　长江上游地区四省（市）的外贸发展情况

资料来源：国家统计局及国家数据网（http://data.stats.gov.cn/index.htm）。

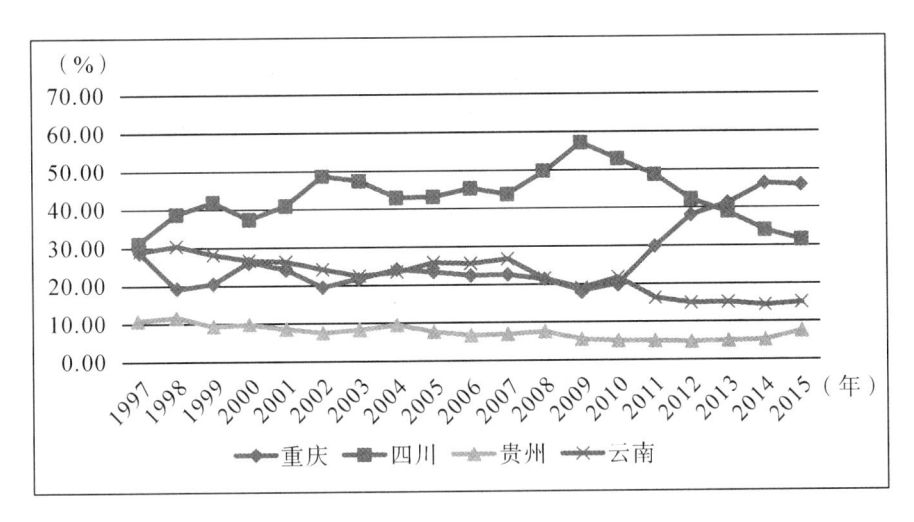

图 2.12 长江上游地区四省（市）外贸总额占长江上游地区的比重的变化

资料来源：国家统计局及国家数据网（http://data.stats.gov.cn/index.htm）。

长江上游地区对外贸易一直保持顺差，顺差额在波动中上升，从1999年的-0.15亿美元增加至2015年的673.2亿美元。1999年和2009年出现两次较大幅度的波动，主要原因是由于外部经济危机导致出口急剧下滑，而进口又维持刚性，导致顺差减小。可以看出，自2000年以来，长江上游地区对外贸易，无论在发展速度还是发展规模上都有了很大提高（见图2.13）。

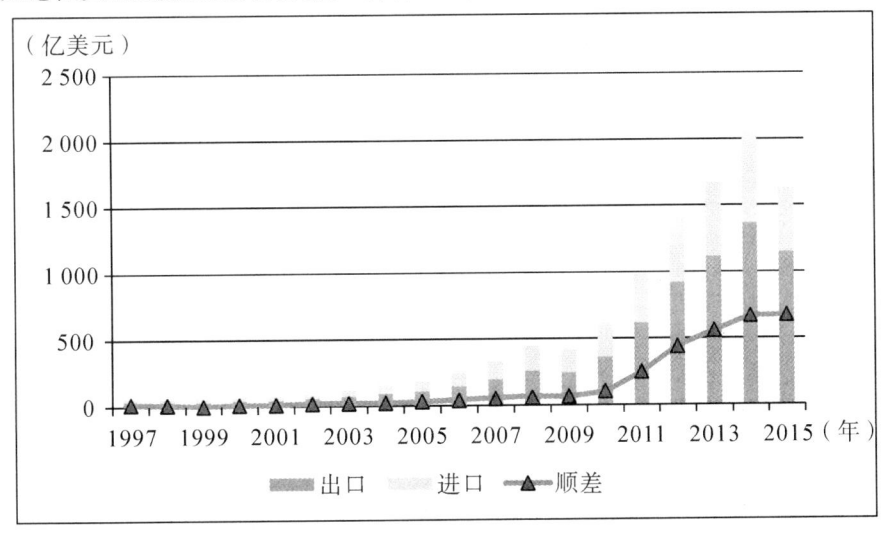

图 2.13 长江上游地区贸易顺差变化图

资料来源：国家统计局及国家数据网（http://data.stats.gov.cn/index.htm）。

（二）长江上游地区的对外贸易发展滞后于全国平均水平

长江上游地区对外贸易占全国的比重相对于其 GDP 占全国 GDP 的比重来说较小。长江上游地区的 GDP 占全国的比重总体维持在 8%~9% 的水平，而进出口总额占全国的比重在 2009 年前未突破 2%，2010 年后增长快速，从 2% 上升至 2014 年 4.79%，2015 年略下降为 4.11%（见图 2.14）。因此，长江上游地区的对外贸易发展滞后于全国平均水平。金融危机后，国际市场萎缩，再加上东部地区经营成本上升，人口红利消失殆尽，其对外贸易明显下降，而长江上游地区凭着低廉的劳动力成本、优惠的土地价格和国家政策的倾斜，吸引了部分外商投资和东部地区的产业转移，其对外贸易占全国的比重有了明显上升。从外贸进出口总额来看，2015 年长江上游地区外贸进出口总额比 2009 年增长了 2.85 倍，而全国仅增加了 0.79 倍。因此，虽然长江上游地区外贸进出口总额与全国平均水平相比仍存在较大差异，但近几年其外贸的发展速度远高于全国平均水平。

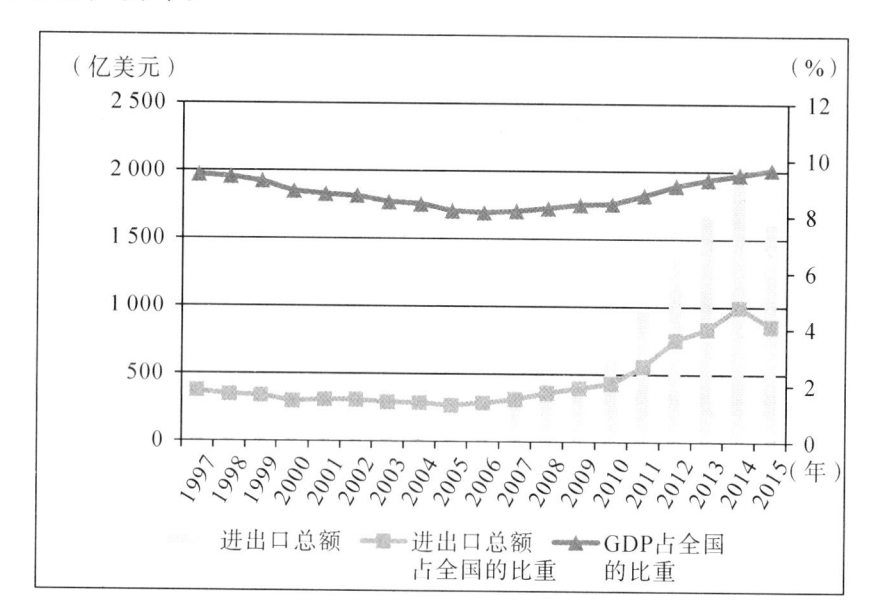

图 2.14 长江上游地区进出口情况及比重

注：经营单位所在地进出口总额

资料来源：国家统计局及国家数据网（http://data.stats.gov.cn/index.htm）。

长江上游地区的外贸依存度与全国相比存在较大差距。外贸依存度是目前用来评估和度量一国或地区开放程度最常用的单一指标。随着我国参与全球化的程度日益加深，外贸依存度也迅速提升。从 1999 年的 33.29% 迅速攀升至

2006年的64.88%，但受金融危机的影响2009年跌至44.23%，短短3年下降了20多个百分点，2015年更降至36.4%。这一方面与国际经济复苏缓慢、外需乏力有关，另一方面也是我国鼓励扩大内需、拉动经济起到了初步成效。长江上游地区的外贸依存度远低于全国水平，1999年仅为5.82%，2006—2008年均刚刚超过10%，但2009年跌至10%以下（为9.38%），此后一路攀升，2014年达19.5%，2015年略为下降至14.47%（见图2.15）。我国的外贸依存度在国际经济形势的影响下，起伏明显，大体呈M形。长江上游地区的外贸依存度虽然一直是处于低位，但与全国的趋势大相径庭，呈现上升趋势。这表明随着我国对外开放进一步向纵深发展，内陆型开放经济已取得一定成效，再加上沿海外资向内陆的梯度转移，也带动了进出口贸易。

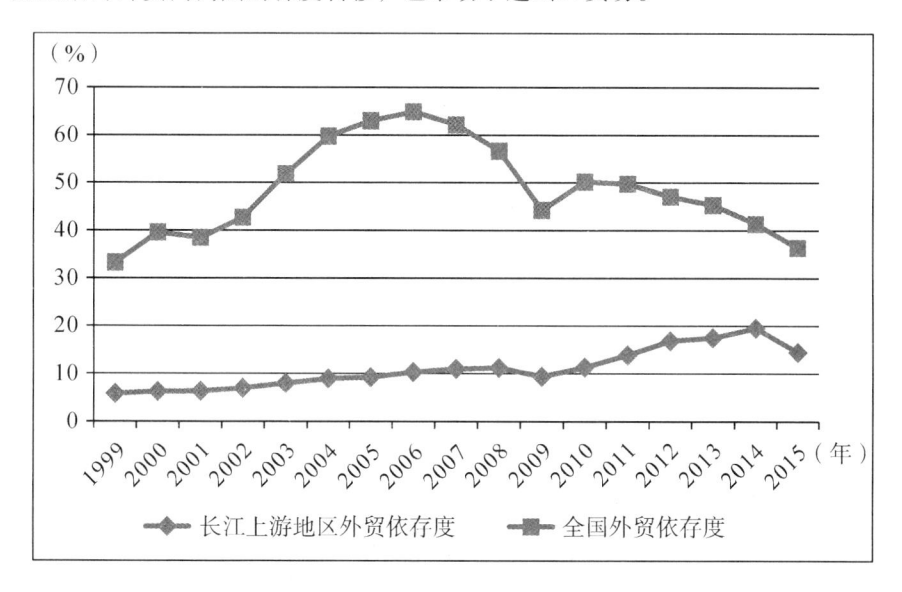

图2.15　长江上游地区外贸依存度

资料来源：国家统计局及国家数据网（http://data.stats.gov.cn/index.htm）。

（三）长江上游地区对外贸易结构变化

1. 进出口商品结构参差不齐

长江上游地区省（市）以农业为主，制造业比较落后，基础薄弱，但随着国家西部大开发战略的实施，工业和服务业取得长足发展，产业结构逐步改善。随着我国出口导向战略的推行和实施，长江上游地区的出口结构不断优化，但区域内差异较大。四川、重庆的外贸产品技术含量更高，而贵州、云南的外贸产品仍集中在低附加值产品。以四川为例，其2016年机电产品出口额为199.76亿美元，占比高达65.6%；高新技术产品出口额为156.75亿美元，占比为45.5%。① 进口的机电产品为180.62亿美元，占比为77.4%；高新技术产品为116.12亿美元，占比为64.2%。四川机电产品和高新技术产品在进出口中均占有绝对优势地位，大出大进的特征明显。② 贵州出口主要集中在酒类、烤烟、茶叶、调味品，2016年贵州出口食品农产品近5亿美元，同比增长90%以上；出口烟叶28 037吨，同比增长55.6%。③ 虽然农产品的出口有利于农民增收，但其附加值低，并且检验检疫严格，很容易受到新贸易保护主义的冲击。

2. 长江上游地区贸易方式结构

长江上游地区外贸结构最为明显的特征是"一高一低"，即"一般贸易比重高，加工贸易比重低"。1997年以来，长江上游地区进出口贸易方式一直以一般贸易为主，一般贸易占80%~90%的比重。虽然说一国开放型经济在转型升级中会呈现出一般贸易升高、加工贸易降低的趋势，但长江上游地区一般贸易占比高却并非贸易结构的升级，而是对外开放滞后所导致。不过，随着内陆开放型经济的推进，其加工贸易得到了长足发展。四川2016年实现加工贸易进出口1 813.8亿元，同比增长24.8%，占全省外贸进出口总额的55.6%。同期，全国加工贸易进出口达73 480亿元，同比下降4.9%。四川加工贸易进出口增幅比全国加工贸易平均水平高29.7个百分点，呈现逆势大幅增长的特点。④

3. 长江上游地区贸易伙伴

长江上游地区贸易伙伴主要集中在周边国家以及发达国家。周边国家是长江上游地区主要的进出口市场，这与地理因素有密切关系，长江上游地区与周边国家人民的生活习俗、思想观念以及消费习惯都极为类似。云南的第一大贸易伙伴之所以是缅甸，也是由于双方优越的地理位置使然，同时老挝也是云南重要的贸易伙伴。经济互补性强是长江上游地区商品贸易主要集中于发达国家的主要原因，日本、美国和德国是重庆最重要的三大外贸伙伴。四川的外贸伙伴主要为美国、日本。无论是产业内贸易还是产业间贸易，长江上游地区同发

---

① 注：高新技术产品与其他产品有交叉。
② 2016年全省加工贸易逆势大幅增长[EB/OL].（2017-01-20）[2017-07-04]. http://www.sccom.gov.cn/swxw/-/articles/v/3021207.shtml.
③ 2016年贵州食品农产品出口近5亿美元[EB/OL].（2017-03-13）[2017-07-04]. http://news.163.com/17/0313/21/CFEGHMEH000187V5.html.
④ 2016年全省加工贸易逆势大幅增长[EB/OL].（2017-01-20）[2017-07-04]. http://www.sccom.gov.cn/swxw/-/articles/v/3021207.shtml.

达国家在贸易上都有着极强的互补性，而这种互补性保证了双方贸易的快速发展。同时，非传统贸易伙伴占长江上游地区外贸的份额也在逐步增加。

二、长江上游地区外商直接投资的现状分析

贸易和投资作为开放型经济的两大重要推动力得到世界各国的广泛认同，各国纷纷签署双边、多边的贸易投资协定来提高自身的国际贸易和投资水平，积极融入世界开放型经济的进程中。我国自1978年以来实现经济的快速增长、人民生活水平的大幅提升、国际地位的迅速崛起也有赖于我国改革开放的基本国策。作为对外开放重要内容的引进外资，在弥补国内资金不足、促进经济增长、拉动就业、提升技术管理水平、促进制度改革等方面功不可没。在西部大开发战略中，随着西部的内陆地区、沿边地区的进一步开放，工业园区、经济技术开发区、高新技术产业开发区等平台成为地方政府招商引资的主阵地，也成为地方经济增长的重要引擎。四川和重庆近年来大力发展电子制造业，已经吸引了富士康、惠普等世界电子制造业五百强入驻，这是其成功实现经济转型的关键。

（一）长江上游地区外商直接投资规模显著增长，但占全国比重不高

随着西部大开发战略的深入实施和我国对外开放的纵深发展，长江上游地区吸引外资取得突破性进展。长江上游地区吸引外资数量从1997年的22.4亿美元，增长至2015年的218.12亿美元，增长了8.74倍，年均增长率达13.48%。长江上游地区吸引外资占西部地区的比重从1997年的47.85%增加至2015年的57.11%。长江上游地区的外商投资从2008年开始就超过了西部地区的50%，但在全国占比不高，绝大多数年份维持在1.5%~2.5%，1997年仅为1.54%，2015年微弱升至2.49%（见图2.16）。这表明从全国来看，外商投资仍然集中在东部地区，包括长江上游在内的西部地区外商投资依然薄弱，在东部沿海地区经营成本上升、国际经济不景气、外需降低的背景下，如何以区域成本的相对优势吸引外资，是长江上游地区未来引资的重点和潜力所在。

从长江上游地区四省（市）的纵向历程来看，其外商投资均获得了较大发展，重庆、四川、贵州、云南的外商投资分别从1998年的6.63亿美元、9.63亿美元、3.68亿美元、6.44亿美元分别增至2015年的78.58亿美元、88.41亿美元、18.17亿美元、32.72亿美元，年均增长率分别为15.68%、13.93%、12.65%、12.86%（见图2.17）。从长江上游地区四省（市）内部比重来看，重庆、四川是长江上游地区吸引外资的主体，在四省（市）吸引外资总额中占比高达70%左右，甚至个别年份（2010年）占比超过80%，尤其

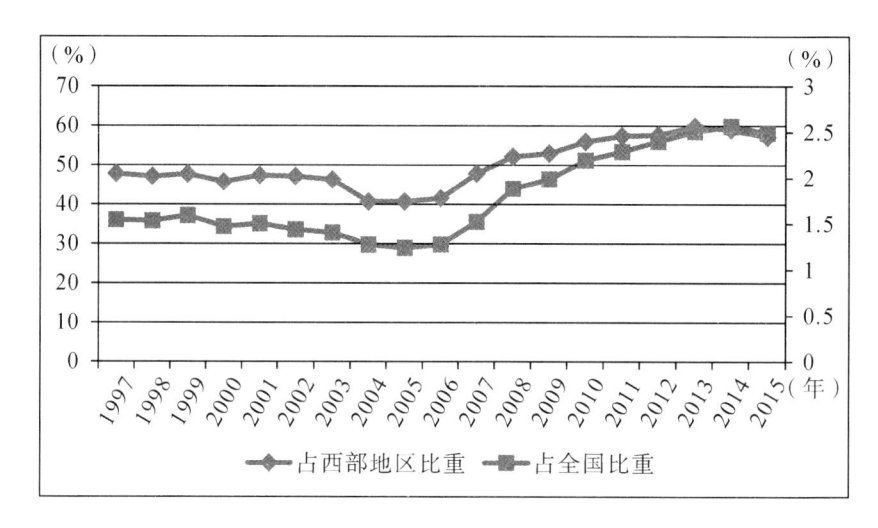

图 2.16 长江上游地区外商投资占全国和西部地区的比重

资料来源：国家统计局及国家数据网（http://data.stats.gov.cn/index.htm）。

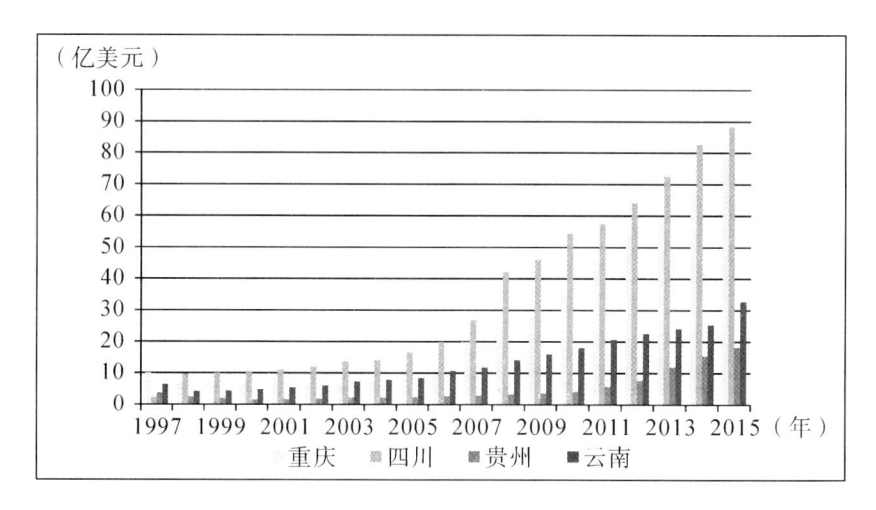

图 2.17 长江上游地区实际利用外商直接投资

资料来源：国家统计局及国家数据网（http://data.stats.gov.cn/index.htm）。

是四川吸引外资占比均在40%以上，甚至在2008年占比高达50.57%。云南吸引外资占比一般维持在20%左右，贵州吸引外资占比很低，在10%以下（见图2.18）。

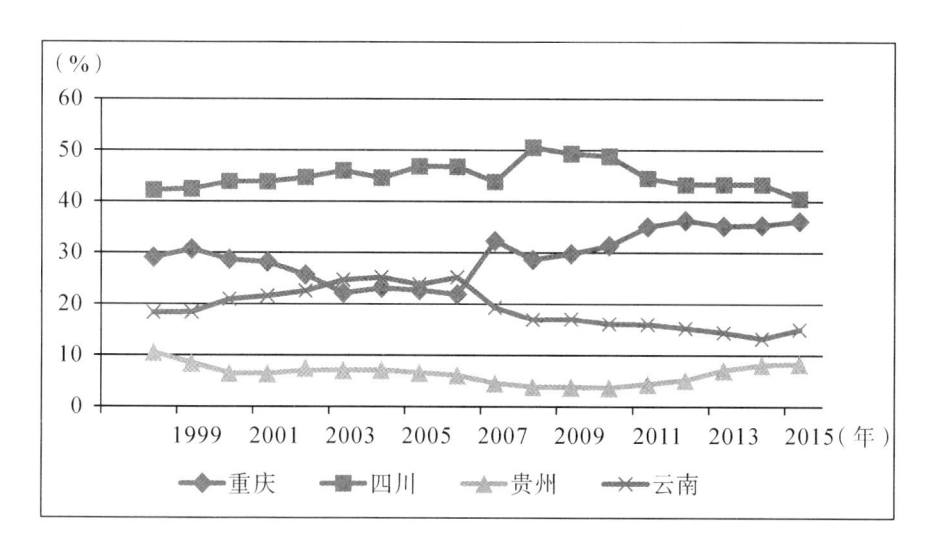

图 2.18 四省（市）外商投资占长江上游地区比重

资料来源：国家统计局及国家数据网（http://data.stats.gov.cn/index.htm）。

由图 2.17 还可以看出，四川、重庆在 2007 年后的外商直接投资额明显增长，对外开放力度空前加大。其中，四川外商投资的快速增长与 2008 年汶川地震后的震后重建密切相关。2008—2010 年，四川共批准设立外商投资企业 957 家，实际到位外资额 138 亿美元，超过了改革开放 30 年的总和，排名蝉联西部第一。近年来，四川自由贸易试验区申报成功、外资审批改为备案，有望释放更多的制度和政策红利，外商在四川投资将有更大的发展空间。重庆近几年吸引外资也取得显著成效。2007—2011 年，重庆的外商投资出现井喷式增长，实际利用外资额每年的增长率分别为 55.11%、151.34%、47.73%、57.51%、66.08%。2007—2013 年 7 年累计吸引外资 663.18 亿美元，占重庆直辖 15 年累计吸引外资总额的 97.8%。① 这主要得益于 2007 年中央对重庆进入新阶段发展的"314"总体部署，并批准重庆为统筹城乡发展综合配套改革试验区，明确提出支持重庆"积极探索内陆地区发展开放型经济的新路子"，将重庆进一步扩大开放、建设内陆开放型经济高地提升至国家战略高度。两路寸滩保税港区和西永综合保税区构成了重庆水陆空保税体系，"两江新区"、重庆自贸区的获批都为重庆进一步扩大对外开放、服务于"一带一路"建设、推动构建西部地区门户全方位开放新格局、带动西部大开发战略深入实施提供了强有力的支撑。

---

① 根据《重庆市统计年鉴 2013 年》和重庆市统计信息网公布的数据计算而得。

(二) 外商直接投资来源地分布比较集中

从长江上游地区整体来看,外商直接投资来源地主要为亚洲国家和地区,尤其以我国香港为代表的亚洲地区最为活跃,其直接投资总额占长江上游地区的50%以上。除了香港所占份额较大外,英属维尔京群岛和毛里求斯的直接投资也分别占到了长江上游地区 FDI 的15%左右。

分省(市)来看,截至2010年年底,在四川的直接投资累计前三位的国家和地区(以实际利用 FDI 金额排序)为我国香港376 956万美元,比重为61.6%;英属维尔京群岛75 628万美元,比重为12.4%;新加坡40 223万美元,比重为6.6%。2012年,四川实际利用外资1 055 000万美元,我国香港依然是四川利用外资的首要来源地,金额达到604 600万美元,占比达57.3%。截至2012年年底,在重庆直接投资前三位的国家和地区为我国香港2 453 930万美元,比重为61.14%;新加坡358 814万美元,比重为8.94%;美国108 510美元,比重为2.7%。2016年一季度重庆新设立外资市场主体158户,新增投资总额21.18亿美元,主要以亚洲地区投资者为主,其中我国香港、韩国、日本投资企业占新设立企业总数量的69.6%。① 2013年,在云南直接投资前两位的国家和地区为我国香港174 000万美元,比重为70%;新加坡26 000万美元,比重10.5%。2016年,云南的外商投资有了新的变化,云南与欧美国家的合作项目推进成效明显,来自欧洲国家的实际利用外资总量占比为15.6%,同比增长了10.2个百分点,其中英国、西班牙等国投资增长较快。同时,亚洲国家和地区实际投资25 646万美元,占比29.6%,我国香港仍然是云南外资主要来源地。②

由此可见,长江上游地区的外资来源地主要是以我国香港为代表的亚洲地区,吸引外资更多地是依靠华裔人际关系和共同文化背景以及国内在境外注册的离岸公司等。不过近年来虽然我国香港资金依然占据领先地位,但外资来源地逐步呈现多元化趋势。

(三) 外商直接投资的产业分布

从总体来看,长江上游地区外商投资第一产业占比很小,并且呈现下降趋势。绝大部分外商投资集中在第二产业和第三产业,这个特点和全国绝大多数省份类似。第二产业外商直接投资历年所占比重呈 U 形变化。2004年,外商

---

① 我市一季度外资市场主体发展呈四大特点 [EB/OL]. (2016-04-08) [2017-07-04]. http://chongqing.mofcom.gov.cn/article/sjtongjizl/201604/20160401292540.shtml.

② 2016年云南省利用外资8.67亿美元同比增长9.97% [EB/OL]. (2017-02-08) [2017-07-04]. http://yn.yunnan.cn/html/2017/02/08/content_4723121.htm.

投资第二产业占据绝对优势,投资比例达到61.09%,自2005年开始逐年下降,2008年这一比例仅为28.74%;2009—2012年,外商投资在第二产业所占比重又逐年增加,2012年达到48.67%。作为经济现代化标志的第三产业自2005年之后利用外资占比维持在50%以上,2008年达到最高的69.72%(见表2.4)。FDI在第三产业中主要分布于房地产业、金融业和零售业。其中,房地产业的投资比重过大,在目前我国调控房地产市场的背景下,存有一些市场风险;金融业和零售业的外资发展总体平稳。

表2.4　2004—2012年长江上游地区实际利用FDI产业分布占比　　单位:%

年度	第一产业	第二产业	第三产业	合计
2004	2.25	61.09	36.66	100.00
2005	0.99	46.82	52.19	100.00
2006	0.99	46.22	52.79	100.00
2007	0.80	41.35	57.85	100.00
2008	1.55	28.73	69.72	100.00
2009	0.92	32.89	66.19	100.00
2010	0.70	29.95	69.35	100.00
2011	1.02	34.82	64.16	100.00
2012	0.15	48.67	51.18	100.00

资料来源:根据长江上游地区四省(市)统计年鉴整理计算得到。

从重庆的情况来看,外商投资产业结构已逐步优化,房地产占比下降,制造业、金融业占比上升。2007—2010年,房地产行业一直是重庆吸引外资的第一大行业,受国家房地产调整政策及异军突起的笔记本电脑产业影响,制造业引进外资额逐年攀升,房地产业引进外资额则逐渐放缓。到2011年,重庆制造业引进外资额首次超过房地产11.18个百分点。2013年,制造业引进外资额仍居榜首,吸引外资43.64亿美元,占吸引外资总量的4成;房地产业紧随其后,吸引外资28.54亿美元,占比近3成。2016年,重庆新批外商投资企业220个,合同外资为38.7亿美元。制造业、房地产业、金融业、商务服务和租赁业吸收外资预计呈现4:1:4:1的结构。[1]

云南FDI在三次产业的分布特点为"二三一"。2016年,云南第二产业实

---

[1] 今年我市利用外资稳定发展结构优化 亮点倍出[EB/OL].(2017-01-05)[2017-07-04]. http://www.ft.cq.cn/wjmwyw/wstzgylycj/26958.htm.

际到位外资占全省实际到位外资总量的近66%。其中，制造业实际到位外资占比为50.2%，排名第一，增幅最大；电力、燃气及水的生产和供应业实际到位外资占比为15.7%，排名第二；农、林、牧、渔业实际到位外资占比同比增长了0.5个百分点，高原特色农业引进外资能力进一步增强；批发和零售业实际到位外资占比为13.3%，同比增长了3.7个百分点；交通运输、仓储和邮政业实际到位外资占比同比增长3个百分点，现代物流业引进外资增长较快，外商投资产业结构进一步优化。[①]

从总体来看，长江上游地区外商直接投资产业主要集中在制造业和房地产业，制造业主要集中在劳动密集型的终端产品的加工组装及化学原料与化学品制造、印刷、造纸等行业，技术水平偏低。现代服务业的外商投资增长缓慢。

（四）外商直接投资的投资方式

长江上游地区外商直接投资主要以中外合资经营、中外合作经营、外商独资经营这三种方式为主。从表2.5可以看出，中外合资经营在2004年占整个长江上游地区实际利用FDI投资方式的比例为60.25%，2005年所占比例为48.64%，这说明在这一时期中外合资经营是外商直接投资的重要方式。自2006年起，中外合资经营所占比例逐渐降低，至2012年，这一比例仅为20.49%，降幅很大。中外合作经营占比总体上处于下降状态，从2004年8.52%下降到2012年的0.29%。外商独资经营占比快速上升，由2004年的29%上升到2012年的52.01%。从2012年来看，外商独资经营占绝对优势，改变了过去以中外合资经营为主的投资模式。

外资利用方式的转变，体现了我国改革开放后对于外资股权比例限制的放松和外资对我国投资环境的青睐。同时，对于外商来讲，采用独资方式更有利于保护先进技术和垄断市场。另外，由于收购股权的方式在资金、法律限制相较其他方式更为宽松，外资更愿采用兼并收购的方式，从而导致"其他"投资方式占比逐年上升。

表2.5　　2004—2012年长江上游地区实际利用FDI投资方式占比　　单位:%

年份	中外合资经营	中外合作经营	外商独资经营	其他	合计
2004	60.25	8.52	29.00	2.23	100.00
2005	48.64	14.81	36.52	0.03	100.00

---

① 2016年云南省利用外资8.67亿美元同比增长9.97%［EB/OL］.（2017-02-08）［2017-07-04］. http://yn.yunnan.cn/html/2017-02/08/content_4723121.htm.

表2.5(续)

年份	中外合资经营	中外合作经营	外商独资经营	其他	合计
2006	34.08	1.38	36.50	28.04	100.00
2007	21.67	4.81	48.56	24.96	100.00
2008	19.98	3.45	55.12	21.45	100.00
2009	36.99	2.00	38.62	22.39	100.00
2010	24.36	0.55	34.59	40.50	100.00
2011	20.72	0.49	56.82	21.97	100.00
2012	20.49	0.29	52.01	27.21	100.00

资料来源：根据长江上游地区四省（市）统计年鉴整理计算得到。

三、长江上游地区"走出去"的现状和特征

随着我国经济实力和综合国力的日益增强，过去形成的被动参与国际化发展的对外开放模式，已经完全不能适应改革发展的新形势和新要求。我国的对外开放模式，正在由过去的"引进来"战略，转变为"引进来"与"走出去"重组国际经济资源相结合的战略。对外投资作为近年来中国"走出去"战略的重要组成部分，加快企业对外投资合作步伐，有利于我国企业参与国际竞争与合作，从而提高自身国际竞争力，促进国民经济的快速、可持续发展。虽然我国对外投资起步晚，但是自21世纪后开始迅速发展，并呈现出投资规模扩大、区域分布广泛等特点。长江上游地区作为我国经济欠发达地区，面对国际、国内形势所带来的机遇和挑战，实施"走出去"战略是发展开放型经济的一个重要组成部分。当前，长江上游地区对外投资呈现如下特点：

（一）长江上游地区"走出去"势头强劲，对外投资异军突起

2009年以前，重庆对外实际投资累计仅1.73亿美元。2009年，重庆对外实际投资为5 194万美元；2010年，重庆对外实际投资达到3.99亿美元，增长667.85%；2011年，重庆对外实际投资达到5.48亿美元，增长37.34%；2012年，重庆对外实际投资达到9.09亿美元，增长65.88%；2013年，重庆对外实际投资达到10.1亿美元，增长11.2%。[①] 2016年1~4月，重庆对外投资新增合同额8.4亿美元，同比增长31.9%；对外实际投资6.5亿美元，同比

---

① 重庆市近三年对外实际投资增长近20倍 [EB/OL]. (2014-05-07) [2017-07-04]. http://www.mofcom.gov.cn/article/resume/n/201405/20140500575271.shtml.

增长36.5%。对外承包工程业务新签合同额6亿美元，同比增长20.7%；完成营业额3.7亿美元，同比增长18.8%。① 2012年1~10月，四川对外承包工程完成营业额约51.5亿美元，位居全国第四位，同比增长29%；新签合同额29.3亿美元，居全国第七位；新增非贸易类境外投资企业50家，中方协议对外投资额10.3亿美元，同比增长178%。2013年1~6月，贵州对外投资业务发展迅速，对外承包工程累计完成营业额为21 359万美元，同比增长9%；6月份当月对外承包工程完成营业额为5 710万美元，同比增长43.5%。截至2012年12月底，云南境外投资企业已达400家，对外实际投资累计达25.7亿美元，投资额较低。随着经济实力的增强，产能过剩的压力及国家倡导企业加快步伐走出去，云南对外投资发展迅猛。2016年，云南新批境外投资企业86家，对外实际投资16.1亿美元，同比增长19.8%；新签订对外承包工程合同48份，新增合同额19.19亿美元，同比增长33%，对外承包工程完成营业额25.75亿美元。② 尤其是云南建投集团，其投资成效显著。目前，云南建投集团已先后在10余个国家和地区承建了50多个国际工程项目，海外营业收入累计达27亿美元，连续7次入选《美国工程新闻录》（ENR）杂志评选的全球最大250家国际承包商，位列186位，在中国西部建筑企业中名列前茅，获得中国对外工程承包商会对外工程承包AAA信用等级。③ 但是从总体来看，云南投资行业较为狭窄，主要集中在电力开发领域。

（二）长江上游地区"走出去"的投资主体日趋多元化

改革开放以来，国有企业利用自身产业优势勇敢地"走出去"，到产品市场的所在地去设立基地或建厂，将自己的初级产品依据当地市场需求进行再加工，是境外投资的主力军。当前，长江上游地区对外投资已从单一的国有企业向多种所有制经济主体转变。由于民营企业的经营机制灵活，可以采用分成、入股等方式，在资金、人才、建设、营销等方面实行"本土化"经营，因此民营企业"走出去"的积极性高于国有企业。其中，四川和重庆的民营企业对外投资尤为活跃，已经成为境外投资的中坚力量。截至2008年年底，四川经审批的境外投资企业为138家，民营企业占69.6%。截至2016年12月，重

---

① 2016年1-4月全市对外投资与合作简况［EB/OL］.（2016-05-16）［2017-07-04］. http://chongqing.mofcom.gov.cn/article/sjtongjizl/201605/20160501323098.shtml.

② 680家云企"走出去"云南国际产能合作初显成效［EB/OL］.（2017-04-25）［2017-07-04］. http://news.163.com/17/0425/09/CIRUIDF8000187VG.html.

③ 一带一路"云南篇：构建国际大通道 坚定不移"走出去"［EB/OL］.（2017-05-09）［2017-07-04］. http://news.hexun.com/2017-05-09/189113880.html.

庆共有316家民营企业在境外投资,占全市同类企业的78.8%;累计投资总额113.9亿美元,占全市对外投资总额的79.0%。其中,2016年,重庆民营企业对外投资合同额为75.28亿美元、实际投资额为17.25亿美元,分别占全市总额的98.4%和71.0%,相比2015年增幅分别为408.65%、50%。随着投资地域和产业越来越广泛,投资额度越来越大,重庆民营企业已成为重庆对外投资的主力军。[①]

(三) 对外投资区域分布高度集中,主要流向发展中经济体

长江上游地区经济发展水平不高、技术水平较落后、现代管理能力欠佳,若进入经济发展水平高、市场机制完善、竞争激烈的发达国家仍然有一定的难度。发展中国家虽然经济发展水平低下,投资环境欠佳,但进入壁垒低,劳动力价格便宜,土地成本低,并且能享受各种优惠政策,产品适合当地的消费水平。因此,长江上游地区的对外投资主要集中于亚洲国家和地区,并且主要集中于周边国家,尤其是东南亚国家和南亚国家。例如,云南对外投资的国家分布主要集中在缅甸、老挝、越南、柬埔寨、泰国五国,范围狭窄。不过,自"一带一路"倡议实施以来,长江上游地区也积极主动地融入和推进,发挥自身优势,其对外投资发展迅猛。2016年1~9月,重庆企业在"一带一路"沿线13个国家投资设立企业(机构)共25家,投资合同额4.5亿美元,同比增长1.6倍,保持快速增长态势。其投资目的国主要集中在以色列、俄罗斯和罗马尼亚,其投资合同额占全市投资合同额总量的83.2%;按实际投资流量来看,主要集中在东帝汶、老挝、俄罗斯和柬埔寨,其总额占总量的87.2%。[②]

(四) 对外投资产业结构布局不尽合理

长江上游地区的企业技术水平普遍偏低,在国际上缺乏竞争力。在境外投资主要集中于一些科技含量和附加值低下的行业,如传统服务业、传统制造业等劳动密集型产业,对信息、软件等高技术行业的投资较少。这种低层次的产业结构不利于国内产业升级、企业技术进步,也不利于境外子公司的可持续性发展。

---

① 重庆民企"走出去"投资 转向新能源环保行业 [EB/OL]. (2017-02-08) [2017-07-04]. http://sports.163.com/17/0208/01/CCNFIDCJ00051C8L.html.
② 前三季度重庆企业在"一带一路"沿线国家投资合作保持快速增长 [EB/OL]. (2016-10-31) [2017-07-04]. http://chongqing.mofcom.gov.cn/article/sjtongjizl/201611/20161101587568.shtml.

第三节 长江上游地区开放型经济发展的优劣势

一、长江上游地区开放型经济发展的优势

根据本书第一章中的理论分析可知，无论是赫克歇尔的要素禀赋论，还是凯南的人力资本学说，又或者是波特的竞争优势理论，都表明一个国家或地区的初级生产要素和高级生产要素一起构成了该区域竞争优势的基础。长江上游地区开放型经济的发展同样需要区位条件、自然资源、劳动力等作为基础。

（一）区位和交通的相对优势

最重要的区位条件——地理位置，自古以来就对区域开放型经济发展有着巨大影响，东部沿海地区的开放型经济发展远远走在中西部地区的前面就是很好的例证。事实上，优越的地理位置和便利的交通条件有利于降低国际贸易的运输成本，同时为外商提供良好的投资环境。

1. 区位优势日渐明显

长江上游地区位于我国内陆，战略地位十分重要。长江上游地区无出海口，但是有漫长的陆上边境线，这是长江上游地区发展同国外交流的重要条件。当前我国"一带一路"倡议和"长江经济带"发展战略把地处内陆的长江上游地区推到了新一轮改革开放的前沿，重庆、四川、贵州、云南四省（市）位于与"一带一路"倡议和"长江经济带"发展战略的交汇之处，其未来的发展面临着千载难逢的机遇。

2. 交通条件得以改善

长江上游地区山岭纵横交错，对外联系不便，但随着"三线"建设中一批公路、铁路的建成和改革开放后的大力发展，已形成了纵横交错的空、铁、路、水立体交通运输网络，为优势产业的发展、产能培育、吸引外资、对外贸易创造了条件。

长江上游地区的铁路、公路、内河航道里程密度较大，如表2.6所示。2015年年末，长江上游地区铁路里程、公路通车里程、内河航道里程分别占到全国的9.92%、19.19%和17.87%，基本不低于长江上游地区国土面积所占比例（11.1%）。西部大开发以来，渝怀铁路、遂渝铁路、西康铁路、宝成铁路复线等重大项目建成，2012年渝新欧洲际铁路的建成通车也为西部地区进一步实施"走出去"战略奠定了基础。在高速公路建设方面，长江上游地区高速公路里程从1997年的0.01万千米，增加至2015年的1.76万千米，占全

国的比重从1997年2.08%增加至2015年14.25%（见表2.6和图2.19）。在水运建设方面，随着国家投资的不断增加，长江上游地区无论是内河航道等级、港口吞吐能力、船舶标准化程度，还是内河运输水平都得到显著的提高和改善。长江上游地区已形成以长江为主轴，以嘉陵江、渠江、乌江、岷江等支流为辅的江海直达的立体水运网络，长江水道是西南地区与东部地区物资交流的水路运输大通道。此外，长江上游地区基本形成以成都双流国际机场、重庆江北国际机场为枢纽的航空网体系。

表2.6　　　　　2015年长江上游地区运输线路长度　　　　单位：万千米

地区	铁路营业里程	内河航道里程	公路里程	高速等级公路里程
全国	12.1	12.7	457.73	12.35
长江上游地区	1.2	2.27	87.86	1.76
所占比重（%）	9.92	17.87	19.19	14.25

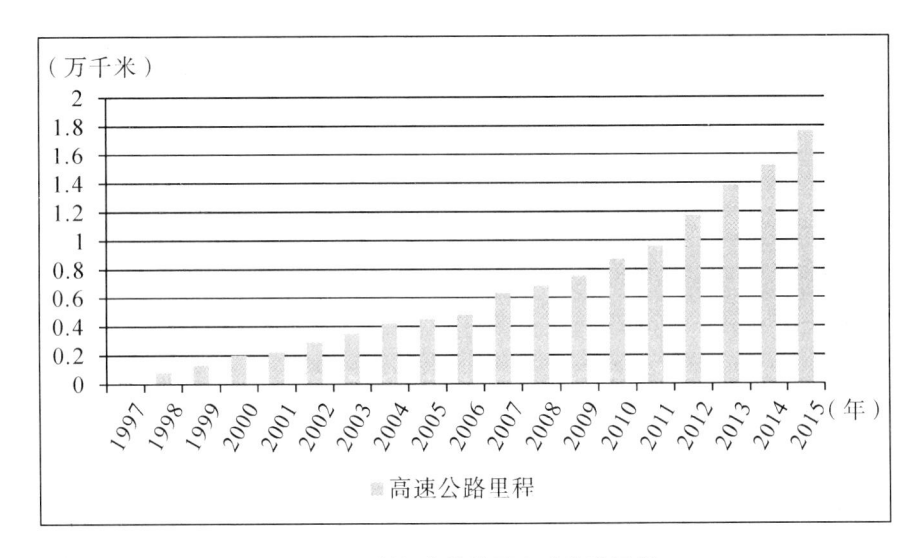

图2.19　长江上游地区高速公路里程

资料来源：国家统计局及国家数据网（http://data.stats.gov.cn/index.htm）。

（二）自然资源优势

根据第一章中赫克歇尔-俄林的资源禀赋理论和小岛清的资源导向投资理论可知，长江上游地区丰富的自然资源是其对外贸易和外商直接投资取得成本优势的基础。长江上游地区地域辽阔，具有土地、矿产、能源、水利、气候、生物和旅游等丰富的自然资源，在全国占有重要的地位，将有利于长江上游地区的开放型经济发展。

长江上游地区地域辽阔，土地面积达15.99亿亩（1亩约等于666.67平方米，下同），占全国的11.1%。其中，耕地面积1.42亿亩，占全国的9.5%；牧场草地面积5.78亿亩，占全国的13.5%；林地面积5.51亿亩，占全国的14.9%；水域面积1.51亿亩，另有近2亿亩的宜农、宜牧、宜林荒地（见图2.20）。长江上游地区气候复杂多样，大部分地区气候温和，雨量较充沛，光热充足，无霜期达300天/年，年均气温15摄氏度，大部分地区年均降雨1 000毫米以上。

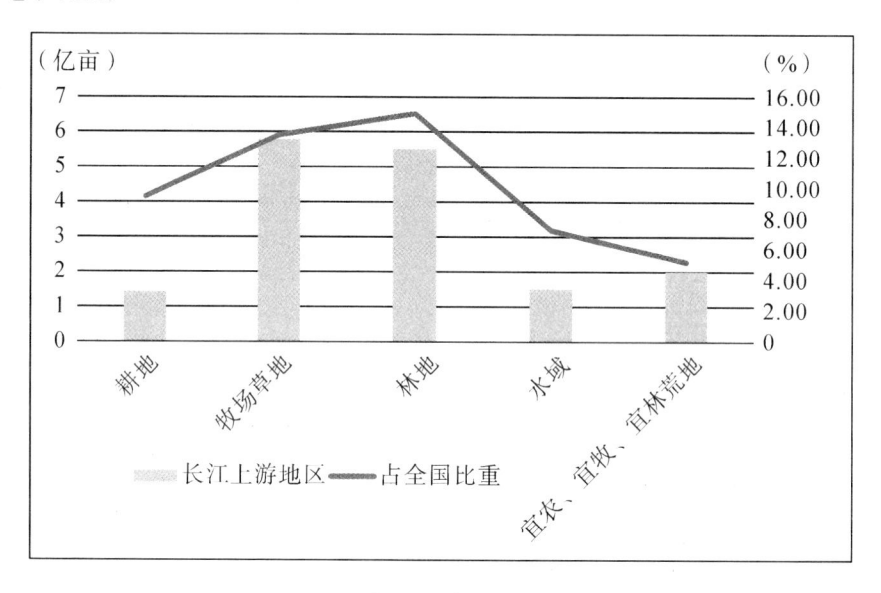

图2.20 长江上游地区土地资源

资料来源：国家统计局及国家数据网（http://data.stats.gov.cn/index.htm）。

长江上游地区是我国主要的能源富集区，能源结构主要以煤炭和水能为主；石油、天然气和铀矿也有一定储量，特别是天然气，长江上游地区是我国重要的天然气蕴藏和开采地区，石油资源主要集中在四川、重庆。长江上游地区也是我国水能资源的富集区，占全国的50%以上。该地区拥有5个大型水电基地，占全国的41.67%，其中贵州水资源理论储存量为18 086.4万千瓦，年电量为1 584.37亿千瓦时。四川盆地的天然气储量较为丰富，在我国开发较早。这为长江上游地区的经济发展提供了强大的物质支撑（见图2.21、图2.22）。

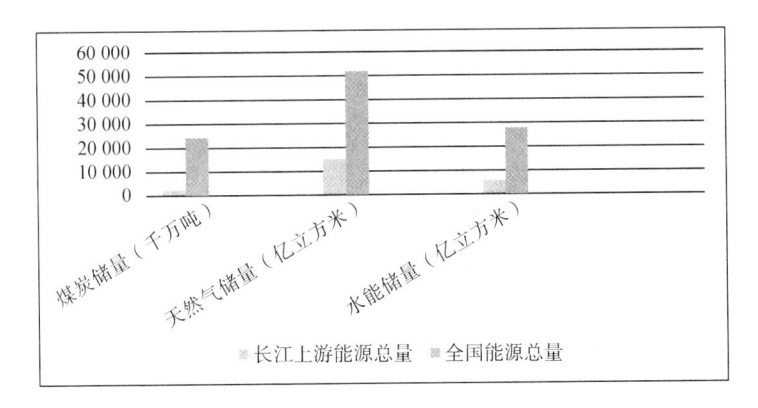

图 2.21 长江上游地区能源情况

资料来源：国家统计局及国家数据网（http://data.stats.gov.cn/index.htm）。

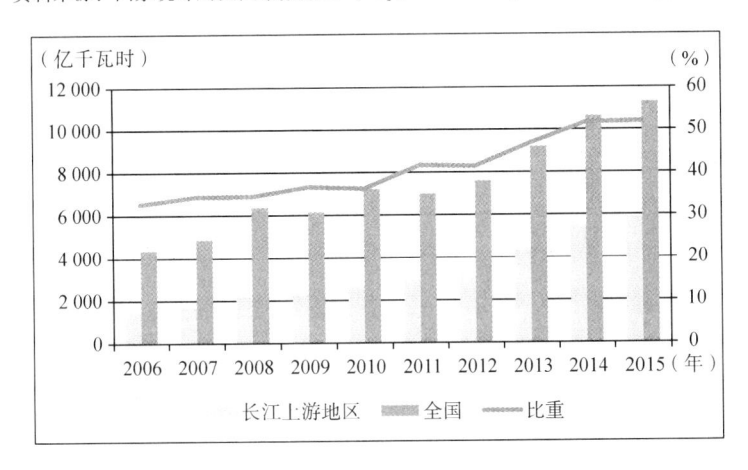

图 2.22 长江上游地区水力发电量

资料来源：国家统计局及国家数据网（http://data.stats.gov.cn/index.htm）。

长江上游地区拥有多种丰富的矿藏资源和生物资源。在全国名列前茅的有铁、钡、钦、镍、钴、铬、铂、铍、锉、汞、岩盐、石棉、钙芒硝、白云母、磷、钾、硫铁矿、天然气、水泥石灰岩。此外，煤、铅、锌、锡、铜、银、金、铀等也有丰富的储量。其中，最突出的是川西南以攀西地区为核心的沿金沙江和雅砻江畔的多种矿藏，被誉为中国工业的"聚宝盆"。此外，长江上游地区的生物资源具有数量大、种类多、分布广的特点，有"动植物王国"和"药物宝库"之称。[1]（见图 2.23）

---

[1] 刘茂才，郭元晞.长江上游经济发展与对外开放 [J].开放导报，1993（1）：70-72.

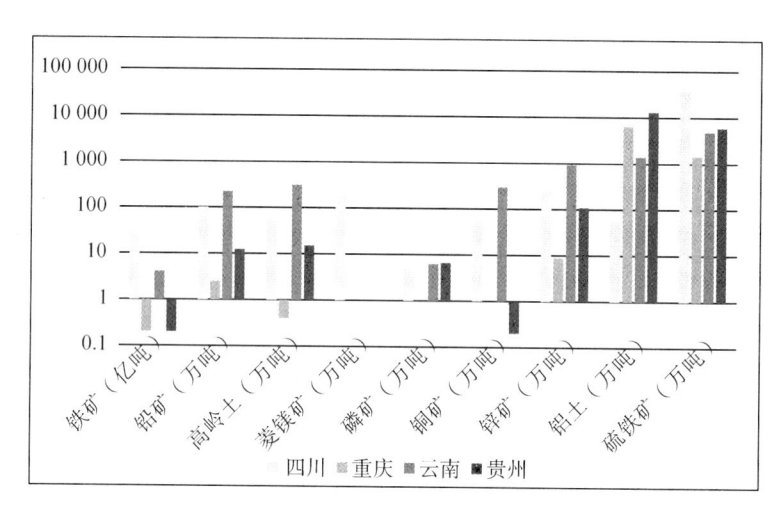

图 2.23 长江上游地区矿藏资源分布

资料来源：国家统计局及国家数据网（http://data.stats.gov.cn/index.htm）。

(三) 产业基础条件

长江上游地区是中华人民共和国成立后中国西部工业化均衡布局战略和"三线"建设的重点区域。由苏联援建的 156 项工程（实际开工 150 项）有 51 项在西南地区和西北地区，如在成都新建了航空、无缝钢管、量具刃具等相关企业。[①]"三线"地区先后形成了 45 个大型生产、科研基地，35 个新兴工业城市，并大大促进了成都、重庆、贵阳、昆明、西安、兰州等内陆大城市以及整个内陆地区的经济发展，迅速提高了经济实力，并形成了在全国举足轻重的巨大生产能力。

西部大开发战略实施以来，长江上游地区各省（市）以自身资源优势、产业历史发展优势和劳动力优势为依托，以市场为导向，推动重点行业和特色产业发展，产业自我发展能力不断增强。云南已成为国家重要的水电基地和清洁能源基地、有色金属基地，红河州已建成重要的有色金属工业基地；曲靖市拥有全国最大的煤炭和火力发电能力；怒江傈僳族自治州正在发展成为我国最大的铅锌产业基地；临沧市充分利用澜沧江梯级电站的序列开发，正在成为我国最重要的水电产业基地。重庆、四川的装备制造业取得了长足发展，正在成为我国重要的装备制造基地。在高新技术产业方面，重庆电子信息产业和物联网国家示范基地，重庆、昆明国家生物产业基地，成都软件产业基地建立。在现代服务业方面，西藏、贵州和云南等充分利用特色旅游资源，大力培育特色

---

① 曹海英.西部民族地区新型工业化研究［D］.北京：中央民族大学，2009.

旅游产业。重庆、成都的商贸、物流、金融等服务业也取得了巨大进步。

长江上游地区各省（市）优势产业汇总情况如表2.7所示。

表2.7　　　　长江上游地区各省（市）优势产业汇总情况

省份	优势产业
四川	农业和畜牧业；饮料食品、现代中药、能源电力、油气化工、钒钛钢铁、装备制造、电子信息
重庆	汽车摩托车产业、装备制造产业、材料工业和石油天然气化工产业
贵州	中药材加工、矿业、能源、有色金属、烟酒、旅游业
云南	烟草、生物资源开发、旅游、矿业、电力

（四）劳动力成本优势

劳动力成本在很大程度上和未来相当长的时间内将直接决定产品的成本，进而决定产品的国际竞争力。长江上游地区对外贸易的优势依然体现在劳动密集型产品上，而拥有丰富且廉价的劳动力资源也对外商直接投资具有很强的吸引力。长江上游地区的劳动力成本优势主要体现在总人口数量、就业水平和劳动力平均工资水平三个方面。2015年，长江上游地区人口19 493万人，占西部地区的比重为52.50%，占全国总人口的14.22%，就业人数总量占西部地区的比重为49.61%，可利用的劳动力潜力巨大。2015年，长江上游地区的城镇单位就业人员年均工资水平为57 931元，明显低于全国的62 029元（见图2.24）。以上充分体现出长江上游地区的劳动力成本优势，这不仅为发展劳动密集型产业提供了有利的条件，而且劳动力向沿海、沿边一些地区转移，为发达地区提供了重要的生产力要素。

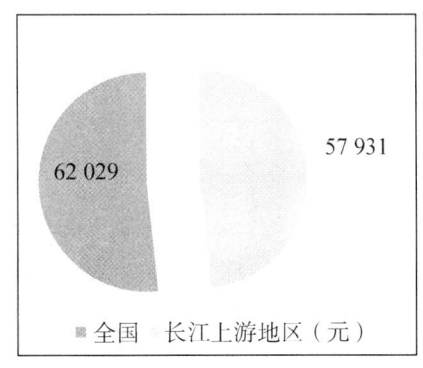

图2.24　长江上游地区人口和年均工资

资料来源：国家统计局及国家数据网（http://data.stats.gov.cn/index.htm）。

（五）知识经济条件

长江上游地区四省（市）知识经济条件差异是非常大的。以下主要从科技和教育两个方面来衡量知识经济条件，其中科技主要用"规模以上工业企业R&D人员全时当量"和"国内专利申请受理量"两个指标衡量，而教育发展水平主要用"每十万人口高等学校平均在校生数"衡量。从"规模以上工业企业R&D人员全时当量"来看，重庆和四川一直远远高于贵州和云南。2015年，贵州该项指标仅为重庆的33.05%、四川的26.24%；云南该项指标仅为重庆的36.30%、四川的28.82%（见图2.25）。再从"国内专利申请受理量"来看，贵州该项指标分别为重庆、四川的22.10%和16.52%；云南该项指标分别为重庆、四川的21.26%和15.89%（见图2.26）。再从"每十万人口高等学校平均在校生数"来看，2015年重庆为3 071人、四川为2 312人、贵州和云南均为1 819人，贵州和云南仍然远远低于重庆和四川（见图2.27）。目前，贵州正在大力推进义务教育的均衡发展，教育投入力度不断加大，积极探索城乡教育资源的合理配置，力图缩小不同区域、不同学校以及城乡之间的教育差距，已取得了较好的成效。云南作为边疆民族大省，民族种类多且少数民族大多居住在边远山区，交通阻隔，生产落后，一些居民长期生活在相对封闭的环境中，加上对民族教育的投入有限，其教育设施落后，教育水平较低。为了使各民族都有公平的教育机会，加快民族地区教育发展，云南提出了一系列措施和政策，为民族地区的跨越发展打好人才基础。

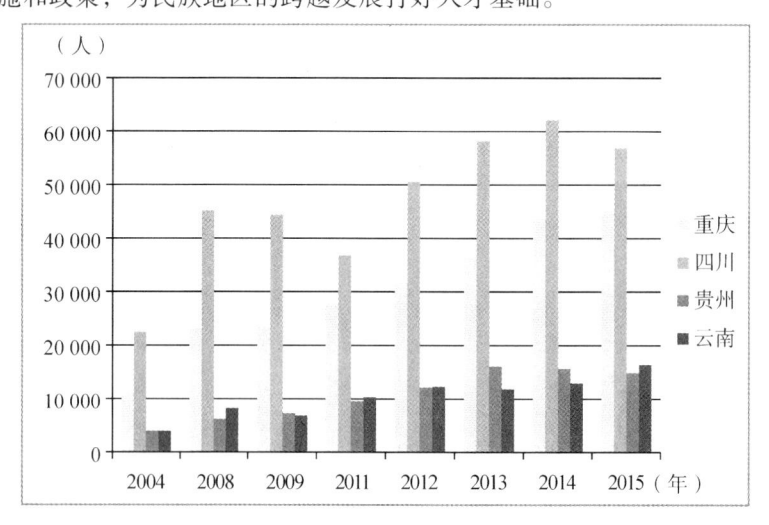

图 2.25　规模以上工业企业 R&D 人员全时当量

注：从 2011 年起，规模以上工业企业的统计范围从年主营业务收入为 500 万元及以上的法人工业企业调整为年主营业务收入为 2 000 万元及以上的法人工业企业。

资料来源：国家统计局及国家数据网（http://data.stats.gov.cn/index.htm）。

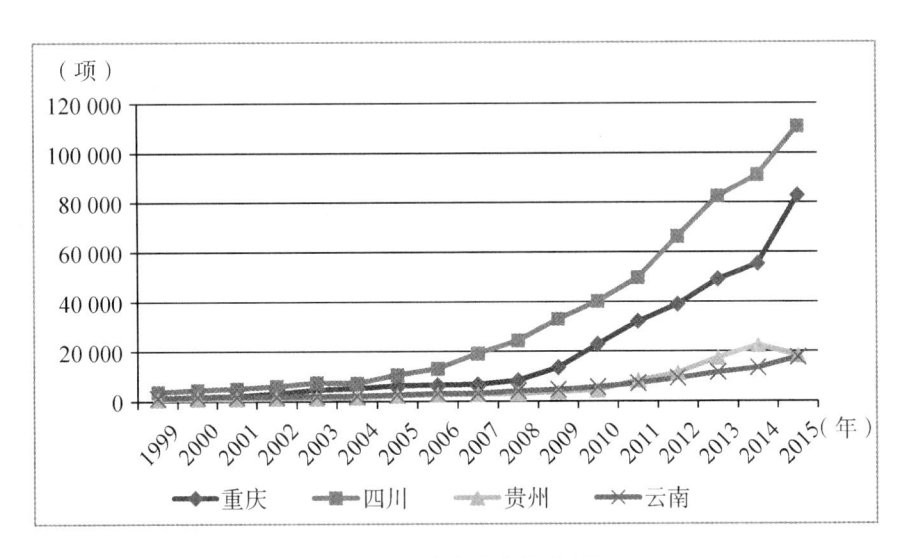

图 2.26 国内专利申请受理量

资料来源：国家统计局及国家数据网（http://data.stats.gov.cn/index.htm）。

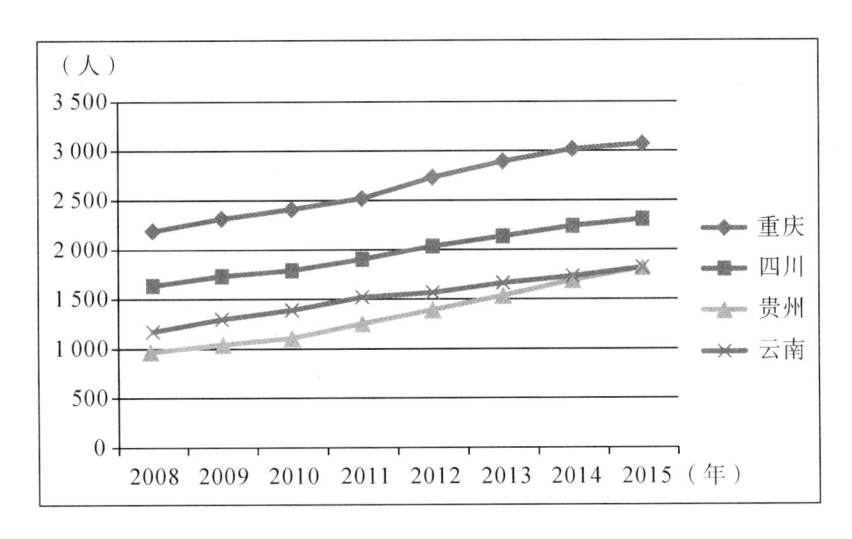

图 2.27 每十万人口高等学校平均在校生数

资料来源：国家统计局及国家数据网（http://data.stats.gov.cn/index.htm）。

二、长江上游地区开放型经济发展的劣势

西部大开发战略实施以来，长江上游地区综合经济实力已有明显提升，但由于发展的历史基础薄弱、不利的区位条件、脆弱的生态环境以及来自经济全

球化的挑战等原因，长江上游地区在经济社会等诸多方面的发展状况仍然落后于中东部地区，甚至与全国平均水平也存在较大差距。在发展开放型经济中长江上游地区面临的制约因素依然相当突出。

（一）自然条件恶劣

自然条件恶劣、自然灾害频繁是长江上游地区自然环境的基本特点，一般常见的有洪涝、干旱、霜冻、冰雹、地震、病虫害等多种自然灾害，其中伏旱、低温、霜冻、冰雹、风雪、洪水、泥石流、山体滑坡等自然灾害频繁发生，是长江上游地区经济发展建设中的突出制约因素（见图2.28）。

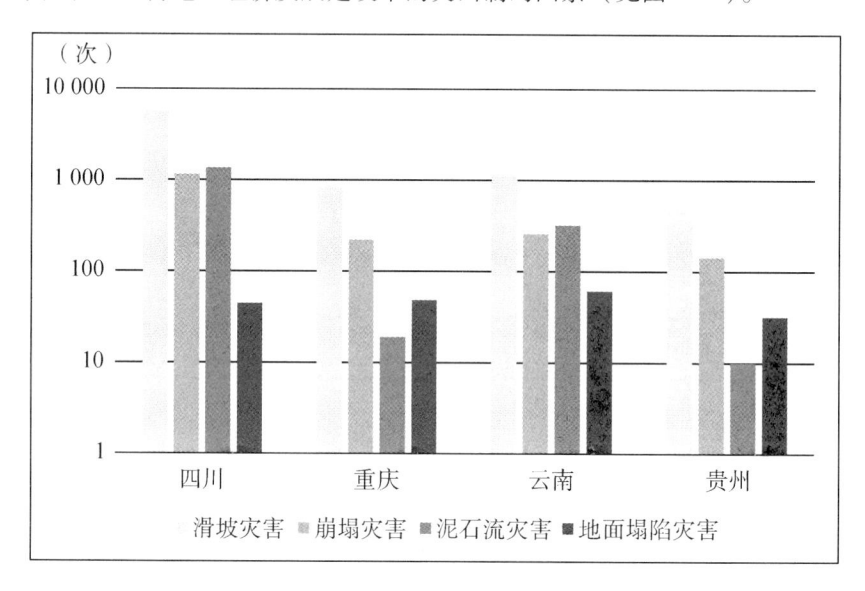

图 2.28　2011—2015 年长江上游地区主要地质灾害总数

资料来源：国家统计局及国家数据网（http://data.stats.gov.cn/index.htm）。

注：2014 年数据缺失。

（二）生态环境脆弱

长江上游地区地理环境特殊，生态环境脆弱，国家对其进行多年修复后，环境质量有所改进，但生态环境面临的严峻形势依然不容乐观。水土流失十分严重，石漠化、沙漠化趋势仍在继续，部分地区水污染、土壤污染程度达到极点；崩塌、滑坡、泥石流等突发性地质灾害频发，对人民生活、生产和基础设施建设等构成严重威胁。长江上游地区地形复杂，干旱缺水，土地资源开发利用的制约因素很多。该地区作为中国的生态屏障，生态环境保护尤为重要，经济发展和保护生态环境的矛盾冲突将比中东部地区表现得更为突出。

(三) 污染排放压力大

长江上游地区受历史条件、发展基础、体制机制等因素的影响或制约，经济发展中高投入、高消耗、高污染、不协调、低效率、难循环的粗放型发展方式一直没有得到根本改变。从宏观上看，东部沿海地区已处于工业化中后期，包括长江上游地区在内的西部地区正处于工业化快速发展时期，工业经济增长"西快东慢"的格局将在今后一段时期继续保持。从微观上看，经济的快速增长必将带动能源消耗的快速增加，与此同时，东部地区的污染企业或因环保治理不过关而被迫外迁。长江上游地区的个别政府出于地方经济发展的考虑，不仅给予这类"淘汰"企业各种优惠政策，而且放松环保评估和监督环节，对企业非法排污问题不管不问，甚至于主动为其遮掩，致使出现企业由东向西转移的同时，亦呈现"污染西迁"的怪象。

(四) 贫困问题突出

西部地区是贫困人口集中分布区域，1994 年列入"国家八七扶贫攻坚计划"的 592 个贫困县中，四川、重庆共有 43 个，占全国总数的 7.26%，占西部地区总数的 11.19%，其中少数民族贫困县有 30 个，占四川、重庆贫困县总数的 69.77%。经过多年的努力，长江上游地区虽然在缓解贫困人口的绝对贫困状况方面取得了很大进展，但由于自然、历史和社会诸多原因的相互交织，贫困地区的贫困状况依然没有得到根本性的、彻底的改观。目前，四川还有 36 个贫困县[1]；贵州有 66 个贫困县，9 000 个贫困村，493 万贫困人口，是我国贫困人口最多的省份[2]；云南有 88 个贫困县，350 多万贫困人口，贫困人口数量仅次于贵州居全国第二[3]。这些贫困地区都是长江上游地区经济和社会发展基础最为薄弱的地区，其产业不具优势、生产力发展水平低下、产业结构单一、市场规模狭小、基础设施薄弱、生态环境脆弱、社会发展机制发育不健全、经济社会发展水平远远低于全国平均水平。因此，贫困地区基础设施的全面改造、贫困人口的稳定脱贫，依然是长江上游地区经济建设面临的严峻挑战。

(五) 硬软环境约束

近年来，长江上游地区各级政府高度重视投资环境的改善，在加快基础设

---

[1] 全国 592 个贫困县 IPO 免除排队 四川 36 个贫困县在列 [EB/OL]. (2016-09-12) [2017-07-04]. http://www.cncx.gov.cn/det/detinfo.html? id = 20150708164618&aid = 20160912095334658.

[2] 贵州省 66 个贫困县各项贷款余额同比增长 23.6% [EB/OL]. (2017-04-24) [2017-07-04]. http://news.cnr.cn/native/city/20170424/t20170424_523722878.shtml.

[3] 云南将"集中攻坚"350 多万贫困人口 [EB/OL]. (2017-03-07) [2017-07-04]. http://news.163.com/17/0307/23/CEV9VCOQ000187V5.html.

施建设、努力改善硬环境的同时,加大软环境治理整顿的力度。但该地区的经营环境仍然存在不少硬约束。从硬环境来看,基础设施依然落后,长江上游地区的铁路、公路、航空密度大大低于东部地区,并且等级低、运量小,不能满足经济的发展需要。从软环境来看,统一开放、竞争有序的现代市场体系还不够完善,对外开放的广度和深度都还不够,政府的管理体制和管理水平以及办事效率都还需要进一步提高。一些优惠政策人为因素较大,缺乏稳定性和连续性,管理体制不透明。而且生产性服务业,如金融保险、投资咨询、会计、保险等服务水平低,并且配套不完善,使外来投资者裹足不前。

(六) 劳动力素质低

虽然长江上游地区有丰富的人力资源,但由于历史、地理和文化等诸多因素的制约,人力资源开发水平较低。一些边远、贫困以及少数民族地区的教育仍然相当落后,再加上职业培训和职业技术教育发展不足,导致其劳动力总体素质和水平较低,产业发展所需的初中级技术人员、技术工人和熟练操作工比较缺乏。与此同时,虽然长江上游地区的重庆、成都每万人口工程技术人员和在校大学生数量居全国前列,科研和高等教育实力较强,但云贵高原及川西少数民族地区由于自然条件较差、福利水平低,人才的投入机制和创业机制都还不健全,人才成长和发展环境欠佳,大批有真才实学的高素质人才外流。高素质、高质量的人才严重缺乏,导致长江上游地区产业发展特别是高技术产业和新兴产业所需要的有实践经验的高级工程技术人员、高级技术工人、高层经营管理人员和与国际市场接轨的市场营销人员不足,进而影响了长江上游地区优势资源的集约型开发利用,制约着长江上游地区工业化的转型升级。

第四节 长江上游地区开放型经济发展的机遇与挑战

一、发展机遇

第一,全球新一轮技术革命蓄势待发,全球产业分工和贸易格局会发生较大的调整和变化,产业转移进一步加快;同时,我国国内将深刻调整经济结构,加快转变经济发展方式。这些都有利于长江上游地区承接产业转移和构建现代产业体系。[①] 为应对金融危机和气候变化,发达国家大幅度增加了科技投

---

① 刘斯斯."十二五"继续深入实施西部大开发战略部署 专访国家发展改革委西部开发司司长秦玉才 [J]. 中国投资, 2012 (4): 11, 23-25.

入，积极进行产业结构的调整和升级，新一轮的产业调整和技术革命将出现以下特征：

一是发达国家进入新一轮"再工业化"过程。这将会使发达国家服务业超前发展、工业相对薄弱的格局得到一定程度的回归，在高端消费品、投资品方面的生产能力将会增强。

二是发达国家为抢占未来竞争的战略制高点，在新能源、节能减排、信息技术（如物联网、云计算、传感网、智慧地球）等若干重要领域，正在酝酿新的突破。新产业、新技术的发展，将会形成各国新的比较优势和竞争关系，从而影响世界贸易格局，促进全球产业新分工。

三是随着发达国家成本上升压力的加大，信息技术的升级换代加速，促使发达国家进一步将一些资金相对密集、技术含量较高的制造业（如汽车、钢铁等）以及某些设限转移的服务业，都有可能进一步向发展中国家转移，从而为发展中国家带来新的发展机遇。[①] 受世界经济的影响，我国的产业结构也面临着新一轮调整，长江上游地区可以趁机承接一些高端制造业的转移，借此构建全新的现代产业体系。

第二，我国倡导的"一带一路"倡议和"长江经济带"发展战略，有利于长江上游地区充分发挥其地缘优势，是长江上游地区加快对外开放、提高开放水平的历史新机遇。全球金融危机之后，世界经济整体复苏乏力，全球经济政治格局发生了重大调整，区域经济合作成为促进各国经济发展的新趋势和新机遇。凭借着改革与开放，中国一跃成为东方世界的新兴力量，国际经济地位和政治地位得到空前的提高。在新时期、新阶段，中国如何承担大国责任，如何建立与世界其他国家间的关系受到了国际社会的普遍关注。中国提出共建"丝绸之路经济带"和"21世纪海上丝绸之路"的倡议，得到国际社会高度关注和"一带一路"沿线国家的积极响应。"长江经济带"发展战略旨在经济增速换挡的背景下寻找新的发展支撑和新引擎，其建设目标是"具有全球影响力的内河经济带、东中西互动合作的协调发展带、沿海沿江沿边全面推进的对内对外开放带、生态文明建设的先行示范带"。"长江经济带"发展战略重点推进提升长江黄金水道功能、建设综合立体交通走廊、创新驱动促进产业转型升级、全面促进新型城镇化、培育全方位对外开放新优势、建设绿色生态廊

---

① 国务院发展研究中心课题组."十二五"期间中国面临的国际环境［EB/OL］.（2011-03-04）［2017-07-04］. http://theory.gmw.cn/2011-03/04/content_1675560.htm.

道、创新区域协调发展体制机制七个方面的工作。① 当前我国"一带一路"倡议和"长江经济带"发展战略把地处内陆的长江上游地区推到了新一轮改革开放的前沿,重庆、四川、贵州、云南四省(市)位于与"一带一路"倡议和"长江经济带"发展战略的交汇之处,这将进一步发掘长江上游地区对外发展潜力,进一步缩小区域发展差距,是长江上游地区对外开放的新机遇。

第三,我国正在实施新型工业化、新型城镇化、农业现代化、信息化"四化"同步战略,尤其是新型工业化、新型城镇化的深度推进,为深化西部大开发创造了新条件。当前,国际国内形势虽然严峻复杂,但我国仍处于发展的重要战略机遇期,保持经济平稳较快发展仍具有诸多有利条件。② 这既包括我国新型工业化、新型城镇化、农业现代化的深入推进,也包括国内市场需求的巨大潜力将在这"三化"过程中进一步释放,特别是随着经济发展方式加快转变、经济结构战略性调整、改革开放水平进一步提升,我国经济发展的活力和可持续性也将进一步增强。③ 这一切为长江上游地区向广大城乡腹地纵深发展创造了前所未有的有利条件。

第四,2000年以来的西部大开发奠定的基础设施、积累的人力资源等巨大后发效应正陆续释放,新一轮西部大开发已经形成良好态势。西部大开发以来,包括长江上游地区在内的西部地区投资环境和发展条件不断改善,西部地区的自主发展、自我发展等综合实力空前增强,为实现又好又快发展积累了后劲。同时,2011年的中央西部大开发工作会议全面部署了未来5~10年西部大开发的工作内容,强调要将西部大开发放在我国协调区域发展工作中的优先位置,明确了进一步实施西部大开发战略的指导思想、奋斗目标、重点任务,制定了一系列强有力的扶持政策。西部地区在财政、税收、投资、金融、产业、土地等方面将得到中央的差别化政策支持,同时中央会进一步加大资金投入和项目倾斜力度。因此,新一轮西部大开发已经形成良好态势。④ 今后国家有条

---

① 国家三大战略之长江经济带:发展举措与趋势研判 [EB/OL].(2015-04-02) [2017-07-04]. http://www.360doc.com/content/15/0402/09/22408906_460000320.shtml.

② 杨海霞. 西部大开发紧抓"十二五"新机遇——专访国家发展改革委西部开发司司长秦玉才 [EB/OL].(2011-03-11) [2017-07-04]. http://www.chinainvestment.com.cn/www/NewsInfo.asp? NewsId=3297.

③ 保持经济长期平稳较快发展有条件有能力——国家发展改革委副秘书长,新闻发言人李朴民解读《计划报告》并与网友交流热点话题 [EB/OL].(2012-03-08) [2017-07-04]. http://www.ceh.com.cn/ceh/ztbd/lhbd/lhrd/102661.shtml.

④ 深入实施西部大开发战略促进区域协调发展 [EB/OL].(2011-11-26) [2017-07-04]. http://www.ceh.com.cn/ceh/llpd/2011/11/26/93457.shtml.

件、有能力进一步加大对西部地区的支持力度。可以说，西部地区正面临着百年未遇的内外部发展的良好环境。

第五，区域结构调整和金融危机给内陆地区注入活力。我国自2000年推行西部大开发战略和2003年推行中部崛起战略以来，通过出台各种政策鼓励外资企业向我国中西部地区进行投资，如2002年出台的《指导外商投资方向的规定》和2010年出台的《关于进一步做好利用外资工作的若干意见》等。同时，我国于2000年出台《中西部地区外商投资优势产业目录》，指引外资在中西部地区的产业流向，并在2004年、2008年、2013年进行修订。中西部地区各省份也出台土地、财税等优惠政策。尽管政策的实施效果在2009年之前不明显，但在2009年之后，由于金融危机的影响，东部地区紧邻世界市场的优势不再显著，又伴随着劳动力、土地成本的攀升和资源、环境压力的增大，包括长江上游地区在内的中西部地区凭借其广阔的内陆市场、廉价的劳动力和土地资源、日渐完善的基础设施获得外商的青睐，吸引外资大幅上升。

二、面临挑战

未来我国经济长期向好的基本面没有改变，改革的深化将不断释放新的市场活力，创新驱动将催生出新的发展动力，经济结构调整孕育着新的增长点，为我国经济保持平稳较快发展提供了重要支撑。新常态下产业结构和区域结构的深刻调整、经济发展方式的加快转变，将成为我国未来经济增长的潜力。随着我国新一轮扩大开放的积极推进，上海、广东、天津、福建、重庆等地自由贸易试验区的设立，正在为率先挖掘改革潜力，破解改革难题提供经验和借鉴。同时，我国"一带一路"倡议进入到实施阶段，将有利于我国迈向更高的对外开放水平，加快中国经济升级，也为长江上游地区的开放型经济创造了新的发展空间。进入新常态后，我国经济下行压力加大，包括长江上游地区在内的地区的对外开放面临着诸多压力和挑战，突出表现在以下几方面：

第一，外部需求疲软。世界经济增长缓慢，消费和投资缺乏新的热点，国际贸易增长动力不足，尤其是新兴大国，为走出经济困境、恢复国际收支平衡，对进口需求进一步抑制。再加上部分跨国公司为避免供应链过长带来风险，由离岸生产转向近岸生产和在岸生产，将不利于全球贸易的深入发展，也不利于我国长江上游地区传统优势产品的出口。

第二，发达国家实体经济回归带来的冲击。金融危机后，发达国家重新审视和调整国内产业结构，鼓励实体经济回归，支持企业将高端制造业留在国内。发达国家的再工业化，中期目标是要提振经济，降低失业率，推动经济走出低谷等,而远期目标则是要获取高端制造业的战略优势,发展和建立能够主导基础设施、环保、能源、通信等不同领域的先进技术和设备。发达国家的再工业化已取得初步成效,过去5年间,美国出口额年均增长9%,欧盟出口额年均增长8.2%,均超过全球出口总体增速。这对我国高端产业的出口带来了较大压力。

第三,新兴经济体的追赶导致竞争激烈。东南亚国家拥有廉价丰富的劳动力,土地成本低廉,而且许多国家采取了设立出口加工区等经济区域、重视园区法制化建设、逐步完善配套设施,还以税收优惠、信息技术支持等政策措施来吸引发达国家投资,承接产业转移,促进对外贸易。过去5年间,印度出口额年均增长14.2%,东盟出口额年均增长9.8%。除东南亚国家外,南非、墨西哥等国家也是外资转移的重要地区。随着这些新兴经济体的追赶,我国的中低端产品在国际市场上将面临着更为严峻的竞争压力,同时也制约了长江上游地区承接发达国家的产业转移。

第四,新贸易保护主义盛行。由于世界经济增长放缓,失业率总体偏高,一些国家为了维护各自的经济利益,各种形式的贸易保护主义不断抬头。不仅发达国家通过放宽立案标准,加强反倾销和反补贴调查规则等方式设置层层贸易壁垒,而且一些发展中国家为保护本国陷入困境的制造业,也频频出台新的贸易限制措施。据商务部统计,2014年共有22个国家和地区对中国出口产品发起贸易救济调查97起。其中,反倾销61起,反补贴14起,保障措施22起,涉案金额104.9亿美元。[①] 此外,一些国家还通过区域经济一体化和各种贸易协定来保护本国企业的贸易收益和市场地位。这些协定对非伙伴国的产品歧视和排斥较多,形成新的贸易壁垒。如果处理不当,会被现有的规则排除在外,导致边缘化而无法融入世界经济发展的风险。

第五,长江上游地区本身存在的一系列问题,制约着对外开放的进一步扩大。

一是长江上游地区市场机制不健全,地方保护主义严重,普遍存在地区封锁和条块分割现象,不利于开放型经济的深入发展。

二是相关产业配套能力不强,生产性服务业发展也相对滞后,制约发达国家和东部发达地区的产业转移。

三是缺乏高素质的人才。长江上游地区虽然拥有丰富的劳动力资源,但是

---

① 2014年高科技产品成为中国贸易摩擦新热点[EB/OL].(2015-02-03)[2017-07-04]. http://www.cacs.gov.cn/cacs/newcommon/details.aspx?articleid=128009.

高层次管理人才、技术人才、熟练的技术工人的严重缺乏成为制约产业承接和对外开放的重要因素。

此外，长江上游地区未来的发展还受到其他方面的挑战，如由于劳动力、土地等生产要素价格上升，西方制造业、服务业向东南亚、南亚、中亚地区转移，对中国西部地区产生排斥；由于国际减排压力、环保压力增大，长江上游地区的发展受到空前的环境约束；由于历史积累因素，长江上游地区的少数民族地区与其他地区存在较大发展差距；等等，这里不再一一赘述。

第三章 长江上游地区开放型经济发展水平及比较

第一节 长江上游地区与全国其他地区开放型经济发展水平比较

通过长江上游地区对外贸易与外商直接投资的现状分析可以看出，长江上游地区的对外贸易与利用外商直接投资发展相对落后，与全国平均水平还存在一定的差距。对外贸易与利用外商直接投资是一个地区开放型经济发展最主要的两个组成部分，但是不能反映该地区开放型经济发展的全貌。因此，对于长江上游地区开放型经济发展与全国平均水平的差距，本书拟引入更为精确的计量方法进行探寻，通过采用反映开放型经济较为全面的相关指标，采取聚类分析法对我国31个省（市、区）的开放型经济发展水平进行比较，以便更清晰准确地揭示长江上游地区四省（市）开放型经济发展现状及在全国所处的地位。

一、指标、方法和数据来源

（一）测量指标选择

为了更好地探讨长江上游地区开放型经济发展水平，此处选取了我国31个省级行政区（研究对象未包括我国港、澳、台地区，下同）来比较分析。东部地区包括北京、天津、河北、辽宁、上海、江苏、浙江、福建、山东、广东和海南11个省级行政区；中部地区包括山西、吉林、黑龙江、安徽、江西、河南、湖北和湖南8个省级行政区；西部地区包括四川、重庆、贵州、云南、西藏、陕西、甘肃、青海、宁夏、新疆、广西和内蒙古12个省级行政区，其中长江上游地区包括重庆、四川、贵州、云南4个省级行政区。

本书的研究在前人研究成果的基础上[①]，根据系统性、全面性、有效性、可比性和数据的可获得性等原则，结合各地区经济发展阶段和实际情况，选取了国内生产总值、全社会固定资产总值、进出口贸易总额、外商直接投资总额、国际服务贸易总额5个指标来对我国31省级行政区及西部地区开放型经济发展水平进行比较分析。

（二）测量方法选择

随着世界经济全球化和一体化趋势增强，如何测量一个国家或地区的开放型经济发展水平也涌现出了众多的计量方法。最为传统的是综合依存度测试法，该方法所需指标少，易于计算，但准确性低。学术界不断探索出新了的计量方法，主要有聚类分析法、因子分析法、线性回归法、基尼系数法等。为了便于比较，本书的研究选用聚类分析法来对长江上游地区的开放型经济发展水平进行分析。

（三）数据来源

研究数据样本为2012年我国31个省、市、自治区的横截面数据，各个指标的原始数据来自于《中国统计年鉴（2013年）》《2012年各省、市、区国民经济和社会发展统计公报》。国际服务贸易主要包括国际旅游收入、国际承包工程营业额。由于原始统计数据中GDP和全社会固定资产总值以人民币计算，因此根据当年的汇率折算成美元。数据如表3.1所示。

表3.1　2012年我国各地区开放型经济发展主要指标数据　　　单位：万美元

地区	国内生产总值	全社会固定资产总值	进出口贸易总额	外商直接投资总额	国际服务贸易总额
北京	2 819.960	968.296	4 079.2	80.416	80.481
天津	2 041.220	1 256.995	1 156.2	150.16	53.277
河北	4 209.901	3 114.658	505.5	58	34.077
辽宁	3 928.919	3 459.213	1 039.9	267.9	51.111
上海	3 184.364	810.710	4 365.4	151.85	123.049
江苏	8 563.675	4 887.799	5 480.9	357.6	127.676

---

① 此处的研究方法主要参考：李练军.中部地区开放型经济发展的实证与对策研究［D］.武汉：华中农业大学，2008；王晞敏.江苏省创新型城市建设评价体系研究［D］.镇江：江苏大学，2008；周晓雯.中国中部地区开放型经济发展研究［D］.上海：上海外国语大学，2012.

表3.1(续)

地区	国内生产总值	全社会固定资产总值	进出口贸易总额	外商直接投资总额	国际服务贸易总额
浙江	5 482.186	2 795.938	3 122.3	130.7	88.649
福建	3 121.077	1 970.682	1 559.3	63.377 4	48.683
山东	7 922.883	4 951.441	2 455.4	123.5	110.382
广东	9 040.459	2 970.528	9 838.2	235.49	316.644
海南	452.325	339.861	143.3	16.41	3.585
山西	1 918.859	1 404.081	150.4	25	11.656
吉林	1 891.137	1 506.777	245.7	16.49	9.615
黑龙江	2 168.966	1 535.800	378.2	39	17.853
安徽	2 726.669	2 443.696	393.3	86.4	43.745
江西	2 051.248	1 706.796	334.1	68.24	23.258
河南	4 722.392	3 398.018	517.5	121.18	28.966
湖北	3 524.784	2 467.848	319.6	56.66	57.649
湖南	3 509.576	2 300.711	219.4	72.8	26.557
四川	3 778.186	2 699.401	591.3	105.5	64.339
重庆	1 815.287	1 383.946	532	105.33	17.522
贵州	1 077.576	905.790	66.3	10.46	5.691
云南	1 633.236	1 240.575	210	21.89	34.946
西藏	110.194	106.219	34.2	1.74	1.110
陕西	2 289.299	1 908.046	148	29.36	32.763
甘肃	895.081	815.053	89	0.61	2.842
青海	298.535	298.364	11.6	2.06	2.450
宁夏	368.570	332.176	22.2	2.18	0.205
新疆	1 182.780	975.647	251.7	4.08	15.651
广西	2 064.317	1 553.839	294.7	7.49	20.287
内蒙古	2 532.800	1 881.305	112.6	39.43	7.806

数据来源:《国民经济和社会发展统计公报(2012年)》和《中国统计年鉴(2013年)》。

二、基于聚类分析法的地区开放型经济发展比较

聚类是指将一群物理的或抽象的对象，根据它们之间的相似程度，分为若干组，并使得同一个组内的数据对象具有较高的相似度，而不同组中的数据对象则不相似。一个聚类就是由彼此相似的一组对象所构成的集合。由于聚类谱系图可以很清楚地显示分类结果，对客观分析和合理评价不同区域的开放型经济发展水平是有利的。

聚类分析法可以通过以下四个步骤完成：

第一，变量的选择。变量必须和开放型经济的研究目标密切相关，并且变量之间相关度较低。本书的研究选取的指标为 GDP、全社会固定资产总值、国际商品贸易总额（进出口贸易总额）、FDI、国际服务贸易总额，最能反映开放型经济发展特征的 5 个指标。

第二，为了避免因测量单位不一致而不具可比性，所有的变量均进行标准化处理。本书的研究选择计算观测值 x_{ik} 法。计算公式为：

$$x'_{ik} = \frac{x_{ik} - \bar{x}_k}{S_k}$$

式中：$\bar{x}_k = \frac{1}{31}\sum_{i=1}^{31} x_{ik}$，表示指标平均值；$S_k = \sqrt{\frac{1}{31}\sum_{i=1}^{31}(x_{ik} - \bar{x}_k)^2}$，表示指标标准差（$i = 1, 2, \cdots, 31$；$k = 1, 2, \cdots, 5$）。

本书的研究运用 SPSS 软件进行操作，选取 "Z Scores" 标准化变换，即变换后的数据均值为 0，标准差为 1，消去了量纲的影响；当抽样样本改变时，仍能保持相对稳定性。

第三，距离测度。研究对象的相似性测度，最常用的方法有相关测度、距离测度、关联测度。而距离是一种最为简单、直观的聚类标准。距离测度又包括欧式距离、切比雪夫距离等。本书的研究以欧式距离（Euclidean Distance）的最短距离法来测度我国开放型经济发展水平。对各单位之间的 m 维空间距离的测度为 $d(x_i, x_j)$。距离计算公式为：

$$d_{(x_i, x_j)} = \sqrt{\sum_{i=1}^{m}(x_{ik} - x_{jk})^2}$$

式中：$d(x_i, x_j)$ 表示 i 地区和 j 地区之间的距离，x_{ik} 表示第 i 个地区在第 k 个变量上的值。

本书的研究运用 SPSS 软件进行操作运行，选择离差平方和法，得到聚类图谱如图 3.1 和图 3.2 所示。

第四，对聚类图谱进行聚类分析。根据聚类图谱，对我国开放型经济发展水平进行分类如表3.2所示。

表3.2　　　　　　　我国开放型经济发展水平地区分类

地区	第一类发达地区	第二类较发达地区	第三类欠发达地区
我国31个省、市、区	广东、江苏、山东、浙江、辽宁	上海、北京、天津、河南、福建	其他省、市、区
西部12个省、市、区	四川	内蒙古、重庆	其他省、市、区

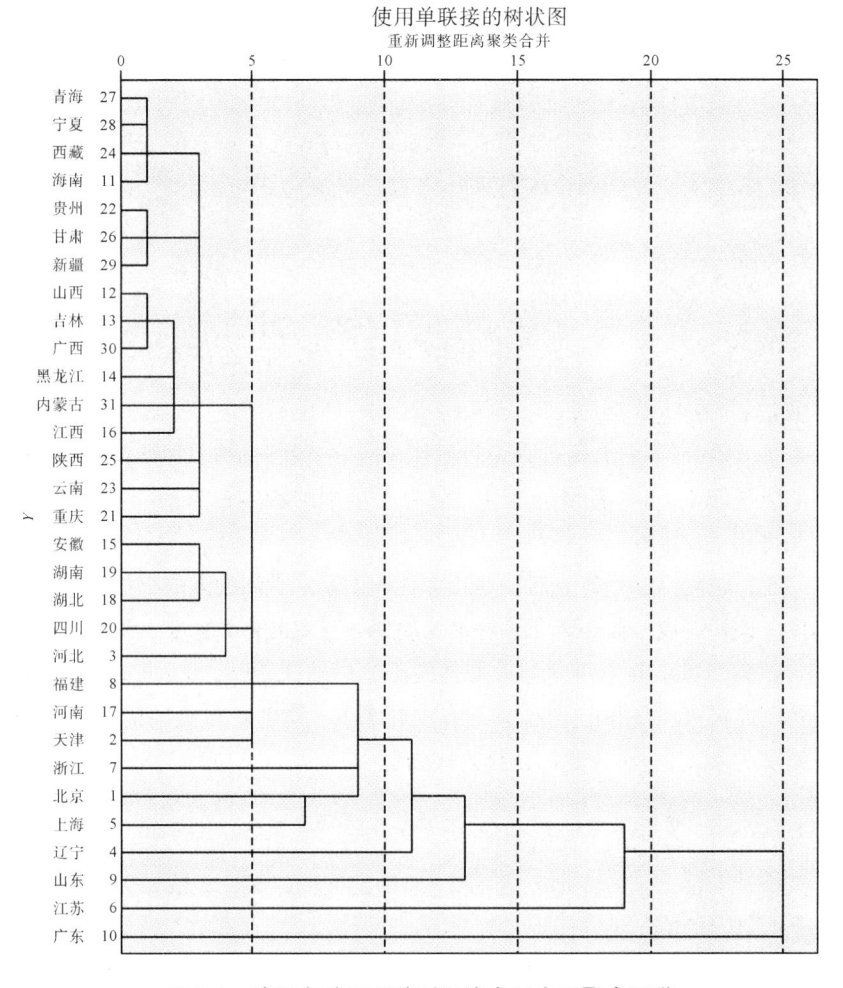

图3.1　我国各地区开放型经济发展水平聚类图谱

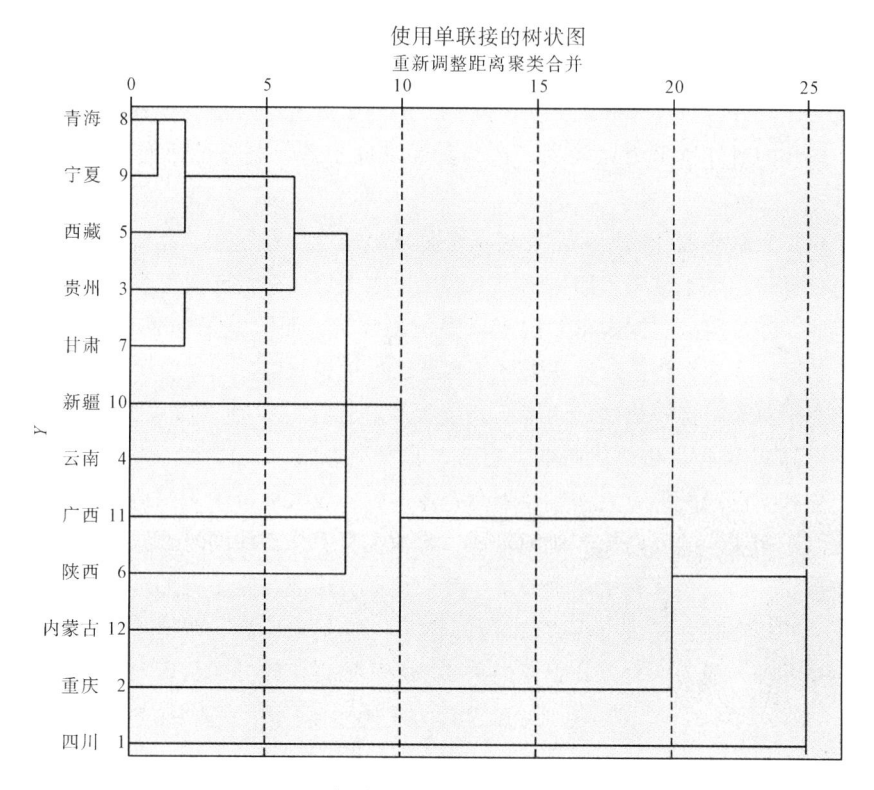

图 3.2 西部地区开放型经济发展聚类图谱

三、研究结论与比较

根据以上分析结果，我国 31 个省份、西部 12 个省份的开放型经济发展水平可分为三类：第一类是发展水平很高的地区，第二类是发展水平较高的地区，第三类是发展水平较低的地区。

从表 3.2 可以看出，我国各省份的对外开放发展水平呈现出不均衡状态。东部地区处于全国领先地位，而中西部地区相对落后。进入前两类地区的共有 10 个省份（分别是上海、北京、浙江、广东、江苏、山东、辽宁、天津、河南和福建），剩余的省份都属于第三类欠发达地区，可见我国开放型经济发展水平极不平衡，大部分地区的开放型经济还有待进一步发展。

西部地区包括长江上游四省（市）全部属于第三类欠发达地区，开放型经济发展极为落后，而且表现出一定的差异。其中，四川开放型经济发展水平在西部地区中最高，其次是重庆，云南与贵州的对外竞争力最弱。四川作为西部地区的经济大省，经济发展速度比较快，对外开放水平和发展速度都排名靠

第三章 长江上游地区开放型经济发展水平及比较 | 87

前,综合实力也位居西部地区第一。重庆的对外开放水平之前有赖于四川的整体实力,直辖后,重庆在对外开放方面更具有其他省份所没有的政策优势,发展速度比较快,对外开放综合实力较强;云南、贵州、西藏、甘肃、青海、宁夏和新疆的对外竞争力比较弱,这与其经济底子差、对外开放起步晚有很大关系。

长江上游地区开放型经济发展水平呈现出的这种差异性,究其原因,一是云南、贵州相对于重庆、四川来说,区位不占优势,并且工业起步晚,基础设施落后。二是重庆、四川享受国家诸多优惠政策,如国务院批准的两江新区、天府新区、成渝经济区、保税港区、自贸区等优惠政策。三是重庆、四川近年来招商引资策略富有成效,两地结合重大产业有针对性地"招大引强",重点引进世界知名企业和现代产业,惠普、富士康、戴尔、仁宝、纬创、现代汽车、壳牌、巴斯夫等重大项目及配套企业进驻,极大地带动了两地电子信息产业、汽车产业、油气勘探产业的发展。两地在吸引外资的同时,看重的不仅是资金规模,而是整体移植一个或多个产业集群,形成垂直整合的产业链。四是重庆、四川在平台建设方面成效显著,每年一届的渝洽会、西博会,吸引上万名客商参加,成为两地招商引资的重要平台,取得了较好的引资效果。

第二节 长江上游地区开放型经济发展环境比较

正如在第一章的理论研究中所陈述的,一个地区的对外贸易和外商直接投资的发展情况和这个地区自身的区位条件、经济基础、投资环境等是密不可分的。长江上游地区四省(市)的开放型经济发展所需的区域环境究竟如何?有何优势?有哪些短板?需要在哪些方面进行改善?为了回答这些问题,以更好地提出有针对性的对策建议,以下将通过构建区域环境评价指标模型,用合理而科学的方法对这些区域条件进行量化,来评价每个省份的开放型经济发展环境。

一、开放型经济发展的区域环境评价指标模型构建

(一)区域环境因素的构成

尽管对外贸易与利用外商直接投资的影响因素存在着一定差异,但许多因素也有一定的相似性,对两者都会产生重要影响。本章在借鉴前人研究成果的

基础上①，根据变量数据的客观性和可获得性，选取了经济环境、社会文化、基础设施、资源环境和制度环境作为研究开放型经济发展的环境要素。

(二) 环境模型中各个要素的指标选取

1. 经济环境要素

在各种要素中，对开放型经济发展影响最大的是经济环境。外商直接投资趋于流向经济发展水平高和经济效益好的地区，良好的经济基础可以对开放型经济的发展起到促进作用。经济发达地区由于生产效率相对较高，竞争力较强，参与国际市场合作与竞争的意愿和能力也更强。

本书的研究主要从开放型经济发展所需的经济环境去衡量和考虑一个地区的经济环境要素，选取指标有经济实力、经济结构、经济效益和金融环境。

(1) 经济实力。这里的经济实力就是指一个地区的经济发展水平，所用的指标为GDP年均增长率、人均三项费用、人均GDP和人均固定资产投资总额。

(2) 经济结构。经济结构指国民经济的组成和构造之间的相互适应性和量的比例等，产业结构是经济结构的重要组成部分。此处所用的指标是第一产业、第二产业、第三产业增加值占GDP比重。

(3) 经济效益。经济效益反映区域总体的投入产出效益，包括企业经济效益状况和全社会经济效益两个部分，选择的指标包括流动资产周转次数、总资产贡献率、工业成本费用利润率。

(4) 金融环境。金融环境指标主要反映地区金融市场的发展完善情况，这里选取居民消费价格指数和五年以上贷款利率。

具体选取的指标如表3.3所示。

2. 社会文化要素

一个地区的人才结构和科研技术水平很大程度上决定了生产产品或提供服务的类型、品质、技术，从而影响着产品与服务的国际竞争力，同时也是吸引外商的重要条件。本书的研究选择社会状况和科技文化两个方面对社会文化要素进行衡量，选取社会稳定状况、社会生活质量等指标进行评价。具体选取的指标如表3.4所示。

---

① 此处的指标选取主要参考：周晓雯. 中国中部地区开放型经济发展研究 [D]. 上海：上海外国语大学，2012.

表 3.3　　　　　　　　　　经济环境要素和衡量指标

要素	一级指标	二级指标	三级指标	变量代号
经济环境	经济实力	经济发展速度	GDP 年均增长率	$X111$
		经济发展投入	人均三项费用	$X112$
		经济产出率	人均 GDP	$X113$
		经济投入率	人均固定资产投资总额	$X114$
	经济结构	农业发展水平	第一产业增加值占 GDP 比重	$X121$
		工业发展水平	第二产业增加值占 GDP 比重	$X122$
		经济服务水平	第三产业增加值占 GDP 比重	$X123$
	经济效益	企业获利能力	流动资产周转次数	$X131$
		全社会经济效益	总资产贡献率	$X132$
			工业成本费用利润率	$X133$
	金融环境	物价稳定性	居民消费价格指数	$X141$
		贷款及还款条件	五年以上贷款利率	$X142$

表 3.4　　　　　　　　　　社会文化要素和衡量指标

要素	一级指标	二级指标	三级指标	变量代号
社会文化	社会状况	社会稳定状况	就业率	$X211$
			职工平均工资	$X212$
		社会生活质量	恩格尔系数	$X213$
			人口自然增长率	$X214$
			人口平均预期寿命	$X215$
		社会服务水平	社会服务从业人员比重	$X216$
			每万人拥有医师数	$X217$
	科技文化	科研环境	全年 R&D 经费占 GDP 比重	$X221$
			国内三种专利申请受理数	$X222$
			R&D 人员数量	$X223$
			每百人公共图书馆藏书数	$X224$
		文化教育	万人在校大学生数	$X225$
			科技教育经费占 GDP 比重	$X226$
		科技力量储备	科技创新活动人员比例	$X227$

3. 基础设施要素

作为社会赖以生存发展的一般物质条件，基础设施是指为社会生产和居民生活提供公共服务的物质工程设施，是用于保证国家或地区社会经济活动正常进行的公共服务系统。基础设施建设具有所谓的乘数效应，能带来几倍于投资额的社会总需求和国民收入。本书的研究主要从生活生产设施、交通运输和邮电通信三个方面来分析。水、电、气是工业生产和员工生活所必须的基本条件，公路、铁路、航道是否通达是原材料、零部件、产品运输的必要渠道，邮电通信和网络的是否完备决定着现代企业和员工获取外界信息的便利性。具体选取的指标如表3.5所示。

表 3.5　　　　　　　　　　基础设施要素和衡量指标

要素	一级指标	二级指标	三级指标	变量代号
基础设施	生活生产设施	生活生产配套设施	城市用水普及率	$X311$
			电力供给充足率	$X312$
			城市用气普及率	$X313$
		人居环境	人均住宅建筑面积	$X314$
			人均公共绿地面积	$X315$
	交通运输	区位因素	单位面积铁路	$X321$
			单位面积内河航道	$X322$
			单位面积公路	$X323$
		承载能力	单位面积旅客周转率	$X324$
			单位面积货物周转率	$X325$
		运输能力	万人拥有公共汽车辆数	$X326$
	邮电通信	通信服务能力	人均邮电业务总量	$X331$
		通信服务设施	百人拥有电话数	$X332$
		信息服务设施	通信光纤长度	$X333$
		信息服务能力	互联网用户数	$X334$

4. 资源环境要素

资源指的是一切可以被人类开发和利用的物质、能量和信息的总称，而环境资源则是静与动的统一体，资源环境的产生是人们对自然资源到环境资源认识的一种深化。本书的研究主要分析对工业生产产生根本影响的资源环境。石油、天然气和煤炭是工业生产中最重要的资源。而自然资源是人类赖以生存和经济社会发展的必要条件，其中矿产资源作为人类能源和工业原料的主要来源更是经济增长必需的物质基础。环境保护水平影响着未来经济可持续发展的潜力，保护生态环境就是保护生产力、改善生态环境就是发展生产力。此处用工业废气、固体废物和废水排放量作为指标。具体选取的指标如表3.6所示。

表 3.6　　　　　　　　资源环境要素和衡量指标

要素	一级指标	二级指标	三级指标	变量代号
资源环境	自然资源	能源存量	单位面积石油储量	$X411$
			单位面积天然气储量	$X412$
			单位面积煤炭储量	$X413$
		矿产存量	铜矿储量	$X414$
			铝矿储量	$X415$
			磷矿储量	$X416$
			锰矿储量	$X417$
			硫矿储量	$X418$
			钒矿储量	$X419$
			铅矿储量	$X4110$
			铁矿储量	$X4111$
			锌矿储量	$X4112$
		资源利用	一次能源年消费量	$X4113$
	环境状况	污染现状	工业废气排放量	$X421$
			工业固体废物产生量	$X422$
			工业废水排放量	$X423$
		治理投资	三废的治理投资	$X424$
		治理效果	工业废水排放达标率	$X425$

5. 制度环境要素

制度环境在经济发展中起着关键作用，有效的经济体制和适当的激励机制能够充分发挥各种经济要素的生产潜力，促进生产发展和经济增长。制度因素对经济增长的影响主要表现为制度变迁。中国经济制度的变迁主要表现在产权制度变迁、市场化程度提高、分配格局变化和对外开放程度及优惠政策等方面。因此，本书的研究选择区域开放度、市场发育程度和政策实施效果作为制度因素的主要变量。具体选取的指标如表3.7所示。

表3.7　　　　　　　　制度环境要素和衡量指标

要素	一级指标	二级指标	三级指标	变量代号
制度环境	区域开放度	对内开放度	内贸依存度	$X511$
			内资投资比重	$X512$
		旅游开放度	人均国际旅游外汇收入	$X513$
	市场发育程度	市场发展潜力	社会消费品零售总额	$X521$
			非国有全社会资产投资比重	$X522$
			非国有工业经济产值比重	$X523$
		市场购买力	全年城镇居民人均可支配收入	$X524$
	政策实施效果	行政效率	人均行政管理费	$X531$

二、开放型经济环境评价模型实证分析

（一）数据分析方法和数据来源

本书的研究利用长江上游地区重庆、四川、云南、贵州四省（市）的横截面数据，通过因子分析法对四省（市）开放型经济环境进行比较分析。由于四省（市）开放型经济发展的环境因素可能存在着一定的相关性，这就使得数据中的信息在一定程度上有所重叠。要消除这种重叠，必须对变量进行降维。主成分分析方法是人们常用的一种有效的降维方法，然而在很多情况下只是对变量做了降维还不够，必须对主成分给出符合背景和意义的解释，这正是主成分分析的困难之处。因子分析作为主成分分析的推广和发展，由于可以进行因子旋转而较为灵活，这种灵活性使得变量在降维之后更易得到解释。因此，本书的研究选取因子分析方法对四省（市）开放型经济的发展环境差异进行分析。

此处运用SPSS 19.0进行因子分析，各指标的数据来源于2013年《中国统计年鉴》及四省（市）2013年统计年鉴中的原始数据，部分比例形式的数据是由这些原始数据进行计算后得到的。

(二) 各环境因素的因子分析

1. 经济环境要素的因子分析

以表 3.3 建立的指标体系作为研究变量，需要指出的是所选指标中的五年以上贷款利率由于地区的差异非常小，在这里略去不计。首先对原始数据进行相关分析，得到相关系数矩阵，如表 3.8 所示。

表 3.8　　　　　　　　　　相关系数矩阵

指标	X111	X112	X113	X114	X121	X122	X123	X131	X132	X133	X141
X111	1.000	0.864	0.843	0.860	-0.887	0.767	-0.441	0.912	-0.674	-0.342	-0.656
X112	0.864	1.000	0.970	0.997	-0.924	0.801	-0.462	0.839	-0.954	-0.709	-0.450
X113	0.843	0.970	1.000	0.985	-0.814	0.920	-0.665	0.914	-0.928	-0.793	-0.618
X114	0.860	0.997	0.985	1.000	-0.895	0.842	-0.528	0.865	-0.954	-0.743	-0.502
X121	-0.887	-0.924	-0.814	-0.895	1.000	-0.569	0.141	-0.705	0.819	0.404	0.265
X122	0.767	0.801	0.920	0.842	-0.569	1.000	-0.895	0.958	-0.734	-0.752	-0.856
X123	-0.441	-0.462	-0.665	-0.528	0.141	-0.895	1.000	-0.770	0.438	0.686	0.886
X131	0.912	0.839	0.914	0.865	-0.705	0.958	-0.770	1.000	-0.698	-0.576	-0.861
X132	-0.674	-0.954	-0.928	-0.954	0.819	-0.734	0.438	-0.698	1.000	0.848	0.289
X133	-0.342	-0.709	-0.793	-0.743	0.404	-0.752	0.686	-0.576	0.848	1.000	0.362
X141	-0.656	-0.450	-0.618	-0.502	0.265	-0.856	0.886	-0.861	0.289	0.362	1.000

由相关系数矩阵可以看出，相当一部分变量间的相关系数都大于 0.5，说明变量间存在相关关系，所覆盖的信息有重叠。因此，需要对变量进行进一步处理，消除它们之间的相关性。

表 3.9 表示特征根与方差贡献率表。由表 3.9 可以看出，前两个主因子的特征值都大于 1，分别为 5.972、4.036，各主成分方差贡献率分别为 54.293%、36.695%，与旋转前的 75.974%、15.013% 相比，能够更好地解释所有原始变量，而且前两个因子已经能够解释 90.987% 的方差。因此，经济环境分析中提取 2 个主因子。

表3.9 特征根与方差贡献率表

成份	初始特征值 合计	初始特征值 方差的百分比（%）	初始特征值 累积百分比（%）	提取平方和载入 合计	提取平方和载入 方差的百分比（%）	提取平方和载入 累积百分比（%）	旋转平方和载入 合计	旋转平方和载入 方差的百分比（%）	旋转平方和载入 累积百分比（%）
1	8.357	75.974	75.974	8.357	75.974	75.974	5.972	54.293	54.293
2	1.651	15.013	90.987	1.651	15.013	90.987	4.036	36.695	90.987
3	0.991	9.013	100.000						

表3.10表示数据经过旋转后的因子载荷矩阵，可以解释两个主因子即新变量的经济涵义。第一主因子在第一产业增加值占GDP比重（$X121$）、人均三项费用（$X112$）、人均固定资产投资总额（$X114$）、总资产贡献率（$X132$）、人均GDP（$X113$）、GDP年均增长率（$X111$）上的载荷值分别达到 -0.967、0.948、0.922、-0.920、0.844、-0.780，主要反映了经济实力、农业和固定资产对开放型经济的影响；第二主因子在第三产业增加值占GDP比重（$X123$）、居民消费价格指数（$X141$）、第二产业增加值占GDP比重（$X122$）、流动资产周转次数（$X131$）上的载荷值分别达到 -0.971、-0.940、0.822、0.729，主要反映了工业、服务业、金融业发展对开放型经济的影响。

表3.10 旋转成份矩阵

变量	成份 1	成份 2
$X111$	0.780	0.411
$X112$	0.948	0.317
$X113$	0.844	0.532
$X114$	0.922	0.384
$X121$	-0.967	-0.032
$X122$	0.569	0.822
$X123$	-0.160	-0.971
$X131$	0.644	0.729
$X132$	-0.920	-0.244
$X133$	-0.573	-0.493
$X141$	-0.165	-0.940

提取方法：主成份法。
旋转法：具有Kaiser标准化的正交旋转法。

a. 旋转在3次迭代后收敛。

为了通过以上2个公共因子来测量长江上游地区的开放型经济发展环境并进行比较,我们用 F 来表示经济环境的综合评价值,根据各公共因子相对应的特征值和各因子的得分系数(表3.11),构建长江上游地区开放型经济发展环境的主成分综合模型如下:

$$F = \frac{5.972}{5.972 + 4.036}F_1 + \frac{4.036}{5.972 + 4.036}F_2$$

其中,F_1、F_2 分别为在第1个公共因子、第2个公共因子上的得分。

$F_1 = 0.133X_{111} + 0.204X_{112} + 0.123X_{113} + 0.18X_{114} - 0.275X_{121} - 0.025X_{122} + 0.179X_{123} + 0.019X_{131} - 0.212X_{132} - 0.053X_{133} + 0.171X_{141}$

$F_2 = -0.004X_{111} - 0.083X_{112} + 0.034X_{113} - 0.048X_{114} + 0.211X_{121} + 0.223X_{122} - 0.383X_{123} + 0.166X_{131} + 0.109X_{132} - 0.080X_{133} - 0.369X_{141}$

表 3.11　　　　　　　　　　成份得分系数矩阵

变量	成份	
	1	2
$X111$	0.133	-0.004
$X112$	0.204	-0.083
$X113$	0.123	0.034
$X114$	0.180	-0.048
$X121$	-0.275	0.211
$X122$	-0.025	0.223
$X123$	0.179	-0.383
$X131$	0.019	0.166
$X132$	-0.212	0.109
$X133$	-0.053	-0.080
$X141$	0.171	-0.369

由于各指标的量纲不一,数量级也不同,需要对原始指标数据进行标准化处理,虽然SPSS在因子分析的时候会自动对数据进行标准化,但不会直接给出,因此在进行之后的主因子值排序和综合主因子值排序时,需要对原始指标数据进行标准化的处理,如表3.12所示。

表 3.12　　　　　　　　　　　　标准化后的数据

	X111	X112	X113	X114	X121	X122	X123	X131	X132	X133	X141
重庆	1.098	1.436	1.310	1.408	-1.387	0.918	-0.352	0.969	-1.447	-1.022	-0.261
四川	0.393	-0.072	0.232	0.017	0.312	0.771	-1.097	0.752	0.309	-0.009	-1.306
贵州	-0.230	-0.655	-0.915	-0.745	0.088	-1.105	1.283	-0.767	0.854	1.359	0.783
云南	-1.260	-0.709	-0.627	-0.680	0.986	-0.584	0.167	-0.953	0.284	-0.328	0.783

最后根据经济环境综合评价模型，输入标准化的数据，计算综合得分，并进行排名。结果如表 3.13 所示。

表 3.13　　　　　　　　　经济环境综合评价得分

地区	F_1	排名	F_2	排名	综合得分	综合排名
重庆	1.483 5	1	0.081 8	2	0.918	1
四川	-0.506 3	3	1.310 2	1	0.226	2
贵州	-0.311 8	2	-1.091 1	4	-0.626	4
云南	-0.665 5	4	-0.301	3	-0.518	3

经过因子分析，最终结果显示，长江上游地区开放型经济发展在经济环境方面，排名依次是重庆、四川、云南、贵州。

2. 社会文化要素的因子分析

社会文化要素的因子分析方法和之前的经济环境分析方法类似，此处不再具体叙述中间步骤。经过因子分析，最终结果（见表 3.14）显示在社会文化要素方面，排名依次是四川、重庆、贵州、云南，其中云南在社会服务、科技创新水平上优于重庆。

表 3.14　　　　　　　　　科技文化综合评价得分

地区	第一主因子	排名	第二主因子	排名	综合得分	综合排名
重庆	1.273	1	-0.702	4	0.325	2
四川	0.281	2	1.456	1	0.845	1
贵州	-0.554	3	-0.603	3	-0.578	3
云南	-1.000	4	-0.151	2	-0.592	4

3. 基础设施要素的因子分析

经过因子分析，表 3.15 显示在基础设施方面最终的排名结果，排名依次是四川、重庆、贵州、云南，其中重庆在交通运输、信息传递方面有待改善。

表 3.15　　　　　　　　　基础设施综合评价得分

地区	第一主因子	排名	第二主因子	排名	第三主因子	排名	综合得分	综合排名
重庆	1.230	1	-0.818	4	-0.257	3	0.353	2
四川	0.396	2	1.371	1	0.460	2	0.735	1
贵州	-0.828	4	-0.662	3	1.061	1	-0.540	3
云南	-0.799	3	0.109	2	-1.263	4	-0.548	4

4. 资源环境要素的因子分析

经过因子分析，表 3.16 显示在资源环境方面最终的排名结果，排名依次是四川、云南、重庆、贵州，其中重庆市在能源、矿产储备上表现出供不应求，而云南资源相对丰富。

表 3.16　　　　　　　　　资源环境综合评价得分

地区	第一主因子	排名	第二主因子	排名	第三主因子	排名	综合得分	综合排名
重庆	-0.794	4	-0.732	4	1.041	1	-0.293	3
四川	0.044	2	1.461	1	0.343	2	0.601	1
贵州	-0.647	3	-0.181	2	-1.341	4	-0.671	4
云南	1.397	1	-0.548	3	-0.042	3	0.363	2

5. 制度环境要素的因子分析

经过因子分析，表 3.17 显示在制度环境方面最终的排名结果，排名依次是重庆、四川、云南、贵州，其中重庆的旅游开放力度不够，市场发育程度比较低，而云南市场发展潜力最好。

表 3.17　　　　　　　　　制度环境综合评价得分

地区	第一主因子	排名	第二主因子	排名	第三主因子	排名	综合得分	综合排名
重庆	-0.126	4	1.251	4	0.817	1	0.535	3
四川	1.320	2	-0.654	1	0.286	2	0.441	1
贵州	-1.112	3	-0.943	2	0.354	4	-0.741	4
云南	-0.082	1	0.346	34	-1.457	3	-0.235	2

三、开放型经济环境总体评价

根据开放型经济环境评价模型所体现的得分情况（见表 3.18），可以看出每个省份均无法在经济环境、科技文化环境、基础设施环境、资源环境和制度环境全面发展，因此不存在具有绝对优势的省份。重庆在经济环境、制度环境方面都处于第一，但是资源环境相对落后；四川在科技文化、基础设施和资源环境方面都处于第一，在经济环境、制度环境方面也相对较强；贵州在经济环境、资源环境、制度环境方面的得分都排在最后，其他两方面也相对较弱；云南的资源环境优于重庆和贵州，但在科技文化、基础设施方面处于劣势。

表 3.18　　　　　　　　开放型经济环境综合评价

	重庆	四川	贵州	云南
经济环境	1	2	4	3
科技文化	2	1	3	4
基础设施	2	1	3	4
资源环境	3	1	4	2
制度环境	1	2	4	3

这一节旨在用定量分析的方法对长江上游地区四省（市）开放型经济发展环境进行比较分析，由此来对第二节中的竞争力差异进行验证。虽然第一节也有对长江上游地区四省（市）在对外贸易、FDI、GDP 等方面的对比，但是这些对比只能说明长江上游地区四省（市）在某一方面的发展，只是代表了某一个环境要素下的一个方面的情况。本节将开放型经济发展环境分为经济环境、科技文化、基础设施、资源环境和制度环境进行综合分析，该五个环境要素包含 14 个不同的环境方面，选取了 65 个衡量指标，比上一节的分析更有说服力。从以上研究可以看出，长江上游地区四省（市）开放型经济发展环境存在着很大的差异，但与其开放型经济发展水平的地位基本相一致。进一步可知，目前长江上游地区开放型经济发展环境的差异是导致长江上游地区四省（市）开放型经济发展巨大差异的主要原因。

第四章　FDI 对长江上游地区的经济增长效应

第一节　FDI 对长江上游地区经济增长的影响机理

一、FDI 对经济增长的影响机理

（一）FDI 对资本形成的影响机理

FDI 作为一种生产资源和生产要素，只有部分才能转化成东道国的固定资产投资，从而增加当地的资本积累和资本形成。根据"双缺口"模型和经济发展理论，增加东道国资本积累可以提高东道国储蓄率，填补东道国经济发展中资金的不足，从而促进东道国经济的增长。

新古典经济增长理论认为，FDI 对东道国具有资本形成效应。如果 FDI 和内资是互补关系，将会引起内资的增加，从而产生"挤入"效应；如果 FDI 和内资是替代关系，则会制约内资，从而产生"挤出"效应。由此可见，FDI 对东道国的资本形成的影响效应取决于内资和外资两种资本之间的正向或者负向关系。但在实际的经济运行中，FDI 其实同时具有"挤入"效应和"挤出"效应，FDI 对当地经济增长的贡献度，主要取决于最终哪种效应更强烈。而影响效应又往往与 FDI 的流入特点和当地经济发展水平及投资环境密切相关。

（二）FDI 对长江上游地区的资本影响效应

钱纳里和斯特劳特的"双缺口"模型认为，利用外资是填补"储蓄缺口"与"外汇缺口"的有效手段。通过加速资本形成，促进发展中国家经济增长。FDI 对长江上游地区的资本形成是否有影响及其影响效应有多大，需要做进一步的探讨。本书的研究选取 1998—2015 年长江上游地区投资率 I（固定资产投资总额/GDP）、FDI 流入量/GDP 比率（F）、GDP 实际增长率（G）三个变

量，并根据阿戈辛（Agosin）和迈尔（Mayer）在 2000 年建立回归方程进行分析，即：

$$I_t = \alpha + \beta_1 F_t + \beta_2 F_{t-1} + \beta_3 F_{t-2} + \beta_4 I_{t-1} + \beta_5 I_{t-2} + \beta_6 G_{t-1} + \beta_7 G_{t-2} + \varepsilon_t \quad (4.1)$$

式中：I_t 表示的是总投资，为消除物价变动对结果带来的影响，本书选择相对指标总投资/GDP（投资率）。其计算方法是根据重庆、四川、云南、贵州四省（市）1998—2016 年的固定资产投资总额与 GDP 之比，进而计算出长江上游地区总投资率。其数据均来自于各年度的地方统计年鉴。

F_t 为外商直接投资率，即 FDI/GDP，此处要用美元与人民币的汇率把外商投资金额换算成人民币。

G_t 为实际 GDP 增长率，此处要用 GDP 平减指数消除价格因素的影响。

下标 t、$t-1$、$t-2$ 分别指各指标当期、滞后一期、滞后二期的值。可以使用以下系数来测定一个较长时期内，FDI 对国内投资的综合效应为"挤入"效应或"挤出"效应。

$$\hat{\beta} = \frac{\sum_{j=1}^{3} \hat{\beta}_j}{1 - \sum_{j=4}^{5} \hat{\beta}_j} \quad (4.2)$$

（1）如果 $\hat{\beta} = 1$，则表明外商直接投资对国内投资既没有"挤出"效应也没有"挤入"效应，即 1 单位的 FDI 增加可以带来 1 单位总投资的增加。

（2）如果 $\hat{\beta} > 1$，则表明外商直接投资对国内投资具有"挤入"效应，即 1 单位的 FDI 增加使得总投资的增加大于 1 单位。

（3）如果 $\hat{\beta} < 1$，则表明外商直接投资对国内投资具有"挤出"效应，即 1 单位的 FDI 增加使得总投资的增加小于 1 单位。

我们选取 1998—2015 年的统计数据，在进行简单整理和运算后，运用 Eviews 统计软件进行分析，模拟结果如表 4.1 所示。

表 4.1　　长江上游地区 FDI 的资本效应模型估计结果

F_t	F_{t-1}	F_{t-2}	I_{t-1}	I_{t-2}	G_{t-1}	G_{t-2}	R^2
-7.43*	10.20*	-7.71*	1.22***	0.27	-1.81**	2.87***	0.97
(-1.78)	(1.86)	(-2.02)	(5.84)	(-1.07)	(-2.80)	(3.66)	

注：*、**、*** 分别表示在 1%、5%、10% 水平上显著。

把以上各参数系数代入（4.2）式，计算得：

$\hat{\beta} = 4.87$，即 $\hat{\beta} > 1$

把以上各参数系数代入（4.1）式，计算得：

$\hat{\beta} = 12.69$，即 $\hat{\beta} > 1$

实证分析结果表明：1单位的FDI增加使得总投资的增加达到4.87单位，表明长江上游地区外商直接投资对国内投资的"挤入"效应显著强于"挤出"效应，说明外商直接投资与国内资本两者存在互补关系。这一结论与郭志仪（2008）[①]的研究结论相同。根据新古典经济增长理论，外商直接投资与国内资本存在互补关系时，FDI对经济增长的贡献才最大。因此，从投资角度看，长江上游地区FDI对国内资本投资具有正面效应，两者存在较强的互补关系。同时，这也说明长江上游地区通过将FDI转化为固定资产投资，从而增加了资本积累，促进了资本形成。因此，外商直接投资对长江上游地区经济增长有较大的带动作用。

二、FDI对就业的影响机理与实证分析

（一）FDI对就业的影响机理

完全竞争均衡条件下的新古典经济增长模型认为，经济的长期均衡来源于技术进步和劳动增长率。新经济增长理论也认为，知识不仅本身具有递增的效应，而且能够渗透到资本、劳动等生产要素中使之也产生递增收益，最终使整个经济规模收益递增。[②]

FDI对东道国经济的直接影响主要表现为经济增长和就业，而这两者是密不可分的。FDI对经济成长的促进效应会增加劳动力，而且FDI本身也创造就业机会。但是如果引进的FDI以资本技术密集型为主，则会对当地发展中国家的就业带来"挤出"效应。如果引进的FDI以劳力密集型为主，则会对东道国的就业产生"挤入"效应。

（二）FDI对长江上游地区就业的影响

本书的研究以就业人数（用Y表示）作为解释变量，以此指标来考察长江上游地区的就业状况，选用实际利用外商直接投资（用FDI表示）、经济总量增长（用GDP表示）建立回归模型进行分析。所用的数据根据1998—2015年四省（市）历年统计年鉴整理而成，为消除可能存在的异方差，对变量进行对数处理，分别记为LY、$LFDI$、$LGDP$。同时，对变量间的相关性检验发现，$LFDI$与$LGDP$的相关系数高达0.968 1。为了避免模型出现多重共线性，

[①] 郭志仪，杨曦. 外商直接投资对中国东、中、西部地区经济增长作用机制的差异——1990—2004年地区数据的实证检验[J]. 南开经济研究，2008（1）：75-86.

[②] 刘宏，李述晟. FDI对我国经济增长、就业影响研究——基于VAR模型[J]. 国际贸易问题，2013（4）：105-114.

防止出现违背经济意义的估计结果，构建了以下两个回归模型：

模型 1：$LY_t = \alpha_0 + \alpha_1 LGDP_t + \mu_t$ （4.3）

模型 2：$LY_t = \beta_0 + \beta_1 LFDI_t + \varepsilon_t$ （4.4）

式中：α_0 和 β_0 是常数项，α_1 和 β_1 是各估计量的系数，μ_t 和 ε_t 随机误差项。运用 Eviews 8.0 软件以 OLS 法得到如表 4.2 所示回归结果。

表 4.2　　　　　长江上游地区 FDI 的就业效应模型估计结果

变量	模型 1 系数	模型 1 t 统计值	模型 2 系数	模型 2 t 统计值
常数项	8.850 7***	127.152 2	9.189 5***	159.693 5
$LGDP$	0.045 4***	6.483 4		
$LFDI$			0.020 8**	2.216 5
$AR(1)$	0.387 8	1.651 0	0.674 6***	3.155 4
R^2	0.885 1		0.848 0	
F 统计值	57.747 9		41.835 5	
DW	1.873 7		1.871 7	

注：*、**、*** 分别表示在 1%、5%、10% 水平上显著。

对模型 1 和模型 2 的估计结果存在明显的序列相关性，采用广义差分法估计后，DW 值提高至 1.87，基本上可以认为消除了序列相关性。由以上的估计结果可知，两个模型的拟合优度均达到 0.8 以上，参数估计均通过了 5% 的显著性检验，说明国内生产总值与外商直接投资对长江上游地区就业人数的解释力较强。其中，国内生产总值每增长 1%，会使长江上游地区就业人数增加 0.045 4%；外商直接投资每增加 1%，会使长江上游地区就业人数增加 0.020 8%。可见，长江上游地区的外商直接投资存在明显的就业效应。外商直接投资带动了长江上游地区的就业增长，表明外商投资偏重劳动密集型产业，而长江上游地区劳动力资源较为丰富，通过外商直接投资的就业带动，从而促进了此区域的经济增长。

三、FDI 对产业结构的影响机理及实证分析

FDI 对产业结构的影响机理在于 FDI 不仅增加了东道国的资本存量，弥补其经济发展中的资金缺口，同时还带来了先进的管理经验和技术，而且外商对瞬息万变的国际市场具有更高的灵敏度，对反应迟钝的内资企业起到引领和示范作用。这些要素的重组和优化有助于提升东道国的资源配置效率，从而优化

产业结构。

本书的研究采用三次产业 GDP 的构成来描述长江上游地区的产业结构状况。由表4.3可以看出,自1997年以来,长江上游地区的GDP在第一产业、第二产业、第三产业产值均呈现逐年增加的趋势,第二产业增长最快,第一产业和第三产业增长相对缓慢。从三次产业的构成上看,1997年长江上游地区三次产业比例为25.57:40.90:33.53。到2015年,该比例调整为12.20:42.75:45.05。图4.1更清晰地反映出了长江上游地区产业结构的变化情况。从图4.1可以看出,第一产业的比重呈现逐年下降的趋势,而第二产业的比重则呈现逐年上升的趋势,第三产业的比重变化幅度较小。可见,长江上游地区的产业结构从1997年以来得到了一定程度的优化。

表4.3　　　　　　　1997—2015年长江上游地区GDP的
三次产业产值及其构成比重

年份	第一产业（亿元）	第二产业（亿元）	第三产业（亿元）	第一产业比重（%）	第二产业比重（%）	第三产业比重（%）
1997	1 846.34	2 953.01	2 421.02	25.57	40.90	33.53
1998	1 881.45	3 143.94	2 724.29	24.28	40.57	35.15
1999	1 886.63	3 207.93	3 029.44	23.22	39.49	37.29
2000	1 933.24	3 414.24	3 376.44	22.16	39.14	38.70
2001	1 995.16	3 701.76	3 796.64	21.02	38.99	39.99
2002	2 110.09	4 101.81	4 243.83	20.18	39.23	40.59
2003	2 260.64	4 777.08	4 763.22	19.16	40.48	40.36
2004	2 735.68	5 862.6	5 489.74	19.42	41.61	38.97
2005	2 975.17	6 878.81	6 466.99	18.23	42.15	39.62
2006	3 088.32	8 320.16	7 516.11	16.32	43.96	39.72
2007	3 798.12	9 993.79	9 103.24	16.59	43.65	39.76
2008	4 351.3	12 232.75	11 064.52	15.74	44.24	40.02
2009	4 465.28	13 121.35	13 211.17	14.50	42.60	42.90
2010	4 901.68	16 456.83	15 618.58	13.26	44.51	42.24
2011	5 965.26	20 483.18	19 230.38	13.06	44.84	42.10
2012	6 783.68	23 511.57	22 200.09	12.92	44.79	42.29

表4.1(续)

年份	第一产业（亿元）	第二产业（亿元）	第三产业（亿元）	第一产业比重（%）	第二产业比重（%）	第三产业比重（%）
2013	7 230.61	26 406.45	25 457.44	12.24	44.69	43.08
2014	7 862.6	28 507.92	28 509.72	12.12	43.94	43.94
2015	8 523.84	29 881.4	31 486.86	12.20	42.75	45.05

资料来源：根据长江上游地区四省（市）统计年鉴整理计算得到。

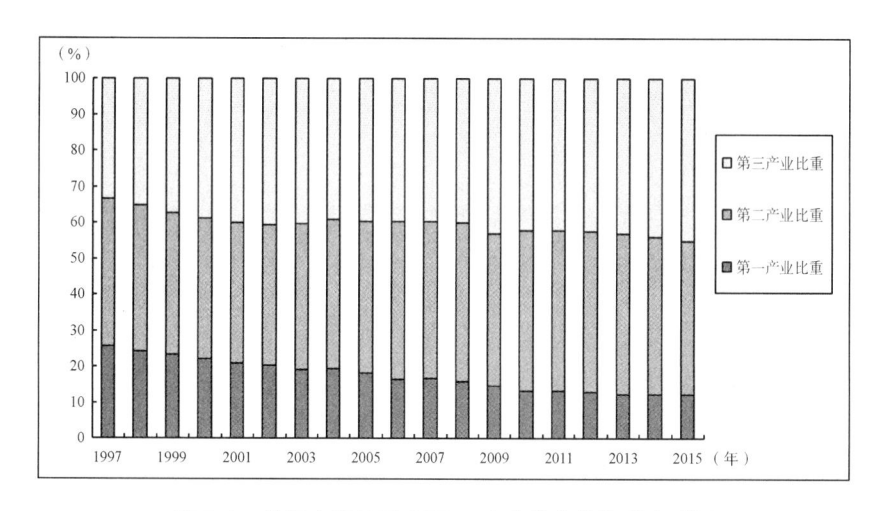

图 4.1 长江上游地区 GDP 三次产业产值构成比重图

三次产业增加值的变化是反映产业结构调整的重要指标。外商直接投资对产业结构调整的影响，表现为不同产业实际利用外商直接投资对其增加值的贡献率。对长江上游地区 1997—2015 年数据做回归分析，以长江上游地区三次产业实际利用外商直接投资额取对数作为自变量（以 $LFDI$ 表示），以长江上游地区三次产业的增加值取对数作为因变量（分别以 $LGDP_1$、$LGDP_2$、$LGDP_3$ 表示），分析长江上游地区外商直接投资对产业结构调整的影响。

首先，构建如下模型：

模型 3：$LGDP_1 = \alpha_1 + \beta_1 LFDI + \varepsilon_1$ （4.5）

模型 4：$LGDP_2 = \alpha_2 + \beta_2 LFDI + \varepsilon_2$ （4.6）

模型 5：$LGDP_3 = \alpha_3 + \beta_3 LFDI + \varepsilon_3$ （4.7）

第一产业：

$LGDP_1 = 408.122\ 5 + 0.117\ 8LFDI + [1.084\ 4AR(1) - 0.084\ 6AR(2)]$

（4.8）

$$(0.003\,9) \quad (1.413\,5) \quad (3.728\,2) \quad (-0.273\,6)$$

$R^2 = 0.988\,2 \quad ADR^2 = 0.985\,5 \quad F = 363.782\,3 \quad DW = 2.026\,1$

第二产业：

$$LGDP_2 = 15.462\,8 + 0.166\,4LFDI + [1.413\,4AR(1) - 0.422\,4AR(2)] \tag{4.9}$$

$$(0.800\,9) \quad (2.502\,8) \quad (5.040\,9) \quad (-1.461\,4)$$

$R^2 = 0.996\,9 \quad ADR^2 = 0.996\,2 \quad F = 1\,384.725 \quad DW = 2.031\,6$

第三产业：

$$LGDP_3 = 7.794\,5 + 0.068\,2LFDI + [1.551\,7AR(1) - 0.030\,0AR(2)$$
$$(3.199\,9)(2.489\,6) \quad (5.563\,7) \quad (-0.056\,3)$$
$$- 0.538\,5AR(3)]$$
$$(-1.529\,0) \tag{4.10}$$

$R^2 = 0.999\,4 \quad ADR^2 = 0.999\,2 \quad F = 4\,990.219 \quad DW = 1.856\,2$

三个回归方程均采用广义差分法进行估计，基本消除了序列相关性。回归方程的调整判定系数都大于0.9，整体拟合效果较好，并且大多数估计参数通过了5%显著性水平下的 t 检验。利用外商直接投资对第二产业增加值的贡献（即模型4.9中的回归系数0.166 4）高于对第三产业增加值的贡献（即模型4.10中的回归系数0.068 2），对第一产业增加值的贡献（即模型4.8中的回归系数0.117 8）不显著。该结果表明，实际利用外商投资对第二、第三产业增加值的重要性均高于对第一产业增加值的重要性。这说明长江上游地区利用外商直接投资调整产业结构转变的结果是第一产业产值比重逐年下降、第二产业和第三产业产值比重不断上升。长江上游地区的外商直接投资每增长1%，其第二产业、第三产业的地区生产总值则分别增长0.166 4%和0.068 2%，而第一产业对外商投资的反应并不明显。

四、小结

本章承接第二章和第三章的现状分析之后，就FDI对经济增长的影响机理展开分析，找出FDI是如何作用于经济增长的。本书的研究分析了FDI对资本形成的影响机理、对就业的影响机理、对产业结构的影响机理，并结合长江上游地区实际数据进行分析。结果表明，外商直接投资与国内资本具有互补关系，意味着外商直接投资对经济增长贡献较大。对就业效应进行分析发现，外商直接投资每增长1个百分点可以带来全区就业人数0.020 8个百分点的增加，就业效应较显著。在产业结构调整和转变方面，长江上游地区产业结构从1998年以来得到了一定程度的优化，外商直接投资对第二产业贡献最大，对第一产业贡献不显著。

同时，有必要指出，由于实际研究条件的限制，本章的分析存在一定缺陷。本书的研究只分析了外商直接投资对资本、就业、产业三个方面的影响，但对技术外溢、技术进步等效应却没有阐述，我们知道，外商直接投资对经济发展的影响，不可能只有目前论证的这三个方面，我们将在第五章专门探讨长江上游地区FDI的技术溢出效应。

第二节　FDI对长江上游地区经济增长的实证分析

前面对长江上游地区吸引外商直接投资的经济效应进行了归纳总结，本节将建立计量经济学模型对FDI与GDP的关系进行定量分析。第一，由于各变量均为时间序列，因此先对各变量进行单位根平稳性检验。第二，若时间序列平稳，就采用协整检验分析各变量是否存在长期稳定关系。第三，最后用格兰杰因果检验进一步确定GDP和FDI之间是否存在确切的因果关系。

一、FDI与经济增长的相关性分析

从GDP绝对数额来看（如表4.4所示），长江上游地区的GDP由1998年的7 766.19亿元逐年增加到2015年的69 892.10亿元。在前面的概念界定中已经指出，将经济增长仅看GDP的增加。由此可见，长江上游地区自1998年以来经济增长较快。从FDI绝对数额来看，总体上呈增加趋势，由1998年的112 608万美元增加到2015年的1 717 731万美元，但个别年份增加幅度差异较大，尤其是1999年、2000年、2012年这三年环比增长率为负，FDI表现出一定的波动性。伴随着西部大开战略的深入实施，自2004年以后，长江上游地区的经济迎来了一个大发展的时期，外商直接投资呈现出了快速发展的势头。

表4.4　1998—2015年长江上游地区GDP与FDI的发展情况

年度	GDP（亿元）	FDI（万美元）	汇率	FDI（亿元）	GDP增长率（%）	FDI增长率（%）
1998	7 766.19	112 608	8.279 1	93.229 3	7.37	32.64
1999	8 149.64	88 746	8.278 3	73.466 6	4.94	−21.20
2000	8 760.31	83 443	8.278 4	69.077 5	7.49	−5.97

表4.4(续)

年度	GDP（亿元）	FDI（万美元）	汇率	FDI（亿元）	GDP增长率（%）	FDI增长率（%）
2001	9 541.93	93 123	8.277 0	77.077 9	8.92	11.58
2002	10 514.12	108 880	8.277 0	90.120 0	10.19	16.92
2003	11 871.17	111 699	8.277 0	92.453 3	12.91	2.59
2004	14 173.92	131 322	8.276 8	108.692 6	19.40	17.56
2005	16 320.97	168 381	8.191 7	137.932 7	15.15	26.90
2006	18 924.59	230 032	7.971 8	183.376 9	15.95	32.95
2007	22 895.15	304 283	7.604 0	231.376 8	20.98	26.18
2008	27 648.57	646 630	6.945 1	449.091 0	20.76	94.10
2009	30 763.72	797 621	6.831 0	544.854 9	11.27	21.32
2010	36 937.4	1 069 227	6.769 5	723.813 2	20.07	32.85
2011	45 633.01	1 756 053	6.458 8	1 134.199 5	23.54	56.70
2012	52 444.07	1 600 534	6.312 5	1 010.337 1	14.93	-10.92
2013	59 094.50	1 751 969	6.193 2	1 085.029 4	12.68	7.39
2014	64 880.24	1 769 277	6.142 8	1 086.831 5	9.79	0.17
2015	69 892.10	1 717 731	6.228 4	1 069.871 6	7.72	-1.56

资料来源：根据长江上游地区各省份统计年鉴整理计算得到。

从长江上游地区FDI与GDP的相关图（见图4.2）中可以看出，随着长江上游地区FDI的增加，GDP也总体呈现上升态势，这表明两者之间有着正相关关系。对其进行相关性分析，得到两者的相关系数为0.546 2，虽然系数不大，但仍能说明两者为正相关关系。关于两者是否存在因果关系，还需用协整理论和格兰杰检验做进一步分析。

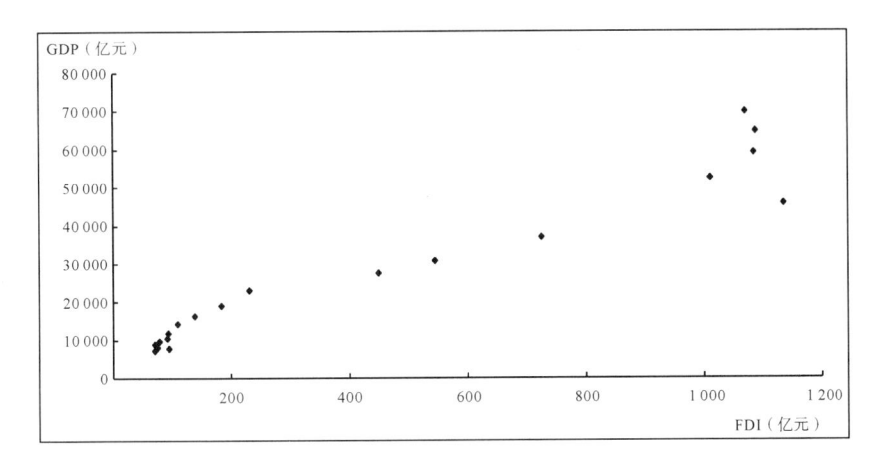

图 4.2 长江上游地区 FDI 与 GDP 的相关图

二、变量的平稳性检验

对变量进行协整分析之前，首先需要对变量的平稳性进行检验，只有当变量都为同阶单整序列时才可以进行协整回归。现实生活中，大多数经济变量都是非平稳的，应用回归分析往往会出现伪回归现象，从而导致分析的结论无效。一个序列在成为平稳序列之前经过 d 次差分，则该序列被称为 d 阶单整，记为 $I(d)$。本书的研究采用 ADF 方法检验变量的平稳性，如果 ADF 统计量小于 1% 的临界值，表明序列是平稳的；如果 ADF 统计量的值比 1% 的临界值大，可得出序列非平稳的结论。

FDI 与经济增长相关性的数据来源于长江上游地区各省（市）的统计年鉴，选取指标为实际利用外商投资 FDI 和地区生产总值 GDP，数据样本区间为 1998—2015 年。研究运用 GDP 平减指数，将名义 GDP 转为实际 GDP。为了消除可能存在的异方差，对 FDI 和 GDP 两个变量分别取自然对数，记为 $LFDI$ 和 $LGDP$。下面将采用 ADF（Angmented Dickey-Fuller）单位根检验方法对各个变量的平稳性进行检验，检验结果如表 4.5 所示。

表 4.5　　$LFDI$ 和 $LGDP$ 的 ADF 单位根检验结果

变量	ADF 检验	检验形式 (c, t, k)	1%临界值	5%临界值	10%临界值	是否平稳
$LGDP$	-3.190 0	$(c, t, 1)$	-4.616 2	-3.710 5	-3.297 8	非平稳
$\triangle LGDP$	-0.225 6	$(0, 0, 0)$	-2.708 1	-1.962 8	-1.606 1	非平稳

表4.5(续)

变量	ADF检验	检验形式 (c, t, k)	1%临界值	5%临界值	10%临界值	是否平稳
△△LGDP	-3.996 8	(0, 0, 0)	-2.717 5	-1.964 4	-1.605 6	平稳
LFDI	-2.408 0	(c, t, 3)	-4.728 4	-3.759 7	-3.325 0	非平稳
△LFDI	-1.318 1	(0, 0, 1)	-2.717 5	-1.964 4	-1.605 6	非平稳
△△LFDI	-5.126 7	(0, 0, 1)	-2.728 3	-1.966 3	-1.605 0	平稳

注：检验类型中的 c 和 t 表示常数项和趋势项，k 表示所采用的滞后阶数；△表示一次差分，△△表示两次差分。

检验结果分析如下：LGDP 的 ADF 检验统计量值为 -3.190 0，大于5%的临界值 -3.710 5，这表明 LGDP 是一个非平稳时间序列。对其进行一次差分处理，建立的差分序列 △LGDP 仍为非平稳序列。对其进行两次差分处理后，序列 △△LGDP 的 ADF 值为 -3.996 8，小于在1%显著水平下的临界值 -2.717 5，这表明 △△LGDP 是一个平稳的时间序列，即 LGDP 为二阶单整序列，记为 LGDP~I（2）。同样，LFDI 的 ADF 检验统计量值为 -2.408 0，大于10%的临界值 -3.325 0，这表明 LFDI 是非平稳时间序列。对其进行一次差分处理，建立的差分序列 △LFDI 也仍旧是非平稳序列。对其进行两次差分处理后，序列 △△LFDI 的 ADF 值为 -5.126 7，小于1%显著水平下的临界值 -2.728 3，这表明 LFDI 是一个二阶单整过程，记为 LFDI~I（2）。分析表明，两者都是二阶单整序列，因此可以进一步考察变量 LFDI 和 LGDP 之间是否存在协整关系。

三、FDI与经济增长的协整分析①

恩格尔（Engle）和格兰杰（Granger）于1987年对如何检验两变量的协整关系提出了"两步检验法"，即EG法。如果两变量是同阶单整的，可以建立回归方程，并对其残差进行单位根检验，若是平稳的，则两者具有协整关系。

此处的 LFDI 和 LGDP 均为二阶单整序列，通过对两者进行普通最小二乘回归，其结果如下：

$$LGDP = 0.612\ 0\ LFDI + 6.487\ 5 \qquad (4.11)$$

(15.923 4)　(30.772 3)

$R^2 = 0.937\ 2 \quad ADR = 0.933\ 5 \quad F = 253.553\ 1$

---

① 此处的研究方法主要参考：徐爱武. 外商直接投资对西部地区经济增长的影响研究 [D]. 西安：西北农林科技大学，2011.

设 e 为 $LGDP$ 与 $LFDI$ 回归模型的残差，下面对残差进行单位根检验，进而判定两变量是否具有协整关系，检验结果如表 4.6 所示。

表 4.6　　LFDI 和 LGDP 两变量间的协整关系检验结果

变量	ADF 检验	(c, t, k)	1%临界值	5%临界值	10%临界值	是否平稳
e	-2.916 3	(0, 0, 3)	-2.728 3	-1.966 3	-1.605 0	平稳

注：检验类型中的 c 表示常数项，t 表示趋势项，k 表示所采用的滞后阶数。

由表 4.6 可知，其残差的 ADF 检验值为 -2.916 3，小于 1% 的临界值 -2.728 3，表明该方程的残差序列是平稳的。因此，$LFDI$ 和 $LGDP$ 之间具有协整关系，即存在长期稳定关系。其回归系数为 0.612 0（见方程 4.11）。

四、FDI 与经济增长的格兰杰因果检验

从以上的协整检验我们可知，长江上游地区的 FDI 和 GDP 之间存在长期稳定关系，但是否存在因果关系，还需要做进一步分析。

假设外商直接投资与经济增长之间构成双向关系，一方面，FDI 进入东道国后，促进了东道国的资本形成，填补了资金缺口，进而促进了东道国经济增长；另一方面，FDI 可能会先被吸引到经济快速增长的地区，因为增长前景使这些地区对 FDI 更有吸引力，这时的情形是先有经济增长后有 FDI。外商直接投资与经济增长之间也可能构成单向关系，即 FDI 仅是经济增长的原因，而经济增长不是 FDI 流入的原因；或者经济增长仅是 FDI 流入的原因，而 FDI 不是经济增长的原因。

本书的研究将运用格兰杰因果性检验方法来分析上述因果关系。该检验的基本依据是如果变量 X 是变量 Y 变化的原因，则 X 的变化先于 Y 的变化。因此，在做 Y 对其他变量的回归时，如果把 X 的过去或滞后期包括进来能显著地改进对 Y 的预测，我们就可以说 X 是 Y 的格兰杰原因。为了揭示外商直接投资与经济增长的关系，构造如下计量模型：

$$y_t = c + \sum_{i=1}^{p} \alpha_i y_{t-i} + \sum_{j=1}^{q} \beta_j x_{t-j} + \varepsilon_t \tag{4.12}$$

检验零假设 H_0：$\beta_1 = \beta_2 = \cdots = \beta_q = 0$，即 x 不是 y 的格兰杰原因。

备择假设 H_1：β_j $(j=1, 2, \cdots, q)$ 不全为 0。

检验统计量为：

$$F = \frac{(RRSS - URSS)/q}{URSS/(T-p-q-1)} \tag{4.13}$$

式中：$RRSS$ 有约束条件 $\beta_j = 0 (j=1, 2, \cdots, q)$ 时式（4.12）OLS 估计的

残差平方和；URSS 是无约束条件时式（4.13）OLS 估计的残差平方和；p 为 y 的滞后阶数，q 为 x 的滞后阶数，n 为样本容量。若根据式（4.13）计算出的 F 统计量大于给定显著性水平 α 下的临界值 $F_\alpha(q, n-p-1)$ 则拒绝 H_0，判定 x 是 y 的格兰杰原因；否则就接受 H_0，判定 x 不是 y 的格兰杰原因。

运用软件 Eviews 8.0 对长江上游地区外商直接投资和经济增长之间的因果关系进行检验，结果如表 4.7 所示。

表 4.7　　　　LFDI 和 LGDP 的格兰杰因果关系检验结果

原假设	滞后阶数	F 统计量	P 值
LFDI 不是 LGDP 的格兰杰原因	1	0.001 6	0.968 6
LGDP 不是 LFDI 的格兰杰原因	1	1.707 2	0.211 0
LFDI 不是 LGDP 的格兰杰原因	2	1.047 9	0.380 7
LGDP 不是 LFDI 的格兰杰原因	2	7.461 9	0.007 8
LFDI 不是 LGDP 的格兰杰原因	3	3.101 0	0.081 8
LGDP 不是 LFDI 的格兰杰原因	3	1.927 2	0.195 8
LFDI 不是 LGDP 的格兰杰原因	4	2.847 1	0.121 8
LGDP 不是 LFDI 的格兰杰原因	4	1.038 1	0.459 7

注：本表中的概率值是零假设成立时的概率值。

结果及分析如下：在检验过程中，滞后期数分别取 1~4 期来考察 LGDP 和 LFDI 的关系。当确定 10% 的显著性水平时，滞后期数为 1、4 时，在 10% 的显著性水平下，LFDI 不是 LGDP 的格兰杰原因且 LGDP 也不是 LFDI 的格兰杰原因，LFDI 和 LGDP 相互之间没有影响。滞后期数为 2 时，LGDP 是 LFDI 的格兰杰原因，LFDI 不是 LGDP 的格兰杰原因。滞后期数为 3 时，LFDI 是 LGDP 的格兰杰原因，LGDP 不是 LFDI 的格兰杰原因。格兰杰因果检验结果表明滞后期不同，FDI 与 GDP 之间存在不同的格兰杰因果关系。但短期内，LGDP 和 LFDI 有互为格兰杰原因的现象，说明随着长江上游地区经济发展水平的提高，投资环境逐步改善，对国外资本的吸引力逐渐增强；与此同时，外国资本的流入为长江上游地区注入了新的经济增长活力，带动了当地经济持续增长。

五、小结

本节首先对长江上游地区外商直接投资与长江上游地区地区生产总值两个时间序列进行平稳性检验，结果两者为二阶单整序列；其次对其进行协整分析，两者在长期存在稳定关系；最后通过格兰杰因果检验，表明在短期内外商直接投资与地区生产总值互为格兰杰原因，即长江上游地区的外商直接投资促进了其经济增长，同时经济增长也吸引了更多的国外资本，由此也验证了本章第一节关于外商直接投资对经济增长的机理分析。

第三节 FDI对长江上游地区经济增长影响的区域差异

一、面板数据模型的选择与说明

面板数据，即"Panel Data"，也叫平行数据，又称为时间序列-截面数据，是指在时间序列上取多个截面，在这些截面上同时选取样本观测值所构成的样本数据。面板数据可以克服时间序列分析受多重共线性的困扰，可以提供更多的信息、更多的变化、更少共线性、更多的自由度和更高的估计效率。为进一步分析FDI对长江上游地区GDP增长的影响是否存在区域差异，本书的研究将运用面板数据模型进行进一步探讨。

（一）面板数据模型[①]

利用面板数据建立的模型称为面板数据模型，模型的一般形式为：

$$y_{it} = \alpha_{it} + \beta_{it} x_{it} + u_{it}, \quad i = 1, 2, \cdots, n, \quad t = 1, 2, \cdots, T \quad (4.14)$$

式中：y_{it}为被解释变量，$x_{it} = (x_{1it}, x_{2it}, \cdots, x_{kit})$为解释变量，$k$为个数；$T$为总的时期；随机误差项$u_{it}$相互独立，并且满足零均值、等方差的假设；$\alpha_{it}$、$\beta_{it}$为待估计参数，受面板数据的时间和截面的影响而改变，因而可以反映模型中被忽略的时间因素和个体差异因素的影响。根据参数估计时的不同附加条件，面板数据模型可分为变系数模型、变截距模型和混合模型。

1. 变系数模型

假定参数满足时间一致性，即参数并不随着时间的变化而变化，根据此条件建立的模型为变系数模型：

$$y_{it} = \alpha_i + \beta_i x_{it} + u_{it}, \quad i = 1, 2, \cdots, n, \quad t = 1, 2, \cdots, T \quad (4.15)$$

α_i、β_i为待估计参数，它们的取值只受到截面单元不同的影响。

2. 变截距模型和混合模型

如果参数不随时间变化，其截距和斜率参数又可分为以下两种情况。

[①] 此处的研究方法参考：徐爱武. 外商直接投资对西部地区经济增长的影响研究[D]. 西安：西北农林科技大学，2011.

(1) 假设1: 斜率系数在不同的横截面样本点上和时间上相同，但截距不同，即长江上游地区的经济增长差异只表现在截距项上:

H_{01}: $\beta_1 = \beta_2 = \cdots = \beta_n$, $\alpha_i \neq \alpha_j$

此时，模型为变截距模型:

$$y_{it} = \alpha_i + \beta x_{it} + u_{it}, \quad i = 1, 2, \cdots, n, \quad t = 1, 2, \cdots, T \tag{4.16}$$

(2) 假设2: 截距和斜率系统都是常数，则:

H_{02}: $\alpha_1 = \alpha_2 = \cdots = \alpha_n$, $\beta_1 = \beta_2 = \cdots = \beta_n$

$$y_{it} = \alpha + \beta x_{it} + u_{it}, \quad i = 1, 2, \cdots, n, \quad t = 1, 2, \cdots, T \tag{4.17}$$

此时，相当于把T时期的横截面数据融合成一个混合样本，该模型称为混合模型。

(二) 面板数据模型检验方法

由以上分析可知，面板数据的模型有多种，我们在进行经济研究时，需要确定究竟该采用哪种方程进行回归，这需要通过面板数据的检验来确定。首先对两个假设 H_{01}、H_{02} 进行检验，判断参数 α_{it}、β_{it} 在不同横截面上是否相同。

检验假设2，如果接受假设2，则可以采用混合模型，不必进一步的检验。如果拒绝假设2，此时模型要么是变系数要么是变截距，究竟是哪种则需要进一步通过检验来判断。此时通过检验假设1，判断其斜率是否都相等。如果拒绝假设1，就选用式（4.15）的变系数模型；如果接受假设1，就选用式（4.16）的变截距模型。广泛使用的是协方差检验，在假设2下设检验的F统计量为 F_2。

$$F_2 = \frac{(S_3 - S_1)/[(n-1)(k+1)]}{s_1/[n(T-K-1)]} \sim F[(n-1)(k+1), n(T-K-1)] \tag{4.18}$$

在给定的显著性水平下，通过查询F分布表得到临界值，如果F统计量值比临界值小，则接受 H_{02} 假设，此种情形采用混合回归模型（4.17）；如果F统计量值比临界值大，则"斜率与截距在不同横截面上都相同"的假设被拒绝。此时需继续对假设2进行检验，F统计量为 F_1。

$$F_1 = \frac{(S_2 - S_1)/[(n-1)k]}{s_1/[n(T-K-1)]} \sim F[(n-1)k, n(T-K-1)] \tag{4.19}$$

同理，在给定的显著性水平下，通过查询F分布表得到临界值，如果F统计量值比临界值小，表明此时接受 H_{01} 假设，采用变截距的模型（4.16）；反之，如果F统计量值比临界值大，则 H_{01} 假设不被接受，此时应采用变系数模型（4.15）。公式（4.18）和公式（4.19）中的 S_1 为变系数模型的残差平方和，S_2 变截距模型的残差平方和，S_3 为混合回归模型的残差平方和；N 表示横截面单元的个数，T 表示时期总数，k 表示解释变量个数。

（三）面板数据模型的确定

根据样本数据的不同性质，变系数模型和变截距模型可以进一步分为固定效应模型和随机效应模型，通常采用以下两种方法来确定具体采用哪种模型：

一是通过豪斯曼（huasman）检验，即先估计一个随机效应，然后做检验，如果拒绝零假设，则可以使用固定效应；反之，如果接受零假设，则使用随机效应。

二是根据样本性质进行判断，如果数据是从总体中抽样得到的，则可以使用随机效应；反之，如果数据是总体数据，则不存在随机抽样问题，可以使用固定效应。

为了确定研究面板数据模型的具体形式，首先对模型设定采取 F 检验。经计算，$S_1 = 0.247\,754$，$S_2 = 0.334\,466$，$S_3 = 1.907\,560$，先对假设 2 进行检验，计算后的统计量 $F_2 = 17.865\,1$，在显著性水平为 5% 的情况下，临界值为 $F_{0.05}(9,64) = 2.029\,8$，$F_2 > 2.029\,8$，故拒绝 H_{02}。再对假设 1 进行检验，通过计算得到统计量 $F_1 = 3.733\,3$，在 5% 显著性水平为 5% 的情况下，临界值为 $F_{0.05}(6,64) = 2.244\,0$，$F_1 > 2.244\,0$，故拒绝 H_{01}。

由此可见，模型设定的两个假设 H_{01} 和 H_{02} 都未通过 F 检验，因此长江上游地区四省（市）之间无法建立统一的面板数据模型。也就是说，不同省份的外商直接投资对经济增长的影响效应存在显著的差异，因此建立变系数模型对其进行进一步分析。为了便于不同省份之间进行对比分析，此处选取固定效应变系数模型（4.15）。为消除可能存在的异方差，对数据进行处理取自然对数。

$$LGDP_{it} = \alpha_i + \beta_i LFDI_{it} + u_{it},\ i = 1, 2, \cdots, n,\ t = 1, 2, \cdots, T \quad (4.20)$$

（四）面板数据模型中的变量选择

由于研究重点是探究外商直接投资对经济增长的影响，如果只选择一个 FDI 作为解释变量，这样的分析往往有些简单，很难反映造成 FDI 的经济增长效应在区域间的不同。笔者综合考虑了影响经济增长的诸多因素，比如当年实际利用外商直接投资、国内投资、进出口总额、就业人口总数、外贸依存度等，但通过具体数据验证发现，进出口总额、就业人口总数、外贸依存度对长江上游地区四省（市）经济增长并不显著，因此本书的研究在模型设计过程中将其剔除。魏后凯（2002）[①] 以柯布函数为基础，构建外商直接投资对中国区域经济增长模型，该模型包含三个自变量，即实际利用外商直接投资、国内投资、就业人数；杨杰（2008）[②] 在研究外商直接投资对经济增长关系时，构建了多元回归方程，选取变量为国内生产总值、外商直接投资、对外贸易额三个自变量。本书的研究在综合国内学者诸多模型的基础上，并结合变量对经济增长的显著性，最终构建模型（4.21）：

$$LGDP_{it} = \alpha_i + \beta_1 LFDI_{it} + \beta_2 LDI_{it} + u_{it}, i = 1, 2, \cdots, n, t = 1, 2, \cdots, T$$
(4.21)

LGDP 表示对 GDP 取对数，LFDI 表示对 FDI 取对数；DI 表示国内投资，采用全社会固定资产投资总额减实际利用外商投资，实际利用外商投资则采用各年度人民币对美元年平均汇价（中间价）进行折算；LDI 表示对国内投资取对数；系数 β_1、β_2 分别是 FDI、DI 增长对 GDP 增长的估计弹性。

二、外商直接投资对经济增长贡献的省际差异性

（一）数据来源及说明

本书的研究利用 1997—2015 年长江上游地区四省（市）的 GDP、FDI、DI 的数据构建面板数据模型，实证研究长江上游地区的 FDI 区域分布差异对区域经济增长的影响。样本数据包括重庆、四川、云南、贵州四个省（市），所有数据均来自各地统计年鉴。为使 FDI 和 GDP 的货币单位统一为人民币，将以美元表示的 FDI 按照当年美元兑人民币汇率年度平均汇率（中间价）进行折算，GDP、FDI、DI 都以 1997 年为基期，采用平减指数，调整为相应的实际值。GDP、FDI、DI 的计量单位都为亿元。

（二）实证分析结果

由于长江上游地区四省（市）的外商直接投资存在一定程度上差异，因此使用 GLS 法对 1997—2015 年长江上游地区四省（市）的面板数据模型进行估计，运用计量软件 Eviews 6.0 进行数据分析，估计结果如表 4.8 所示。

[①] 魏后凯. 外商直接投资对中国区域经济增长的影响 [J]. 经济研究，2002（4）：19-26.
[②] 杨杰，宋马林，潘竟成. FDI、对外贸易与经济增长的关系——基于 Granger 检验及西部面板数据（1998—2005）的研究 [J]. 对外经贸，2008（7）：55-57.

表4.8 长江上游地区四省（市）外商直接投资对经济增长影响的
固定效应变系数模型回归结果

变量	系数	t统计量	固定效应
重庆-LFDI	0.131 6	3.196 4***	重庆-C 0.127 1
四川-LFDI	0.050 7	1.386 4	四川-C 0.091 1
云南-LFDI	−0.049 5	−1.654 4	云南-C −0.192 3
贵州-LFDI	0.056 4	2.393 1**	贵州-C −0.025 9
重庆-LDI	0.509 2	13.306 6***	
四川-LDI	0.597 0	14.952 7***	
云南-LDI	0.643 7	19.478 5***	
贵州-LDI	0.528 9	28.658 7***	
$R^2 = 0.997\ 7$		$ADR^2 = 0.997\ 3$	
$F = 2\ 515.208$		Prob（F-statistic）= 0.000 0	

注：*、**、***分别表示在1%、5%、10%水平上显著。

从表4.8的回归结果可知，估计的判定系数 $R^2 = 0.997\ 7$，调整的 R^2 为 0.997 3，说明方程的拟合优度较好；$F = 2\ 515.208$，概率为 0.000 0，说明模型对总体的近似程度显著，效果较好；同时，重庆和贵州 LFDI 系数的 t 检验值所对应的概率小于5%的显著性水平，而四川和云南 LFDI 的系数未通过5%的显著性检验。从表4.8可以看出，除云南外，其余三个省（市）外商直接投资的弹性系数均大于零，但各不相同，这意味着长江上游地区各省（市）的 FDI 对经济增长有不同程度的影响。如果采用上述模型中 GDP 对 FDI 和 DI 的估计弹性系数，则可以推算出各要素投入对经济增长的相对贡献率（魏后凯，2002）。

通过对长江上游地区四省（市）外商直接投资与经济增长的差异性研究，得出如下结论：

第一，长江上游地区四省（市）中，重庆、四川、贵州 FDI 的弹性系数值均为正数，但云南的为负数，云南和四川均未通过检验。将弹性系数值的大小视为对经济增长的贡献大小，说明 FDI 对重庆和贵州的经济增长具有正面促进作用，而对四川和云南的经济增长促进作用不明显。FDI 每增长1%，重庆 GDP 增长达到0.113 16%；FDI 对贵州经济增长的贡献率为0.056 4%。在前面的分析中，贵州外商直接投资规模最小，经济总量也为长江上游地区四省

（市）最低，但外商直接投资对贵州经济增长贡献最却优于四川、云南。究其原因，从规模报酬递减规律分析，在经济发展较落后的地区，由于技术进步等因素的影响，经济增长会表现出较为快速的增长。正是因为相对来说，贵州经济发展相对落后，具有较大的技术进步空间，使得外商直接投资对经济增长贡献较为显著。

第二，长江上游地区四省（市）国内投资对经济增长的贡献均大于外商直接投资对经济增长的贡献，由表4.8可知，国内投资每增长1%，对重庆、四川、云南、贵州四省（市）经济增长贡献率分别为0.509 2%、0.597 0%、0.643 7%、0.528 9%。国内投资对经济增长贡献最大的是云南，贡献最小的是重庆，该结果与FDI对经济增长的贡献有着诸多不同。其原因在于，外商投资进入东道国后，对内资同时存在"挤入"效应和"挤出"效应，如果"挤入"效应大于"挤出"效应，说明引进外资能带动内资的发展；反之，如果"挤入"效应小于"挤出"效应，说明引进外资制约了内资的发展。由此可知，外资对贵州的国内投资"挤出"作用较小，对重庆的国内投资"挤出"作用较大，正是"挤出"作用的不同，使得国内投资对云南和重庆的经济增长产生了较大差异。当然，从根本上说，国内投资对经济增长的贡献差异是由当地经济环境、社会环境不同而导致的，本书的研究在此不予展开分析。

第五章 长江上游地区 FDI 的技术溢出效应

第一节 FDI 技术溢出效应的理论分析

一、技术溢出效应的概念及特点

(一) 技术溢出效应的概念

自从麦克杜格尔（MacDougall, 1960）最早提出 FDI 会对东道国的技术进步产生溢出效应之后，技术溢出效应这一概念的内涵和外延逐步延伸。至今，技术溢出效应问题已发展为 FDI 研究领域中的重要分支之一，国内外许多学者都对 FDI 技术溢出效应的含义进行了界定，如克伍兹（Caves, 1974）[1]认为，技术溢出效应源于跨国企业的创新活动，或者由于跨国公司投资后增加东道国的竞争压力，消除了东道国产业内原有的扭曲，从而产生了"准租金"，因为跨国公司不能完全获取这些"准租金"，由此产生的溢出效应即为技术溢出效应。克伍兹（Caves）强调溢出效应是来自跨国公司的创新以及由此产生的"准租金"。科克（Kokko, 1992）[2]认为，溢出效应是跨国公司在东道国设立子公司，从而引起当地技术或生产力的进步，而跨国公司子公司又无法获取全部收益的现象。曼克奈斯·布洛姆斯特罗姆（Magnus Blomstrom, 1996）[3]认

---

[1] CAVES R E. Multinational Firms, Competition, and Productivity in Host-Country Markets [J]. Economica, 1974, 41 (162): 176-193.

[2] KOKKO A. Technology Market Characteristics and Spillovers [J]. Development Economics, 1994 (43): 279-293.

[3] BLOMSTRÖM M, KOKKO A, ZEJAN M. Productivity Spillovers from Competition between Local Firms and Foreign Affiliates [M]. London: Palgrave Macmillan, 1996.

为，国际企业的进入或参与推动了东道国的技术进步，跨国公司无法获取其全部收益时，对东道国企业产生正的外部效应，有利于东道国提高劳动生产率。何洁（2000）[①]认为，技术溢出效应是指东道国的经济效率、经济增长或发展能力发生无意识影响的间接作用，可以发生在同一产业内或者不同产业间。朱华桂（2003）认为，技术溢出是伴随着跨国公司在国外设立分公司，而带动了当地的技术进步或生产率的提高。这是跨国公司的非自愿性扩散而导致的，因而具有外部性特征。[②]

综合以上学者的观点，我们可以总结如下：外商直接投资的技术溢出效应是指由于外商直接投资所带来的一揽子资源，如先进的生产技术、经营理念、管理经验和研发能力等对内资企业所产生的非自愿技术扩散，或者由于其进入而对内资企业原有扭曲的纠正而产生的"准租金"，而跨国公司却无法将其收益全部获取，从而产生了外部效应，在经济学意义上是一种正外部性。

（二）技术溢出效应的特点[③]

外商直接投资的技术溢出效应伴随技术的转移和扩散而产生。技术要素是FDI技术溢出效应产生的根本原因，具有天然的外部性。不同于资本和劳动力要素的性质，技术要素本质上是信息和知识，在与生产过程的结合中，产生技术扩散和对外传播，于是就产生了外商直接投资对东道国的技术溢出。技术溢出效应的特点可以归结为以下几点：

1. 外部性

外部性是技术溢出效应最重要的特点，是技术非主动扩散的表现，存在于市场机制之外。外部性分为外部经济和外部不经济，技术外溢具有明显的外部经济性。众所周知，无论哪一项技术，其构成中都含有一部分公共知识，而随着技术的使用和普及，该技术中越来越多的特有知识构成会转变为公共知识。公共知识使大众都可获得，并且使用次数不受限制，这体现了技术溢出效应正向的外部性。

[①] 何洁. 外国直接投资对中国工业部门外溢效应的进一步精确量化 [J]. 世界经济, 2000 (12): 29-36.
[②] 朱华桂. 跨国公司在华子公司技术溢出效应实证研究 [J]. 科研管理, 2003, 24 (2): 138-144.
[③] 此处的观点参考以下论文：
荆周. FDI流入的技术溢出效应理论与实证研究 [D]. 重庆：重庆大学, 2008.
张义龙. 外商直接投资技术溢出效应研究 [D]. 成都：西南财经大学, 2007.
余业旺. 外商直接投资行业内技术溢出效应研究 [D]. 广州：暨南大学, 2007.
刘杰. 中国获取外商直接投资技术外溢效应的研究 [D]. 大连：东北财经大学, 2004.

2. 双向性

双向性是指外商直接投资的技术溢出不可能单独由一方决定。技术溢出的效果是由外商投资企业以及东道国当地企业和由其组成的东道国市场环境共同作用决定的，即技术溢出是一个溢出技术的传播者和溢出技术的接受者双向互动的过程。从微观层面来看，FDI 技术溢出是外国投资企业和本地企业双向互动的过程，外国投资企业虽然可以决定在东道国使用技术的水平，却无法决定本地企业吸收的程度；本地企业的学习、消化能力决定了其是否能吸收技术以及吸收多少技术。这也是技术溢出之所以在不同国家影响程度不同的原因。从宏观层面来看，东道国市场结构、人力资本状况、知识产权保护力度等是影响技术溢出效果的重要因素。

3. 不易测度性

不易测度性是指技术难以进行度量，学术界目前对于技术能力和技术创新等概念也没有准确界定。FDI 技术溢出不是通过市场产生的，几乎不可能直接衡量其效果，因此技术溢出很难利用较规范的数理统计等方法进行量化分析。现有衡量 FDI 溢出效应的方式大多属于间接性衡量，往往通过使用技术外溢后的可能影响因素进行相应分析来确认其存在。这种测量方式的准确性受多种因素制约，目前学术界对其尚未达成统一的标准。技术溢出的不易测度性造成了 FDI 溢出效应的难以量化，这一直是该领域研究中的难点。

二、FDI 技术溢出效应的产生机制[①]

如前所述，FDI 的溢出效应从克伍兹（Caves）最早对其进行实证分析以来，已成为 FDI 研究领域中的一个热点问题。FDI 通过水平关联、前向关联与后向关联三种方式对东道国企业进行技术溢出。水平关联体现为外商直接投资带来的市场竞争、示范模仿与人员培训效应，有利于本地企业技术水平和劳动生产率的提高；前向关联与后向关联体现为东道国企业在与上下游外资企业建立垂直关联时，获得的上下游外资企业给予的优质中间产品与技术管理支持。因此，东道国同行企业因 FDI 的行业间技术溢出而受益。

（一）通过示范模仿效应产生技术外溢

示范模仿效应是指外商企业先进的技术、产品以及经营方式等对东道国企

---

① 此处的观点参考以下论文：

靳娜. 中国 FDI 技术溢出影响因素与渠道分析 [D]. 重庆：重庆大学，2011.

孙洁. 江苏省 FDI 技术溢出效应研究 [D]. 扬州：扬州大学，2010.

陈西. FDI 技术溢出效应及其影响因素分析 [D]. 青岛：中国海洋大学，2010.

荆周. FDI 流入的技术溢出效应理论与实证研究 [D]. 重庆：重庆大学，2008.

业具有示范作用，东道国企业为了不在市场竞争中处于劣势，通过模仿外商企业，或在此基础上通过简单创新从而采用与外商企业相似的技术、产品以及经营方式等。示范模仿效应产生的前提是东道国企业与外商企业两者存在着技术差距。

东道国企业获取、掌握新技术的方式较多，应针对具体情况采用恰当的方式。东道国企业对于技术含量较低的生产工艺、生产流程等，可以通过与外商投资企业直接接触、直接模仿的方式提高自身技术水平；对于技术含量较高的生产工艺及流程，可以采取"逆向工程"的方式提高自身技术水平。所谓"逆向工程"，是指购买竞争对手的产品，对其进行深入研究来破解该产品的生产技术，这是获取产品技术信息重要而便捷的方式。示范模仿效应还可以通过人力资源进行技术溢出，东道国企业可以通过聘请跨国公司高技术人才，将其掌握的先进技术及管理经验运用到本地类似企业中。此外，参加科技会议、查阅科研类杂志和专利文献、与外商投资企业的员工进行非正式交流等也都是东道国发挥示范模仿效应的途径。

（二）通过竞争效应产生技术外溢

竞争效应是指外资企业进入后，使东道国企业面临更激烈的市场竞争，东道国企业很可能积极主动地改进生产技术以提高劳动生产率，客观上促使外资企业技术转移的速度加快。技术溢出效应的传播者与接受者之间的相互影响程度决定了竞争效应的大小。竞争的影响具有两面性，积极影响主要有以下几个方面：

（1）外资企业的进入导致本地市场竞争加剧，会刺激和推动当地企业提高资源利用率，加大研发力度，从而提升本地企业提高产品竞争力。

（2）外资企业的进入一定程度上可以打破东道国企业的垄断状态，提高行业劳动生产率，从而改善社会福利。

（3）外资企业面临着较大的竞争压力，为了保持和提高市场竞争力，会对其供应商提出严苛、精准的技术检验标准，而东道国的供应商只有不断提高生产技术水平才能使合作关系得以保持。

（三）通过人员流动产生技术外溢

人力资本的流动是指外资企业与本地企业之间的流动。其表现为两个方向：一是被外资企业培训过的本地员工跳槽到本地企业或自行创业，二是东道国企业的员工跳槽到外资企业。人力资源的流动对东道国企业的影响具有两面性，即正向或负向。外企员工跳槽到本地企业或自行创业，会把先进的生产技术带到本地企业中，对东道国产生正的技术溢出效应。与之相对应的，外资企业也可能通过优厚的待遇会吸引本地企业的优秀人才为其服务,从而产生负向的技术溢出效应。若本地企业提供的报酬和工作环境更优,则更有可能吸引外资企业的先进人才流回本地企业,最终产生正的技术溢出效应。

(四)产业关联中的技术溢出效应

产业关联是指一国经济体系中各产业部门之间存在的内在的经济技术联系。外资企业通过与当地企业因产业部门之间的关联而产生技术溢出,其产生的根源在于技术水平先进的外资企业与技术相对落后的当地企业之间的供求关联。外资企业通过前向或后向关联与本地企业形成长期的供求关系,当外资企业与本地企业形成稳定的合作关系时,东道国企业可以在日常业务中无偿学习外资企业的产品、服务、工艺及营销等方面的经验,形成 FDI 技术溢出效应。

FDI 技术溢出渠道及产生机制如图 5.1 所示。

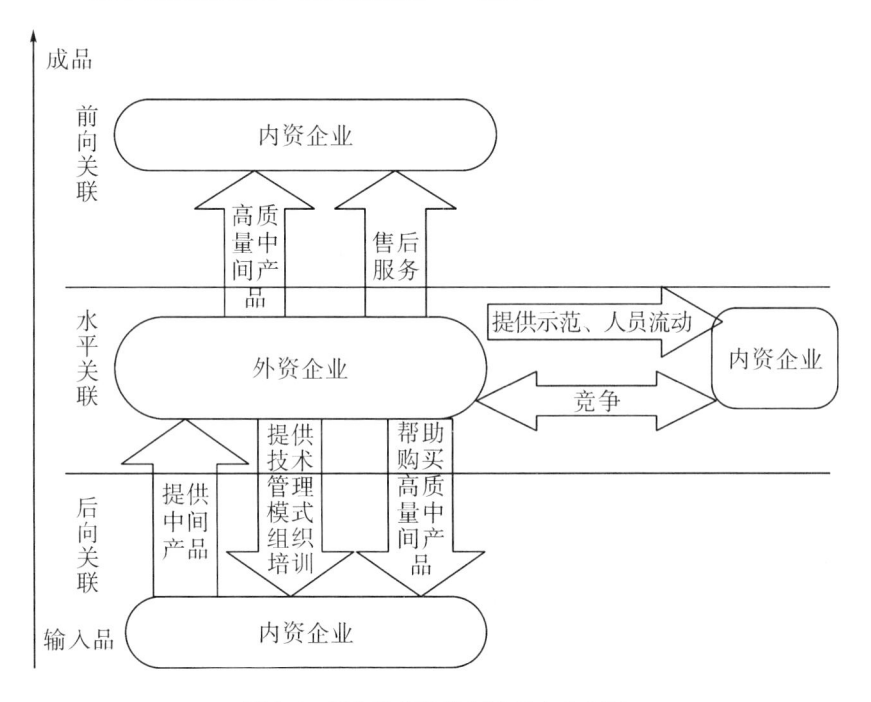

图 5.1 FDI 技术溢出渠道及产生机制

注:笔者根据荆周(2008)的研究加以修改。①

---

① 荆周. FDI 流入的技术溢出效应理论与实证研究 [D]. 重庆:重庆大学,2008.

三、FDI 技术溢出效应的影响因素①

基于以上分析可知，FDI 技术溢出效应是在内外资企业相互作用过程中，通过示范、竞争、人员流动以及产业关联等方式产生的，具有一定程度的潜在性。此过程受着多种因素的影响。

（一）东道国经济发展水平

东道国经济发展到一定程度后，居民的人均可支配收入增加，从而能够形成一定规模的市场容量、较为完善的基础设施和良好的生产方式等，这为跨国公司创造了更具吸引力的投资环境，引来的外资企业可投资于较高的产业层次。东道国经济发展水平影响着 FDI 进入的规模及质量。

首先，基础设施是外商投资的硬指标。完备的基础设施不仅为吸引高技术水平的 FDI 创造条件，也可以提高 FDI 外溢效应的规模与质量，还是协助东道国企业吸收 FDI 外溢效应的重要工具之一。其次，一国（地区）经济发展水平越高，市场规模也越大，对于高水平的优质产品的需求也越多。因此，东道国经济发展水平越高，FDI 技术溢出效应越好，两者之间存在正相关关系。

（二）当地研发能力

FDI 技术溢出效应的发生不仅受东道国经济发展水平的影响，还取决于当地科技研发能力如何。只有当地企业具有一定研发能力，才能快速地模仿、消化和吸收外资企业带来的先进技术，从而缩小与技术溢出拥有者之间的差距。由此对外资企业产生竞争压力，从而迫使其使用更加先进的技术，再次促进先进技术的溢出。若东道国企业与外资企业在研发能力上差距悬殊，双方在合作中往往处于不平等地位，较难通过合作中的内在约束使得外资企业加速技术扩散，从而影响 FDI 的技术溢出效果。

（三）经济开放度

一国（地区）经济开放程度越高，外国资本所占比重越高，东道国企业与外资企业联系的机会也就越多，利于本地企业通过学习、模仿跨国公司的先进生产技术、管理经验、营销方式，实现经验积累和水平提升，从而带来正向的技术溢出效应。东道国企业若能在模仿、吸收的基础上进行再创新，会对外

---

① 此处观点参考以下论文：
谢明雨.FDI 对安徽省的技术溢出效应及其影响因素的实证研究［D］.合肥：安徽大学，2010.
靳娜.中国 FDI 技术溢出影响因素与渠道分析［D］.重庆：重庆大学，2011.
张义龙.外商直接投资技术溢出效应研究［D］.成都：西南财经大学，2007.
陈西.FDI 技术溢出效应及其影响因素分析［D］.青岛：中国海洋大学，2010.

资企业形成竞争压力，促使其不断转移新技术，从而形成新一轮的技术溢出。

（四）人力资本水平

发展门槛理论认为，东道国的最低人力资本的储备状况决定了 FDI 的效率，这也是影响直接投资效率的发展门槛。因此，东道国的人力资本存量是外资企业是否投资的必要前提条件。东道国教育水平的高低、熟练劳动力和管理人员的数量及技术基础的状况均能影响东道国的技术吸收能力。高水平的人力资本有利于当地企业吸收 FDI 技术溢出。

第二节　长江上游地区 FDI 技术溢出效应的实证研究

FDI 技术溢出效应的研究主要包含两个层面的问题。首先，对于研究地区的特定时期而言，是否存在 FDI 技术溢出效应？这是研究中最首要和最基本的问题。其次，如果该地区存在 FDI 技术溢出效应，则需要进一步对技术溢出效应的影响因素进行分析。本章首先分别利用区域总体数据对长江上游地区 FDI 技术溢出效应的大小进行分析，然后考察不同影响因素对技术溢出效应大小的影响，从而为有关部门提出对策建议奠定基础。

一、模型的选取和数据说明

在研究方法上，国际上对工业部门 FDI 技术溢出效应分析的基本衡量方法是将东道国本地企业的生产函数与其所在行业中外资企业的参与程度联系起来建立基本模型。其具体有两种处理方法：一种以劳动生产率或全要素生产率为被解释变量，将外资企业的劳动生产率和外资企业在行业中所占的比重作为解释变量来测度溢出效应；另一种是以工业总产值或增加值等传统指标为被解释变量，将 FDI 与国内资本分离开来，作为独立的生产投入要素纳入内资企业的生产函数中去，FDI 项的系数就是所度量的溢出效应。

本书的研究借鉴菲德尔（Feder）的研究思路，以柯布-道格拉斯生产函数为基础，并借鉴罗巧云（2008）[①] 的研究方法，将长江上游地区的工业经济分为外资部门（f）和内资部门（h）两部分，构建一个能测算外资部门影响内资部门的计量模型，这一建模方法的优点在于很好地突出了外资与内资的差异性，阐明了 FDI 外溢效应的原因。如果内资部门产量增加则其影响效应为正，

[①] 罗巧云. 外商直接投资技术溢出效应的分析 [D]. 无锡：江南大学，2008.

如果外资抑制了内资部门,使内资部门产量减少,则其技术外溢效应为负。

由此,本书的研究构建 FDI 对长江上游地区工业部门技术溢出效应的计量模型。① 具体过程分析如下:

内资工业部门的产出用以下生产函数表示:

$$Yh = F(Kh, Lh, Kf) \tag{5.1}$$

以 Yh 表示内资工业部门增加值,以 Kh、Lh 分别表示内资工业部门的资本存量与劳动力数量,以 Kf 表示外资工业部门的资本存量。

对 (5.1) 式进行微分,可得:

$$\Delta Yh = Hk \times \Delta Hk + Hl \times \Delta Lh + Fk \times \Delta Kf \tag{5.2}$$

式中:Δ 表示增量;Hk 为内资工业部门资本的边际生产率;Hl 为内资工业部门劳动力的边际生产率;Fk 为外资工业部门的资本边际生产率;$Fk \times \Delta Kf$ 表示外资部门企业资本积累引起的内资工业企业产量的变化。对 (5.2) 式进一步变形,可得:

$$\frac{\Delta Yh}{Yh} = \frac{Hk \times Kh}{Yh} \times \frac{\Delta Kh}{Kh} + \frac{Hl \times Lh}{Yh} \times \frac{\Delta Lh}{Lh} + \frac{Fk \times Kf}{Yh} \times \frac{\Delta Kf}{Kf} \tag{5.3}$$

即 $$\frac{\Delta Yh}{Yh} = \alpha \times \frac{\Delta Kh}{Kh} + \beta \times \frac{\Delta Lh}{Lh} + \gamma \times \frac{\Delta Kf}{Kf} \tag{5.4}$$

其中 ($\alpha = \frac{Hk \times Kh}{Yh}$, $\beta = \frac{Hl \times Lh}{Yh}$, $\gamma = \frac{Fk \times Kf}{Yh}$)

式中:α,β 分别表示内资工业企业劳动力边际产出弹性和资本边际产出弹性,其经济意义是在其他投入要素不变的情况下,劳动(或资本)要素的投入每增加 1%,产出增加的百分比。γ 表示外资工业企业资本积累对内资工业企业的边际产出弹性,其大小与正负反应了 FDI 对内资工业企业技术溢出效应的强度和方向。

为了进行参数估计,对上述生产函数两边取对数,简化得:

$$\ln Yh = \delta + \alpha \ln Kh + \beta \ln Lh + \gamma \ln Kf + \mu \tag{5.5}$$

式中:δ 是随机扰动项,表示其他因素对此产生的影响;μ 是残差项。在计量经济分析模型中,系数 γ 反映了外商直接投资的技术溢出效应是本研究分

---

① 此处研究方法参考以下论文:
罗巧云. 外商直接投资技术溢出效应的分析 [D]. 无锡:江南大学,2008.
沈湘平. FDI 对广东工业行业技术外溢效应的实证研究 [D]. 广州:暨南大学,2006.
王春广. FDI 对广东民营工业的技术溢出效应 [D]. 广州:暨南大学,2007.
陈煜. 武汉市利用外商直接投资的技术外溢效应分析 [D]. 武汉:武汉理工大学,2006.
肖威. 外商直接投资的外溢效应分析 [D]. 广州:暨南大学,2007.

析的重点。如果 γ>0，并且从统计意义上看是显著的，说明 FDI 对内资工业部门经济增长有积极的技术溢出效应；如果 γ<0，并且从统计意义上看是显著的，说明 FDI 没有技术溢出效应。[①]

本书的研究选择工业部门作为研究对象，一方面是长江上游地区外商直接投资重点集中在工业部门，FDI 对工业部门的技术溢出效应可以在一定程度上反映 FDI 对长江上游地区的总体技术溢出效应；另一方面考虑到长江上游地区四省（市）数据的可获得性、连续性、完整性和可比性，工业行业的统计数据是所有行业中最为完整的，有利于进行计量经济分析。本书的研究选择 1999—2015 年为数据取用区间，全部数据来源于各省统计年鉴和《中国工业统计年鉴》。

在研究时，选取工业总产值作为技术进步的指标，外资企业的"工业总产值"为外商投资工业企业总产值之和。内资企业的产出则为规模以上工业企业总产值减去外商投资企业工业总产值。对于资本存量，由于我国长期以来采用与西方国家不同的国民经济核算体系，因而很难找到西方经济学意义上的资本存量。在以往的实证中，往往采用"固定资产净值年平均余额"加上"流动资产年平均余额"来代表资本存量。然而这一资本变量忽略了除固定资产和流动资产之外的其他资产形式，尤其是企业的无形资产。而此类资产正是内资与外资质量差异的关键所在，特定的生产技术总是存在于上述某种资产中并通过各种资产的共同运作发挥出来。一些合资企业的外方投资甚至采取以专利权等无形资产作价入股的形式。因此，本书的研究拟采用 1997 年后开始统计的"年末资产总计"计量企业资本投入，以求更准确地描述内资与外资间的差异性以及由此产生的溢出效应。该指标是指企业拥有或控制的全部资产，包括流动资产、长期投资、固定资产、无形及递延资产和其他长期资产等。劳动投入用每年的"全部从业人员年平均人数"来衡量。由工业从业人员年平均人数减去"三资"企业（中外合资经营企业、中外合作经营企业、外商独资经营企业）从业人员年平均人数得到。

模型中各变量指标的具体计算式如下：

Y_h = 内资工业总产值 = 规模以上工业总产值 - "三资"企业工业总产值

K_h = 内资工业年末资产总计 = 规模以上工业总资产 - "三资"企业年末资产总计

L_h = 内资工业劳动人数 = 规模工业从业平均人数 - "三资"企业平均人数

K_f = "三资"企业年末资产总计

[①] 李邦长. 浙江省外商直接投资的技术溢出效应研究 [D]. 上海：复旦大学，2006.

二、实证研究

在对长江上游地区总体技术溢出效应进行实证时,由于时间跨度17年,若采用时间序列数据分析,自由度过低,模型估计结果失效。因此,本书的研究将采用时间维度和地区维度共存的面板数据模型进行实证分析,利用长江上游地区四省(市)1999—2015年数据,用Eviews 8.0软件对模型5.5用多元线性回归的方法进行回归。在进行数据分析前,对各变量先取对数,再进行实证检验。在实证检验过程中,我们发现四省(市)的Lh指标(内资工业劳动人数)在2003年左右有明显的趋势转变情况。鉴于此,本研究设定了一个以2003年为界的虚拟变量$D03$,检验结果如表5.1和表5.2所示。

表5.1　长江上游地区四省(市)FDI技术溢出
效应回归结果(1999—2015)

变量	系数	t统计量	固定效应
LNKh	0.662 9***	6.400 3	重庆-C　-0.376 5
LNLh	0.234 2	1.211 0	四川-C　-0.109 1
LNLh×$D03$	0.067 2***	5.381 3	云南-C　-0.005 5
LNKf	0.416 0***	4.244 2	贵州-C　0.491 2
常数项	-1.269 0**	-2.026 4	
$R^2 = 0.988\ 8$		$ADR^2 = 0.987\ 5$	
$F = 757.647\ 9$		Prob(F-statistic)= 0.000 0	

注:*、**、***分别表示在10%、5%、1%水平上显著。

表5.2　长江上游地区四省(市)FDI技术溢出
效应回归结果(2003—2015)

变量	系数	t统计量	固定效应
LNKh	0.693 2***	6.454 7	重庆-C　-0.303 0
LNLh	0.580 7**	2.442 8	四川-C　-0.226 0
LNKf	0.300 4***	3.309 9	云南-C　0.023 3
常数项	-2.154 9***	-2.026 4	贵州-C　0.505 8
$R^2 = 0.990\ 8$		$ADR^2 = 0.989\ 6$	
$F = 808.743\ 5$		Prob(F-statistic)= 0.000 0	

注:*、**、***分别表示在10%、5%、1%显著性水平上显著。

本书的研究利用 1999—2015 年长江上游地区四省（市）的面板数据，分析了长江上游地区 FDI 技术溢出效应，结合面板数据变截距模型的回归结果分析可知：变截距模型的可决系数为 0.988 8，调整的可决系数为 0.987 5，说明模型的整体拟合度较好。F 检验值为 757.647 9，其相应的检验概率小于 0.01，表示回归总体显著。但是，在模型的估计系数中，变量 LNh 的系数在 2003 年之前未通过 10% 的显著性水平检验，而在 2003 年之后通过了 1% 的显著性水平检验。因此，本书的研究将面板数据的时间跨度重新设为 2003—2015 年，模型的估计结果如表 5.2 所示。由表 5.2 的估计结果可知，内资工业年末资产总计 LNKh 为 0.693 2 且通过了 1% 的显著性水平检验，说明长江上游地区内资资本的增加是会促进内资工业总产值的增加，并且相对于其他两个变量来说，其对内资工业总产值的促进作用是最大的。内资工业年末资产总计每增加 1% 就会促进长江上游地区内资工业总产值增加 0.693 2%。

在回归结果中，内资工业劳动人数 LNlh 的系数同样为 0.580 7 且通过了 5% 的显著性水平检验，表明在本区域劳动力的投入依然会促进工业总产值的增加，区域工业还未到工业经济转型的时期。内资工业劳动力投入每增加 1%，就会使得本区域内资工业总产值增加 0.580 7 个百分点。

在前面分析中，我们指出 LNKf 的系数 γ 代表的外商直接投资的技术溢出效应是本研究分析的重点。在回归结果中，可以看到 $\gamma > 0$，γ 为 0.300 4 且通过了 1% 的显著性水平检验，本区域外商直接投资每增加 1 个百分点就会带来本地工业总产值增加 0.300 3 个百分点，说明外商直接投资对长江上游地区是存在正的技术溢出效应。不过，我们可以看到这种溢出效应相对较小，从来源国来看，长江上游地区外商直接投资来自欧美发达国家的金额较少，并且外资主要采用独资的方式，导致其技术溢出效应较小。

三、影响因素检验

国际上对 FDI 技术溢出效应影响因素的研究，普遍采用以下两种方法：

第一种方法，利用测量技术溢出效应的模型，根据特征因素对样本数据进行分组，通过检验不同组别技术溢出效应的大小来确定特征因素是否对 FDI 技术溢出效应产生影响。

第二种方法，采取连乘的方式，将反映特征因素的变量与反映 FDI 参与程度的变量相乘带入基础模型，通过查看其该连乘变量的系数是否为正来说明该特征因素是否对 FDI 的溢出效应有影响。

本书研究的长江上游地区四省（市），在区域经济发展水平、人力资本、贸易开放程度等方面都存在着明显的"两级分化"（四川和重庆明显优于云南和贵州），如果采用分组的方式测量技术溢出效应的影响因素，其实际意义不大。因此，本书在综合前人分析的基础上，结合本区域数据的可能性，从东道国和来源国分别选取影响因素，采取连乘的方式来检验这些因素对长江上游地区外商直接投资的技术溢出效应。东道国方面选取人力资本（H）、贸易开放度（$Open$）和R&D（Pat）三个因素，来源国方面将外商直接投资按来源分为我国港澳台地区资金（$CN1$）和其他外商投资（$CN2$）（如维尔京群岛、毛里求斯、欧州、美国、日本等）分别度量外商直接投资的技术溢出效应。

这些因素分别用以下指标代表：

H 用各地区每年的高等教育在校学生数与从业人数的比值来衡量。

$Open$ 用该地区的出口贸易额与该地区国内生产总值的比值来衡量。

Pat 用该地区专利申请授权量来衡量。

$CN1$ 表示我国港澳台地区的资金带来的工业总产值占"三资"企业的工业总产值的比例，$CN1 \times \ln Kf$ 用来衡量港澳台资金带来的技术溢出效应。

$CN2$ 表示其他外商投资带来的工业总产值占"三资"企业的工业总产值的比例，$CN2 \times \ln Kf$ 用来衡量其他外商投资带来的技术溢出效应。

结合模型5.5，将这些影响因素以连乘的方式带入方程考察其对外商直接投资的技术溢出效应，检验结果如表5.3所示。

表5.3　长江上游地区FDI技术溢出效应影响因素回归结果

变量	OLS 1 人力资本因素	OLS 2 贸易开放度因素	OLS 3 R&D因素	OLS 4 来源国因素
c	−0.972 9 (−0.978 6)	−3.269 4*** (−10.465 9)	−1.536 5 (−1.525 0)	−1.674 8*** (−2.762 2)
$\ln Kh$	0.735 1*** (6.967 3)	0.914 2*** (15.899 6)	0.692 5*** (5.260 3)	0.668 4*** (6.789 0)
$\ln Lh$	0.589 6** (2.595 8)	0.798 4*** (6.630 3)	0.667 1** (2.685 8)	0.421 5* (1.827 9)
$H * \ln Kf$	0.058 7** (2.553 9)			
$Open * \ln Kf$		0.000 2 (0.079 2)		
$Pat * \ln Kf$			0.015 0** (2.320 6*)	

表5.3(续)

变量	OLS 1 人力资本因素	OLS 2 贸易开放度因素	OLS 3 R&D 因素	OLS 4 来源国因素
$CN1*\ln Kf$				0.026 3** (2.520 4)
$CN2*\ln Kf$				0.068 8*** (4.941 9)
R^2	0.990 9	0.996 0	0.989 8	0.989 3
Adjust R^2	0.989 7	0.995 5	0.988 4	0.987 7
F	815.963 7	1 874.783	727.485 1	631.194 2

注：括号内的数字均为回归系数 t 值，*表示通过90%的显著性检验，**表示通过95%的显著性检验，没有标上标的表示没有通过显著性检验。

人力资本是FDI技术输出效应和技术溢出效应实现的至关重要的因素。表5.3的回归结果显示，在加入人力资本影响因素后，外商直接投资的技术溢出效应增加到了0.058 7，长江上游地区人力资本有利于外资的技术吸收。不过，这种人力资本带来的技术溢出效应是非常有限的，因为人力资本促进技术溢出效应的扩大是需要经过良好的学习和专业训练的。长江上游地区人均高等教育、中等专业教育的发展程度相对于全国发达区域较低，从而导致对外资技术溢出的吸收能力有限。

从经济开放程度来看，东道国自由开放的经济和制度环境有助于技术溢出效应的实现和强化，因为良好的环境有助于吸引更具活力的FDI流入。从研究的计量结果来看，引入开放程度因素后，相比以前的溢出程度有所降低，而且回归系数不显著。这与普遍的认知是有出入的，这种现象主要是因为长江上游地区的外商直接投资主要来自于我国港澳台地区，投资规模小且多为劳动密集型，资源配置率和技术水平都低，FDI在这些行业的技术溢出作用也就自然弱化，因此单纯提高对外开放度并不一定能够提高技术溢出效应。

从技术创新的角度来看，地区专利申请授权量的增加对技术溢出效应有正向作用。但是，从整体技术溢出效应来看，技术溢出效应是有所减小的。这从一个方面验证了长江上游地区自主创新能力较弱，不能显著地促进经济增长。这一区域在相当长的时期里，工业基础薄弱，技术水平较低，并且发展方式封闭，企业竞争力提升缓慢和政府的研发投入有限等都是重要原因。

外资来源国不同，其自身所掌握的先进技术也会有所差异。从这个方面来看，来自欧美的外资带来的溢出效应要比来自我国港澳台地区带来的溢出效应大，这也与两种外资的投资动机有关。我国港澳台地区企业更多的是看重长江上游地区相对廉价的劳动力，主要投向技术水平较低的简单加工和外贸行业，在本区域生产加工后出口国外，因此技术溢出效应较小。欧美资本更加看重的是长江上游地区市场，以市场为导向加强技术改造，以满足本地消费者的需要，在这个过程中就会带动上下游产业，因而技术溢出效应较大。

四、研究结论

我们对长江上游地区 FDI 技术溢出效应和影响因素进行了实证研究，回归结果表明，在 2003—2015 年，FDI 对长江上游地区工业部门的技术溢出效应是明显存在的。FDI 每提升 1 个百分点，即可带动长江上游地区内资工业部门产出增加 0.300 4 个百分点，并且满足 1% 的显著性水平。就影响因素而言，在区域总体层面，FDI 技术溢出效应受到来自本地区人力资本、贸易开放度、R&D 和 FDI 不同来源国等因素的影响。因此，FDI 对长江上游地区的技术溢出效应是存在的，并且受到多方面因素的影响。如何有效利用 FDI，充分吸收外商直接投资的技术溢出效应，促进本地区的技术进步，我们将在后面的对策建议中具体展开研讨。

第六章 长江上游地区 FDI 的环境影响效应

经济与自然环境紧密联系。随着经济的快速增长，生态环境问题日益暴露在人们面前。而国际资本在全球的加速流动和各国经济的发展，使得外商直接投资与环境的关联性也开始显现出来——环境污染会通过外商直接投资的形式从一个国家或地区转移到另一个国家或地区。环境与投资的问题日益引起人们的关注。如何处理好外资与环境的关系，实现经济的绿色发展、可持续发展是引进外资工作中的一个重点问题。

改革开放以来，我国经济经历了快速增长，以市场为导向的经济改革使得我国逐渐成为世界上最具吸引力的外商直接投资目的地之一。外资已成为促进我国经济增长的重要手段，这一特征在东部沿海地区的经济实践中表现得尤为显著，然而也因此带来了不可忽视的环境问题。按照传统的国际产业转移理论，国际产业转移的主体是从相对发达的国家转移到欠发达国家，再由欠发达国家转移到发展中国家和地区逐层推进。近年来，东部地区朝着高新技术产业方向转型升级，不少劳动密集型和资源密集型产业向西部地区转移。在西部地区中，长江上游地区四省（市）较为发达，无论是劳动力供给还是相对低廉的经营成本都对外商有着相当大的吸引力。虽然相较国内其他经济圈，长江上游地区 FDI 流入仍然落后，但是 FDI 对长江上游地区经济增长的促进作用已经日益显著。长江上游地区作为西部地区的经济中心和交通枢纽，承接国家产业转移和作为制造业中心的重任，今后会越来越多地引进外资，在促进经济发展的同时，环境问题也可能日益尖锐。然而，长江上游地区自然人文景观众多且野生动植物物种分布广泛，是我国重要的生态屏障，万不可为一时之利，破坏了中华民族遗留下来的宝贵财富。如何在环境保护的前提下，最大限度地科学引进 FDI 成为当前亟待解决的难题。

因此，本书的研究拟对长江上游地区 FDI 的环境效应做进一步深入探讨，探寻外商直接投资对环境产生什么样的影响及通过什么方式影响其环境,以利于在今后更好、更合理地利用外资,以绿色低碳为导向,在保护青山绿水中引进外商直接投资。

第一节 长江上游地区环境污染现状

一、长江上游地区工业废水排放

长江上游地区的工业废水排放,1997年为212 508万吨,2004年增长至256 775万吨,2015年下降到182 278万吨,分别比1997年和2004年下降了14.23%和29.01%(见图6.1)。

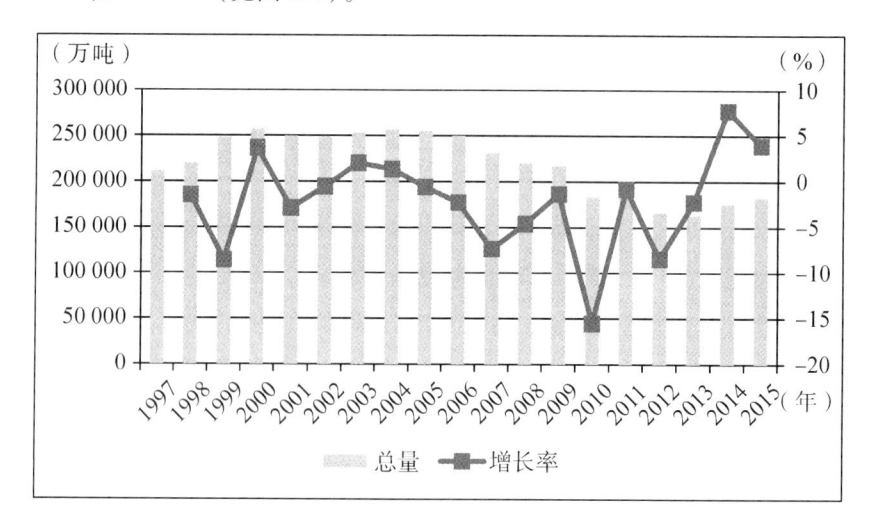

图6.1 1997—2015年长江上游地区工业废水排放量

数据来源于1998—2016年《中国工业统计年鉴》。

分地区来看(如图6.2所示),重庆2000—2015年工业废水排放量从101 324万吨下降至35 524万吨,下降了64.94%;四川从1997年的107 436万吨下降至2015年的71 647万吨,下降了33.31%;而贵州和云南地区基本不变。

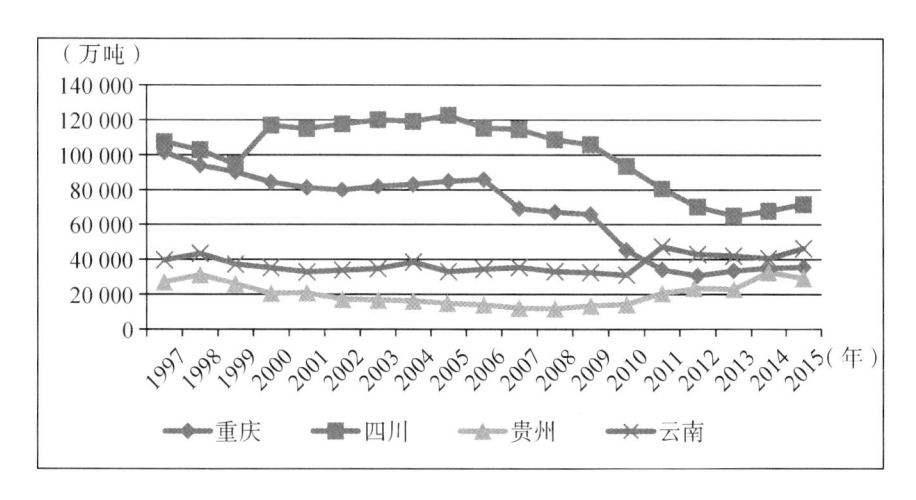

图 6.2　1997—2015 年长江上游地区四省（市）工业废水排放情况
数据来源于 1998—2016 年《中国工业统计年鉴》。

二、长江上游地区工业固体废物排放

1997—2015 年，长江上游地区工业固体废物排放量先是剧增至 1998 年的 2 985.9 万吨，之后逐步下降到 2015 年 14.7 万吨（见 6.3 所示）。

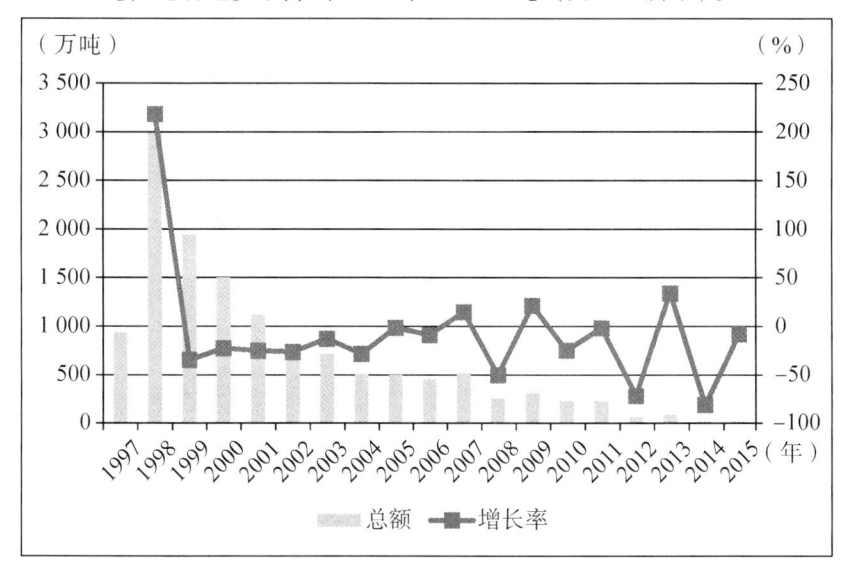

图 6.3　1997—2015 年长江上游地区四省（市）工业固体废物排放量
数据来源于 1998—2016 年《中国工业统计年鉴》。

分地区来看（如图6.4所示），1998—2012年，长江上游地区四省（市）的工业固体废弃物排放量都有显著下降，其中又以重庆和四川最为明显。

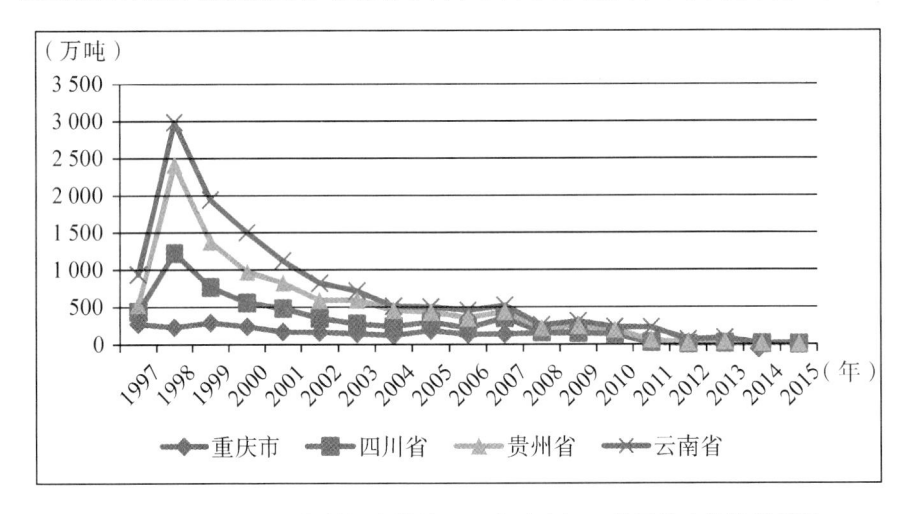

图6.4　1997—2015年长江上游地区四省（市）工业固体废物排放情况

三、长江上游地区工业二氧化硫排放

长江上游地区工业二氧化硫排放量从1997年开始呈波动上升趋势，2006年达到峰值332.78万吨，随后开始波动下降，2015年降至217.19万吨①（见图6.5）。

分地区来看（如图6.6所示），1997—2015年，重庆工业二氧化硫排放量有所下降，从71.43万吨下降到42.68万吨，降幅达到40.2%。云南工业二氧化硫排放量有所上升。四川和贵州工业二氧化硫排放量经历了倒U形变动情况。

---

① 数据来源于1998—2016年《中国工业统计年鉴》。

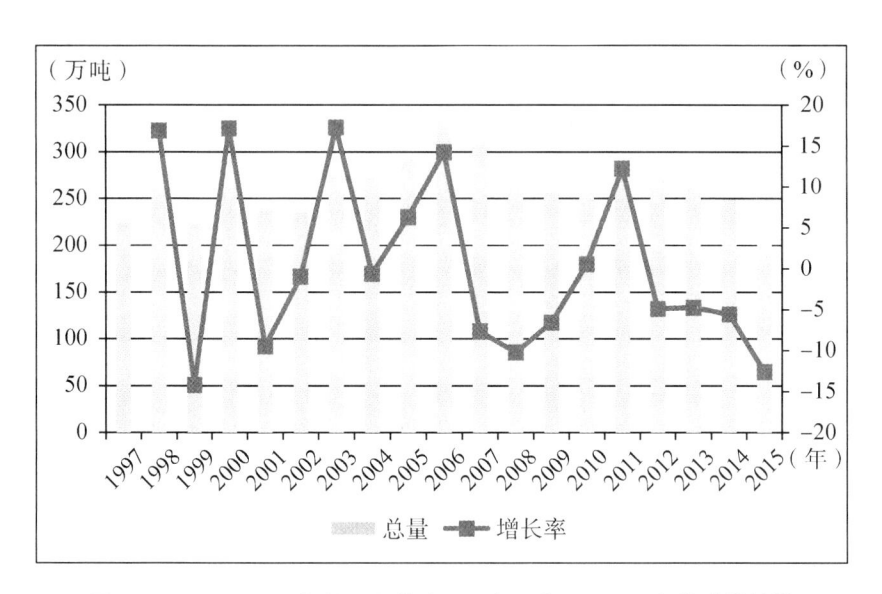

图6.5 1997—2015年长江上游地区四省（市）工业二氧化硫排放量

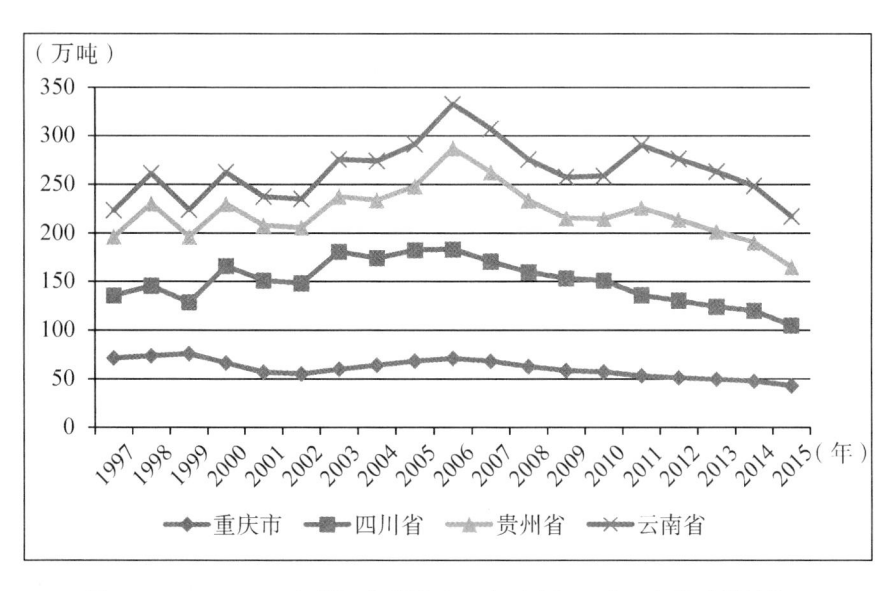

图6.6 1997—2015年长江上游地区四省（市）工业二氧化硫排放情况

第二节 FDI 流动及其对环境的作用机理

FDI 的流动方向和流入金额受多种因素影响。同时，生态环境的影响因素也多种多样。除 FDI 之外，长江上游地区经济发展、产业结构、环境管制等方面均会对环境产生影响。

一、FDI 流入的影响因素

（一）产业转移因素

产业转移包括国际产业转移和国内产业转移。国际产业转移主要就是外商投资，国内产业转移主要就是长江上游地区承接我国其他地区产业转移。尤其是国际金融危机后，国际经济复苏乏力，我国经济进入新常态，人口红利消失殆尽，沿海地区经营成本上升，一些产业向劳动力和土地价格更为便宜的内陆地区转移。一部分污染密集型产业也随之转移到长江上游地区。例如，采掘业、电镀业、非金属矿物制造业、黑色金属冶炼业、印染业、造纸业、化学制品业、皮革制造业等。这些行业都会带来严重的废水、固体废物、废气的污染，对长江上游地区的生态环境产生了不利影响。

（二）区位因素

区位因素和其他经济与非经济因素一起决定着 FDI 的区位选择。邓宁在《国际生产的决定》一文中，从利用空间及区位特点的视角解释国际化的生产活动，认为区位不单单只是生产据点的选择，更是厂商国外直接投资不可缺少的诱因之一。区位因素包括以下几个方面：

（1）市场因素：市场规模、市场布局、市场潜力、客户关系等。

（2）贸易壁垒：关税高低、消费偏好。

（3）成本因素：原料价格、运输距离、能源的丰裕等。

（4）投资环境：政局的稳定、政策的优惠等。

相对于中国其他地区而言，长江上游地区有着一定规模的产业聚集，如汽车、飞机制造、电子信息等行业，同时丰富的人力资源具有巨大的消费能力和市场规模。随着西部大开发战略的深入，长江上游地区招商引资的优惠政策降低了贸易壁垒。长江上游地区拥有大量的廉价劳动力和储备丰富的人才资源，同时水资源、矿产资源以及日趋完善的基础设施，都为降低该地区的投资成本做出了巨大贡献。

(三) 环境管制因素

环境作为一种重要资源有其有限性，而环境问题带来的负外部性将导致对环境的过度使用。环境管制是指一个国家（地区）为保护环境而制定并实施的有害物质排放标准、排污收费、排污交易等相关政策措施。FDI母国大多是发达国家，其在环保标准、环境法规和环保技术水平等方面的要求比东道国更高，发达国家企业为降低成本、保持其国际竞争力，将污染密集型产业转移至环境标准较低的发展中国家，而将清洁产品的生产保留在国内。因此，东道国的环境管制因素是影响FDI投资与否的重要因素之一。

二、FDI影响生态环境的作用途径

除了FDI自身的作用外，对生态环境的作用还会通过经济规模效应、生产要素效应、产业结构效应、收入水平效应、技术效应以及企业的社会责任机制效应六个方面体现出来，这六个方面与FDI一起对生态环境产生影响。

(一) 经济规模效应

所谓经济规模效应，是指随着东道国的经济发展，经济总量越大，对能源消耗越多，导致污染排放也越多，这是导致生态环境污染的主要原因之一。首先，东道国GDP的增加，直接增加了东道国的资本流量，使东道国能够扩大生产，增加产出。其次，GDP的增加可以增加或调整东道国的资本存量，改善其资产质量。最后，GDP可以通过集聚效应吸引国内外生产资本，更强化了投资者的信心。总体来说，我国大部分地区仍然处于库兹涅茨曲线的左侧，即随着GDP的增加会加剧环境污染，因此经济规模效应会对环境污染产生负效应。

(二) 生产要素效应

生产资本促进经济增长的同时，也作为生产要素参加生产而对生态环境产生影响。一个地区通常可以通过区域内自身的研究和开发、从国内其他区域引入、从国外引入的方式来获得经济发展所需要的先进技术。FDI带来的资本累积为我国引进高新技术提供了契机，有利于推动生产水平和科研能力的进步。FDI还可通过技术转移和技术溢出对东道国的技术进步起重要的推动作用。外资企业先进的生产技术和管理方式对本地企业具有良好的示范效应，东道国企业通过模仿、吸收以及创新来提高自身生产技术及管理水平。因此，FDI的进入为东道国更多地引进高新技术创造了条件，促进了当地技术水平和研发能力的提升。

(三) 产业结构效应

产业结构效应是指东道国产业结构的比重和调整对当地生态环境造成的影

响。一个国家或地区的环境污染排放物不仅仅与经济总量有关，而且与它的产业结构和科技含量也有密切联系。产业结构无论是对发达国家还是发展中国家可持续发展均发挥着十分重要的作用。当劳动和资源密集型产业占主导地位时，主要的环境问题是对自然资源的过度使用，如毁林、土地破坏等；当经济发展以重化工业为主时，工业污染物的排放将成为主要的环境问题；当服务业和高新技术产业占主导时，整个经济会朝着清洁生产的方向发展。

（四）收入水平效应

东道国经济的发展提高了当地人民的收入水平，进而可以对环境产生正面影响。这是因为收入水平高的国家或地区会对环境质量产生更高的要求。随着收入的增加，消费者越来越倾向于制定较严格的环境标准和税收制度，通过这些政策措施达到保护环境的目的，同时消费者也愿意为此买单。而且收入增加后，政府也有更多的财力用于环境的保护和治理。因此，收入水平的提高会促使当地环境良性发展。

（五）技术效应

所谓技术效应，是指如果生产活动中沿用原来的技术，在缺乏环境规制约束的情况下，自然资源的使用和污染物的排放将增加，从而恶化生态环境。而当今国际上从事直接投资的企业多来自于发达国家，这些国家的环境规制一般都比较严格，跨国企业为适应本国环境标准不得不加大对环境技术的开发力度，从而使得跨国公司的环保理念和环境技术处于领先地位。跨国企业先进技术和设备不仅可以减少污染物的排放，而且还会产生技术溢出效应，当地企业会争相模仿先进外企，从而扩大技术对环境保护的积极作用。

（六）企业的社会责任机制效应

企业的社会责任会加强自身的清洁生产能力。一般来说，政府管制会影响企业的排污行为，然而政府有时会疏于监控和管制这些行为。因此，非政府行为更能直接地影响企业的行为，其中最为重要的就是社会责任。社会压力大的东道国对于外国投资者的环境行为反应较大，从而促使公司环境行为的提高。

以上几种效应，对生态环境的作用都是可正可负。完善的市场和恰当有效的管理是决定不同效应的重要因素。

第三节　长江上游地区 FDI 对环境影响的实证研究

一、模型的设定和数据来源

前面的章节已经就 FDI 对环境影响的作用途径进行了分析。那么，到底 FDI 对生态环境产生怎样的影响？形成怎样的关系类型？本节将基于 FDI 对环境影响关系的前述假设，运用计量模型对 FDI 与长江上游地区的生态环境进行实证分析，判断 FDI 与长江上游地区生态环境的因果关系及其趋势。

我们选择通过格兰杰因果关系检验法，分别检验各污染指标与 FDI 间的因果关系。为了反映区域特征，研究将基于长江上游地区数据与重庆、四川、云南、贵州数据资料进行实证分析。

由于格兰杰因果检验中可以任意选择被检验序列的滞后期长度，并且滞后期选择的不同会导致检验结果的不同，因此用不同的滞后期长度分别进行格兰杰因果关系检验，并将得到的结果进行比较，基于投资滞后期的差异性，选择滞后期分别选取 1、2、3、4 期。

鉴于本书的研究的主要目的是考察长江上游地区外商直接投资对生态环境污染的影响，因此采用工业"三废"排放总量指标对生态环境污染进行度量。我们选取了 1997—2015 年长江上游地区工业废水排放量、工业二氧化硫排放量以及工业固体废物排放量三个指标。为了避免数据残差项，我们对数据取对数，并建立工业"三废"与各因素关系的模型如下：

$$LnE = \alpha_0 + \alpha_1 LnGDPG + \alpha_2 LnS + \alpha_3 LnW + \alpha_4 LnFDI \tag{6.1}$$

式中：E 代表生态环境污染情况，包括长江上游地区 1997—2015 年的单位 GDP 工业废水排放量（$WATER$）、单位 GDP 工业二氧化硫排放量（SO_2）、单位 GDP 工业固体废物排放量（$SOLID$）。工业"三废"污染指标数据来源于各年《中国环境统计年鉴》《中国工业统计年鉴》以及各地方统计年鉴。此外，部分省份 2015 年的工业"三废"数据来源于 2015 年各省份的环境状况公报。

$GDPG$ 代表 1997—2015 年长江上游地区实际地区生产总值的增长率。考虑到各省份在人口、环境、工业等方面存在一定的差距，因此使用地区生产总值的增长率来代表经济规模的扩大程度。S 代表长江上游地区 1997—2015 年地区第二产业增加值占地区生产总值的比例，以此来代表产业结构。W 代表 1997—2015 年长江上游地区城镇人均可支配收入（单位为元/人），以此来代表收入水平。FDI 代表 1997—2015 年长江上游地区的实际利用外商直接投资，利用各年年均汇率将实际利用外商直接投资额转换为以人民币计算。

我们假设，在其他几项不变的情况下，生产规模越大污染物排放越多，因此 α_1、α_4 预测为正。同样，假设生产规模不变，工业产值在地区生产总值的比例越高，排放污染物也就越多，因此预测 α_2 为正。如果其他因素不变，随着人均收入的提高，人们会对环境提出越来越苛刻的要求，从而减少污染物排放，因此预测 α_3 为负。

二、FDI 与生态环境的实证分析

根据方程6.1分别对长江上游地区、重庆、四川、云南和贵州的 FDI 与生态环境之间的趋势关系进行平稳性检验，据此判断 FDI 与生态环境之间的关系。

（一）长江上游地区 FDI 与生态环境之间的实证分析

1. 长江上游地区 FDI 与污染物排放量的平稳性检验

在对长江上游地区进行因果关系检验之前，首先应对该地区的 FDI 和相关污染指标进行平稳性检验，以确保数据的可靠性。

根据表6.1数据平稳性检验结果可知，因变量工业"三废"与自变量地区生产总值增长率 GDPG、第二产业比重 S、人均可支配收入水平 W 以及 FDI 强度数据均为一阶单整。

表6.1　　长江上游地区 FDI 与污染数据平稳性检验

变量	LLC	IPS	ADF	结果
FDI	−1.105 9	−1.385 5*	13.767 6*	不平稳
$Water$	−0.799 5	1.499 2	2.227 7	不平稳
SO_2	1.268 1	3.313 9	1.371 2	不平稳
$Solid$	3.325 0	4.177 7	0.233 6	不平稳
S	−0.254 2	−0.748 6	9.930 6	不平稳
W	1.447 2	3.760 8	0.404 4	不平稳
$GDPG$	−0.135 6	0.082 5	5.509 2	不平稳
$\triangle FDI$	−6.850 5***	−5.400 8***	41.340 7***	平稳
$\triangle Water$	−2.962 2***	−2.796 8***	23.326 0***	平稳
$\triangle SO_2$	−5.555 9**	−4.597 4***	34.419 4***	平稳
$\triangle Solid$	−8.392 3***	−7.271 7***	54.265 9***	平稳

表6.1(续)

变量	LLC	IPS	ADF	结果
△S	-5.511 1***	-5.574 0***	41.026 8***	平稳
△W	-2.903 8***	-2.328 6***	19.186 4**	平稳
△GDPG	-6.911 8***	-6.035 2***	44.442 9***	平稳

2. 长江上游地区FDI与污染物排放量之间的因果关系检验

长江上游地区FDI与工业废水排放量的因果关系检验如表6.2所示。

表6.2　　　　　FDI与WATER的格兰杰因果检验结果

滞后期	原假设	Z值	P值	结论
1	WATER dose not Granger Cause FDI	2.024 5	0.042 9	拒绝
	FDI dose not Granger Cause WATER	0.139 9	0.888 7	接受
2	WATER dose not Granger Cause FDI	1.087 3	0.276 9	接受
	FDI dose not Granger Cause WATER	-0.991 6	0.321 4	接受
3	WATER dose not Granger Cause FDI	1.480 2	0.138 8	接受
	FDI dose not Granger Cause WATER	0.645 9	05 183	接受
4	WATER dose not Granger Cause FDI	0.771 7	0.440 3	接受
	FDI dose not Granger Cause WATER	1.552 1	0.120 6	接受

检验结果：从长江上游地区整体来看，FDI增加不是工业废水排放强度的格兰杰原因；与滞后期为1期时，工业废水排放强度在95%的置信水平上是FDI增加的格兰杰原因。

长江上游地区FDI与工业固体废物排放量的因果关系检验如表6.3所示。

表6.3　　　　　FDI与SOLID的格兰杰因果检验结果

滞后期	原假设	Z值	P值	结论
1	SOLID dose not Granger Cause FDI	1.991 3	0.046 5	拒绝
	FDI dose not Granger Cause SOLID	0.306 4	0.759 3	接受
2	SOLID dose not Granger Cause FDI	1.149 7	0.250 3	接受
	FDI dose not Granger Cause SOLID	-1.125 2	0.260 5	接受

表6.3(续)

滞后期	原假设	Z 值	P 值	结论
3	SOLID dose not Granger Cause FDI	1.095 3	0.273 4	接受
	FDI dose not Granger Cause SOLID	-0.122 5	0.902 5	接受
4	SOLID dose not Granger Cause FDI	0.022 9	0.981 7	接受
	FDI dose not Granger Cause SOLID	1.366 5	0.171 8	接受

检验结果：从长江上游地区整体来看，FDI 增加不是工业固体废物排放强度的格兰杰原因；当滞后期为 1 期时，工业固体废物排放强度在 95% 的置信水平上是 FDI 增加的格兰杰原因。

长江上游地区 FDI 与工业二氧化硫排放量的因果关系检验如表 6.4 所示。

表6.4　　　　FDI 与 SO_2 的格兰杰因果检验结果

滞后期	原假设	Z 值	P 值	结论
1	SO_2 dose not Granger Cause FDI	3.237 5	0.001 2	拒绝
	FDI dose not Granger Cause SO_2	-0.783 3	0.433 4	接受
2	SO_2 dose not Granger Cause FDI	1.957 2	0.050 3	拒绝
	FDI dose not Granger Cause SO_2	0.827 6	0.407 9	接受
3	SO_2 dose not Granger Cause FDI	1.552 3	0.120 6	接受
	FDI dose not Granger Cause SO_2	1.373 2	0.169 7	接受
4	SO_2 dose not Granger Cause FDI	2.059 9	0.039 4	拒绝
	FDI dose not Granger Cause SO_2	1.193 5	0.232 7	接受

检验结果：从长江上游地区整体来看，FDI 增加不是工业二氧化硫排放强度的格兰杰原因；当滞后期为 1、2、4 期时，分别在 99%、90%、95% 的置信水平上，工业二氧化硫排放强度是 FDI 增加的格兰杰原因。

3. 长江上游地区 FDI 与污染物排放量之间的回归结果

（1）工业废水排放量与 FDI 之间的回归结果。根据对方 6.1 的回归，可以将各个变量的系数确定（见表 6.5）。模型形式为：

$$LnWater = 21.964\ 1 + 0.210\ 1LnGDP - 1.418\ 3LnS - 1.556\ 1LnW + 0.089\ 7LnFDI \tag{6.2}$$

表 6.5　　　　　　　　　　WATER 与 FDI 的模型形式选择

因变量	Water
常数项	21.964 1（13.371 8）***
GDPG	0.210 1（1.768 2）*
S	-1.418 3（-3.354 4）***
W	-1.556 1（-22.474 1）***
FDI	0.089 7（1.116 3）
R-squared	0.958 7
Adjusted R-squared	0.954 4
F 值	225.256 8***

注：括号中是各变量系数的 t 统计量值。* 表示在 10% 显著水平下显著；** 表示在 5% 显著水平下显著；*** 表示在 1% 显著水平下显著。

（2）工业固体废物排放量与 FDI 之间的回归结果。根据对方程 6.1 的回归，可以将各个变量的系数确定（见表 6.6）。模型形式为：

$$\text{Ln}Solid = 53.249\,6 + 1.659\,2\text{Ln}GDP - 5.176\,4\text{Ln}S - 4.227\,8\text{Ln}W + 0.585\,7\text{Ln}FDI \tag{6.3}$$

表 6.6　　　　　　　　　　SOLID 与 FDI 的模型形式选择

因变量	SOLID
常数项	53.249 6（7.621 3）***
GDP	1.659 2（3.355 0）***
S	-5.176 4（-2.891 8）***
W	-4.227 8（-19.388 2）***
FDI	0.585 7（2.469 2）**
R-squared	0.805 0
Adjusted R-squared	0.784 9
F 值	85.724 3***

注：括号中是各变量系数的 t 统计量值。* 表示在 10% 显著水平下显著；** 表示在 5% 显著水平下显著；*** 表示在 1% 显著水平下显著。

（3）工业二氧化硫排放量与 FDI 之间的回归结果。根据对方程 6.1 的回归，可以将各个变量的系数确定（见表 6.7）。模型形式为：

$$\text{Ln}SO_2 = -13.241\,3 + 0.504\,8\text{Ln}GDP - 1.262\,2\text{Ln}S - 1.435\,7\text{Ln}W + 0.145\,7\text{Ln}FDI \tag{6.4}$$

表6.7　　　　　　　　　SO2 与 FDI 的模型形式选择

自变量	SO_2
常数项	-13.241 3（-7.683 5）*
GDPG	0.504 8（3.755 2）***
S	-1.262 2（-2.713 4）***
W	-1.435 7（-25.747 9）***
FDI	0.145 7（2.137 1）**
R-squared	0.959 4
Adjusted R-squared	0.955 3
F 值	229.732 9***

注：括号中是各变量系数的 t 统计量值。* 表示在 10% 显著水平下显著；** 表示在 5% 显著水平下显著；*** 表示在 1% 显著水平下显著。

根据以上三组回归结果可以看出：

第一，经济规模对工业环境污染的影响。在其他因素保持不变的情况下，人均 GDP 每增加 1% 会导致工业废水增加 0.21%，工业固体废物增加 1.66%，工业二氧化硫增加 0.50%。经济规模对工业污染的影响基本为正效应，其原因应该是当经济规模迅速扩张的同时，人均收入和产业结构的提高相对来说还比较缓慢，环境管制和政策执行能力尚未与经济发展速度接轨。目前，长江上游地区人均 GDP 还比较低，尚处于库兹涅茨曲线的左侧，这意味着该地区的工业环境污染程度仍将会随着经济的增长而持续恶化。

第二，产业结构对工业环境污染的影响。在其他因素保持不变的情况下，产业结构（S）每增加 1%，会使得工业废水减少 1.42%，工业固体废物减少 5.18%，工业二氧化硫减少 1.26%。工业产值占地区生产总值的比例对工业污染的影响为负效应，比重越高，污染物的排放越少。其主要原因在于长江上游地区在面临资源环境的制约下，为实现可持续发展而提出了走新型工业化之路，发展循环经济，并在产业结构调整、转变经济发展模式和循环工业发展方面取得了显著成效。例如，贵阳开阳绝大部分磷化工企业实施了循环经济项目，对黄磷尾气、废水、磷渣、磷石膏进行循环再利用；攀枝花钒钛高新区依托稀有资源创新开发模式，正在打造成为高端要素集聚、创新创业活跃、功能完善、资源利用高效、环境优美、产城融合发展的科技产业新区；四川天宏公司引进新设备提升生产技术，填补了西部地区高端不锈钢装饰板材空白，产品附加值得到大幅提升；云南红河解化集团解决合成氨生产过程中的高耗能、高污染问题，从英国煤气公司购买碎煤加压熔渣气化炉，大大降低了"三废"排放，为我国劣质煤的开发利用带来重大技术突破；云南红磷公司由于制酸工艺落后、能耗高、"三废"排放量大，为节能减排，该公司进行了全面的技术改造，投资5.1亿元新建一套国内单线最大、与世界整体技术同水平硫酸装置，节能减排成效显著，成为全国先进的磷复肥企业；等等。

第三，人均收入对工业环境污染的影响。在其他因素不变的情况下，人均收入（W）每增加1%会使得工业废水减少1.55%，工业固体废物减少5.18%，工业二氧化硫减少1.26%。人均收入对工业污染的影响基本为负效应，其原因可能是随着人均收入的增加，人们对环境的要求也会越来越高，工业废水和二氧化硫排放对人们生活影响较大且比较容易处理，而工业固体废物的排放往往是集中处理，不会对居民生活造成太大影响。因此，随着人均收入的增长，"三废"的排放也在降低。

第四，外商直接投资对工业环境污染的影响。在其他因素不变的情况下，FDI每增加1%会使得工业固体废物减少4.23%，工业二氧化硫减少1.44%，对工业污水排放影响不显著。总体来说，FDI的引入对工业污染排放的影响效应为负。这说明，虽然长江上游地区相对于沿海发达地区而言引入外资较晚、规模较小，但借鉴了东部地区"先污染后治理"的教训，加强重视引进外资的合理性和环保性。FDI带来了清洁的生产技术及技术的溢出效应对长江上游地区形成了正面的影响。

（二）重庆FDI与生态环境之间的实证分析

1. 重庆FDI与污染物排放的数据平稳性检验

同表6.1采用同样的ADF-Fisher方法检验可知，重庆FDI强度与污染强度数据均为一阶单整。

2. 重庆FDI与污染物排放之间的因果关系检验

（1）重庆FDI强度与工业废水排放强度的因果关系检验。

检验结果：当滞后期分别为1、3、4期时，分别在90%、95%和90%的置信水平上，FDI强度是工业废水排放强度的格兰杰原因；而工业废水排放强度不是FDI强度的格兰杰原因。

（2）重庆FDI强度与工业固体废物排放强度的因果关系检验。

检验结果：工业固体废物排放强度不是FDI的格兰杰原因；当滞后期为3期时，在90%的置信水平上，FDI强度是工业固体废物排放强度的格兰杰原因。

（3）重庆FDI强度与工业二氧化硫排放强度的因果关系检验。

检验结果：当滞后期为3期时，在90%的置信区间上，FDI强度是工业二氧化硫排放强度的格兰杰原因；当滞后期为4期时，在95%的置信区间上，工业二氧化硫排放强度是FDI强度的格兰杰原因。

3. 重庆FDI与污染物排放之间的回归结果

（1）工业废水排放量与FDI之间的趋势关系检验。

$$LnWater = -0.41LnGDPG - 0.26LnGDPG \times D10 + 5.88LnS - 1.89LnW + 0.18LnFDI \tag{6.5}$$

（2）工业固体废物排放量与FDI之间的趋势关系检验。

$$LnSolid = 0.12LnGDPG - 0.93LnGDPG \times D10 + 6.09LnS - 2.55LnW + 0.71LnFDI \tag{6.6}$$

（3）工业二氧化硫排放量与FDI之间的趋势关系检验。

$$LnSO_2 = 1.08 - 0.003LnGDPG - 0.12LnGDPG \times D10 + 2.83LnS - 1.63LnW + 0.18LnFDI \tag{6.7}$$

4. 回归分析

（1）经济规模对工业环境污染的影响。就工业废水而言，其他因素保持不变的情况下，2010年之前，GDP每增加1%会使得工业废水减少0.41%；2010年之后，GDP每增加1%会使得工业废水减少0.67%。就工业固体废物而言，GDP每增加1%，工业固体废物在2010年之前会增加0.12%，在2010年之后会减少0.81%。就工业二氧化硫而言，GDP每增加1%，工业二氧化硫会增加2.83%。总体来看，经济规模对工业污染在2010年前的影响为正效应，在2010年后的影响则为负效应。主要因为重庆近年经济发展取得显著成效，无论是地区生产总值还是人均GDP都在长江上游地区处于领先地位。根据库兹涅茨曲线原理，此时的人均GDP已经处于曲线右侧，这意味着随着重庆地区人均GDP的增长，工业污染程度将有逐步改善。

（2）产业结构对工业环境污染的影响。在其他因素保持不变的情况下，产业结构（S）每增加1%会导致工业废水增加5.88%，工业固体废物增加6.09%，工业二氧化硫增加2.83%。第二产业产值比重对工业污染的影响基本为正效应，这说明重庆作为重工业基地仍然处于产业转型的过程当中，未来随着服务业和高新电子产业的初步形成，相信重庆地区的工业污染会随着产业升级逐步降低。

（3）人均收入对工业环境污染的影响。在其他因素不变的情况下，人均收入（W）每增加1%会使得工业废水减少1.89%，工业固体废物减少2.55%，工业二氧化硫减少1.63%。人均收入对工业污染总体成负效应，这说明随着重庆地区民众人均收入水平不断提高，民众对优质环境的诉求不断增强。

（4）外商直接投资对工业环境污染的影响。在其他因素不变的情况下，FDI每增加1%会导致工业废水增加0.18%，工业固体废物增加0.71%，工业二氧化硫增加0.18%。总体来说，FDI的引入对工业污染排放呈正效应，这意味着重庆地区随着FDI的流入，环境污染越发严重，这符合"污染避难所"效应的基本特征。重庆未来在引进外资的同时，需要加强环境保护。

（三）四川FDI与生态环境之间的实证分析

1. 四川FDI与污染物排放量的数据平稳性检验

同表6.1采用同样的ADF-Fisher方法检验可知，四川FDI强度与污染强度数据均为一阶单整。

2. 四川FDI与污染物排放量之间的因果关系检验

（1）四川FDI与工业废水排放量的因果关系检验。

检验结果：FDI强度不是工业废水排放强度的格兰杰原因；在滞后期为1期时，工业废水排放强度在90%的置信区间内为FDI强度的格兰杰原因。

（2）四川FDI与工业固体废物排放量的因果关系检验。

检验结果：FDI强度不是工业固体废物排放强度的格兰杰原因；在滞后期为1期时，工业固体废物排放强度在90%的置信区间内是FDI强度的格兰杰原因。

（3）四川FDI与工业二氧化硫排放量的因果关系检验。

检验结果：FDI强度不是工业二氧化硫排放强度的格兰杰原因；当滞后期为1期时，在90%的置信水平上，工业二氧化硫排放强度是FDI强度的格兰杰原因。

3. 四川FDI与污染物排放量之间的回归结果

（1）工业废水排放量与FDI之间的趋势关系检验。

$$LnWater = 18.81 + 0.37LnGDPG - 1.46LnS - 1.37LnW - 0.19LnFDI \tag{6.8}$$

（2）工业固体废物排放量与FDI之间的趋势关系检验。

$$LnSolid = -1.39LnGDPG + 9.55LnS - 4.96LnW - 1.88LnFDI \tag{6.9}$$

（3）工业二氧化硫排放量与FDI之间的趋势关系检验。

$$LnSO_2 = 11.36 + 0.83LnGDPG - 2.63LnS - 0.97LnW - 0.20LnFDI \tag{6.10}$$

4. 回归分析

（1）经济规模对工业环境污染的影响。在其他因素保持不变的情况下，人均GDP每增加1%会导致工业废水增加0.37%,工业固体废物增加1.39%,工业二氧化硫增加0.83%。经济规模对工业污染的影响为正效应,这主要是因为四川GDP虽大,但四川周边欠发达地区较多,人口基数大,所以导致人均GDP并不算高。就库兹涅茨曲线来说,此时的人均GDP还处于曲线左侧,这意味着随着四川人均GDP的增长,工业污染很可能会加重。

(2)产业结构对工业环境污染的影响。在其他因素保持不变的情况下,产业结构(S)每增加1%会使得工业废水减少1.46%,工业固体废物增加9.55%,工业二氧化硫减少2.63%。工业产值占地区生产总值比例对"三废"的影响呈现不同的效应,有利于废水、废气排放的减少,但却增加了固体废物的排放。这很可能与其工业结构内部的产品结构和生产工艺有关。

(3)人均收入对工业环境污染的影响。在其他因素不变的情况下,人均收入(W)每增加1%会使得工业废水减少1.37%,工业固体废物减少4.96%,工业二氧化硫减少0.97%。人均收入对工业污染呈负效应,说明随着收入水平的提高,民众对环境的要求也有所提高,环境质量得到明显改善。

(4)外商直接投资对工业环境污染的影响。在其他因素不变的情况下,FDI每增加1%会使得工业废水减少0.19%,工业固体废物减少1.88%,工业二氧化硫减少0.20%。总体来说,FDI的引入对工业污染排放呈负影响。这与四川招商引资的导向有着很大的关系,对引进外资的品质提出了更高要求,尤其是成都全力"招大、引强、引优",主要引进具有国际水准、代表产业高端的龙头企业和重大项目。先进制造业方面,四川重点围绕五大高端成长型产业和战略性新兴产业招商;现代服务业方面,四川重点围绕五大新兴先导型服务业和生产性服务业招商;现代农业方面,四川重点围绕农产品精深加工、现代种业、休闲农业招商。截至2017年2月底在川落户的世界500强企业已达321家,其中境外企业232家。[①] 四川利用外资质量的提升,有利于"三废"的减少。

(四)贵州FDI与生态环境之间的实证分析

1. 贵州FDI与污染物排放量的数据平稳性检验

同表6.1采用同样的ADF-Fisher方法检验可知,贵州FDI强度与污染强度数据均为一阶单整。

---

① 对标500强精准招商 四川签下多项目投资超4 000亿[EB/OL].(2017-03-17)[2017-07-04]. http://money.163.com/17/0317/01/CFMLL752002580S6.html.

2. 贵州 FDI 与污染物排放量之间的因果关系检验

（1）贵州 FDI 与工业废水排放量的因果关系检验。

检验结果：当滞后期为 3 期时，在 90% 的置信区间上，工业废水排放强度是 FDI 强度的格兰杰原因；在滞后期为 4 期时，FDI 强度在 95% 的置信区间内为工业废水排放强度的格兰杰原因。

（2）贵州 FDI 与工业固体废物排放量的因果关系检验。

检验结果：FDI 强度与工业固体废物排放强度互不为格兰杰原因。

（3）贵州 FDI 与工业二氧化硫排放量的因果关系检验。

检验结果：在滞后期为 2、4 期时，工业二氧化硫排放强度在 90%、90% 的置信区间内是 FDI 强度的格兰杰原因；在滞后期为 2、4 期时，FDI 强度在 90%、90% 的置信区间内是工业二氧化硫排放强度的格兰杰原因。

3. 贵州 FDI 与污染物排放量之间的回归结果

（1）工业废水排放量与 FDI 之间的趋势关系检验。

$$LnWater = 22.56 - 2.34LnGDPG - 0.69LnS - 0.99LnW + 0.61LnFDI$$
(6.11)

（2）工业固体废物排放量与 FDI 之间的趋势关系检验。

$$LnSolid = 31.58 + 5.14LnGDPG - 0.22LnS - 5.48LnW - 0.70LnFDI$$
(6.12)

（3）工业二氧化硫排放量与 FDI 之间的趋势关系检验。

$$LnSO_2 = 10.23 - 0.66LnGDPG - 0.10LnS - 1.55LnW + 0.13LnFDI$$
(6.13)

4. 回归分析

（1）经济规模对工业环境污染的影响。在其他因素保持不变的情况下，人均 GDP 每增加 1% 会使得工业废水减少 2.34%，工业固体废物增加 5.14%，工业二氧化硫减少 0.66%。经济规模对工业污染的影响整体为负效应，这主要是因为贵州贫困地区较多，地区生产总值和人均 GDP 都比较低，经济快速发展才刚刚起步。就库兹涅茨曲线来说，此时的人均 GDP 处于曲线左侧，这意味着随着贵州人均 GDP 的增长，今后的工业污染物排放还将增加。

（2）产业结构对工业环境污染的影响。在其他因素保持不变的情况下，产业结构（S）每增加 1% 会使得工业废水减少 0.69%，工业固体废物减少 0.22%，工业二氧化硫减少 0.1%。工业产值占地区生产总值的比例对工业污染的影响基本为负效应，这是因为贵州的工业尚不发达，在地区生产总值中比例较低。经济的发展总是从第一产业向第二产业再向第三产业传递，贵州工起步晚,工业产值占地区生产总值的比例上升是不可避免的,因此贵州的工业污染还会随着工业产值占地区生产总值比例的上升而加剧。

(3) 人均收入对工业环境污染的影响。在其他因素不变的情况下,人均收入(W)每增加1%会使得工业废水减少0.99%,工业固体废物减少5.48%,工业二氧化硫减少1.55%。人均收入对工业污染的影响效用为负。与前面分析的"收入水平效应"论点一致。

(4) 外商直接投资对工业环境污染的影响。在其他因素不变的情况下,FDI每增加1%会使得工业废水增加0.61%,工业固体废物减少0.70%,工业二氧化硫增加0.12%。FDI的引入对工业污染排放的影响效应总体为正。这意味着贵州随着FDI的流入,可能造成对资源的过度开发,环境污染加重。

(五) 云南FDI与生态环境之间的实证分析

1. 云南FDI与污染物排放量的数据平稳性检验

同表6.1采用同样的ADF-Fisher方法检验可得,云南FDI强度与污染强度数据均为一阶单整。

2. 云南FDI与污染物排放量之间的因果关系检验

(1) 云南FDI与工业废水排放的因果关系检验。

检验结果:在滞后期为1~4期时,工业废水排放强度分别在95%、90%、95%和95%的置信区间内是FDI强度的格兰杰原因;而FDI强度不是工业废水排放强度的格兰杰原因。

(2) 云南FDI与工业固体废物排放量的因果关系检验。

检验结果:在滞后期为1~3期时,工业固体废物排放强度分别在95%、90%和95%的置信区间内是FDI强度的格兰杰原因;在滞后期为4期时,FDI强度在95%的置信区间内为工业固体废物排放强度的格兰杰原因。

(3) 云南FDI与工业二氧化硫排放量的因果关系检验。

检验结果:当滞后期为1~3期时,在99%、95%和95%的置信区间上,工业二氧化硫排放强度是FDI强度的格兰杰原因;而FDI强度不是工业二氧化硫排放强度的格兰杰原因。

3. 云南FDI与污染物排放量之间的回归结果

(1) 工业废水排放量与FDI之间的趋势关系检验。

$$LnWater = -0.13LnGDPG + 2.80LnS - 0.90LnW - 0.11LnFDI + 0.06LnFDI \times D04 \quad (6.14)$$

(2) 工业固体废物排放量与FDI之间的趋势关系检验。

$$LnSolid = 1.87LnGDPG + 4.12LnS - 2.72LnW - 0.57LnFDI + 0.27LnFDI \times D01 \tag{6.15}$$

（3）工业二氧化硫排放量与FDI之间的趋势关系检验。

$$LnSO_2 = 0.20LnGDPG + 0.48LnS - 0.81LnW - 0.13LnFDI \tag{6.16}$$

4. 回归分析

（1）经济规模对工业环境污染的影响。在其他因素保持不变的情况下，人均GDP每增加1%会导致工业废水增加0.13%，工业固体废物增加1.87%，工业二氧化硫增加0.20%。经济规模对工业污染的影响全部为负效应，这主要是因为云南经济欠发达，地区生产总值和人均GDP都比较低，需要加大经济发展力度，迅速提高经济水平，相应地，能源消耗越多，导致污染排放量也越大。

（2）产业结构对工业环境污染的影响。在其他因素保持不变的情况下，产业结构（S）每增加1%会导致工业废水增加2.80%，工业固体废物增加4.12%，工业二氧化硫增加0.48%。工业产值占地区生产总值的比例对工业污染的影响全部为正效应。云南产业结构不够优化，导致了污染的增加。

（3）人均收入对工业环境污染的影响。在其他因素不变的情况下，人均收入（W）每增加1%会使得工业废水减少0.9%，工业固体废物减少2.72%，工业二氧化硫减少0.81%。人均收入对工业污染全部为正效应。这主要是因为云南旅游业发达，如果为了提高GDP，引入大量FDI而导致环境污染反而得不偿失。这也是云南人均收入的提高会降低环境污染的原因之一。

（4）外商直接投资对工业环境污染的影响。对于工业废水来说，在其他因素不变的情况下，2004年之前，FDI每增加1%会使得工业废水减少0.11%；2004年之后，FDI对工业废水的抑制弹性降低至0.05%。对于工业固体废物而言，2001年之前，FDI每增加1%，工业固体废物会减少0.57%；2001年之后，FDI对工业固体废物的抑制弹性降低至0.3%。对于工业二氧化硫而言，FDI每增加1%，工业二氧化硫会减少0.13%。FDI的引入对工业污染排放基本为抑制作用，但这一抑制作用似乎在不断减弱。这是云南需要警惕之处，避免以牺牲环境换取外商投资。

第四节　长江上游地区FDI环境效应区域差异的原因分析

前面通过系数比较，发现了长江上游地区不同省（市）的变量因素对工业污染物的排放产生了截然不同的影响。那么，为什么会产生上述不同影响呢？本节将从以下四个方面进行阐述。

一、经济发展水平的差异

长江上游地区地处西南，自然资源，尤其是水资源和矿产资源十分丰富，劳动力资源也比较充裕，是我国重要的原材料和工业基地。由于长期以来的粗放型经济增长，长江上游地区经济发展比较落后且地区内部经济发展十分不均衡（如图6.7所示）。

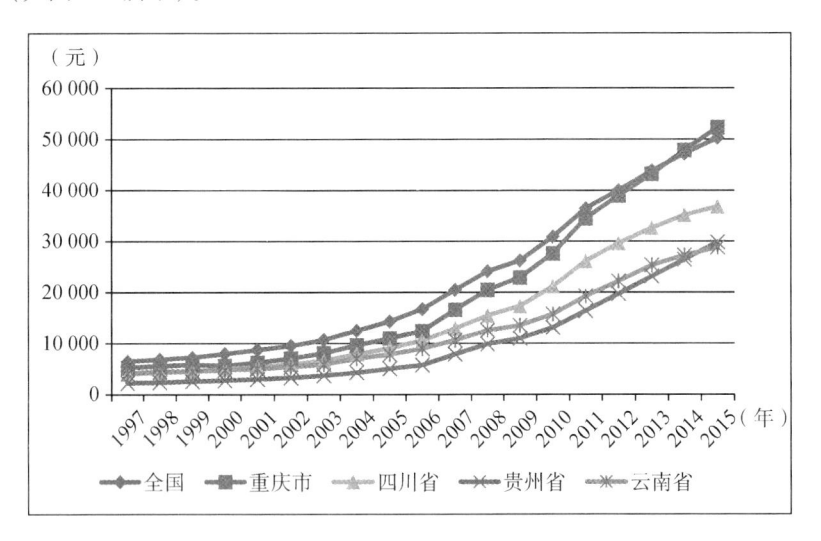

图6.7 1997—2015长江上游地区四省（市）人均GDP

资料来源：国家统计局及国家数据网（http://data.stats.gov.cn/index.htm）。

从图6.7中的数据可以看到，长江上游地区人均GDP的先后顺序为重庆、四川、贵州和云南。1997年，长江上游地区四省（市）的人均GDP均低于全国平均值，重庆、四川、贵州、云南人均GDP分别为全国的81.52%、62.21%、34.71%、63.59%。重庆在2014年超过全国平均值，但四川、贵州、云南2015年仍然只有全国的73.18%、59.40%、57.32%。不过长江上游地区经济增长的速度较快，从图6.8可以看出，虽然长江上游地区四省（市）的地区生产总值与全国的增长趋势总体一致，但金融危机后，重庆、贵州的增长速度高于全国增长速度。

按照前面的"经济规模效应"，随着经济的发展，能源消耗越多，污染排放也越多。但从长江上游地区四省（市）来看，经济规模对环境的影响效应并不一致。重庆在2010年后经济规模对"三废"排放呈现出负效应，四川、贵州、云南经济规模对废水、固体废物、废气的影响效应均有所不同。

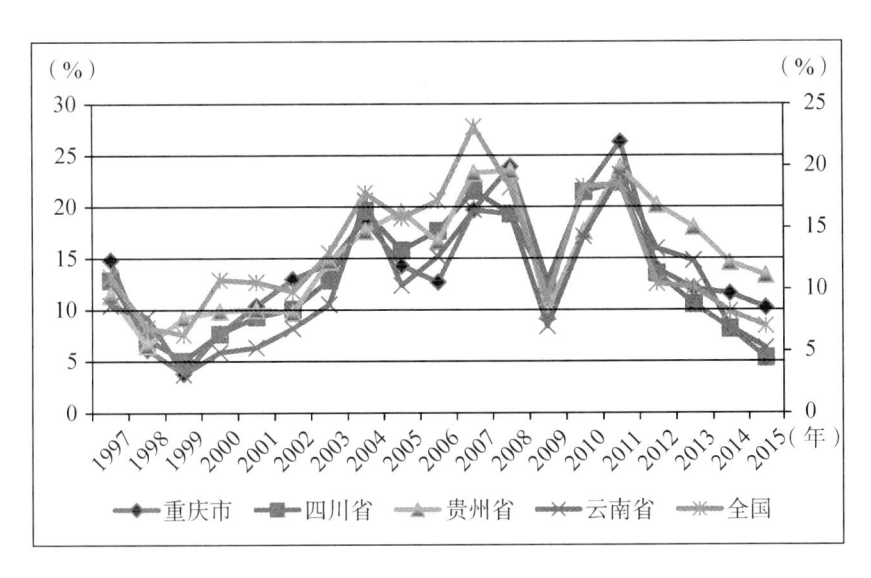

图 6.8　长江上游地区四省（市）地区生产总值增加率

资料来源：国家统计局及国家数据网（http://data.stats.gov.cn/index.htm）。

二、工业化水平的差异

工业化水平用工业产值占地区生产总值的比例表示，是现代经济发展的动力和表现，工业化水平的高低对环境会产生不同的影响（如图 6.9 所示）。

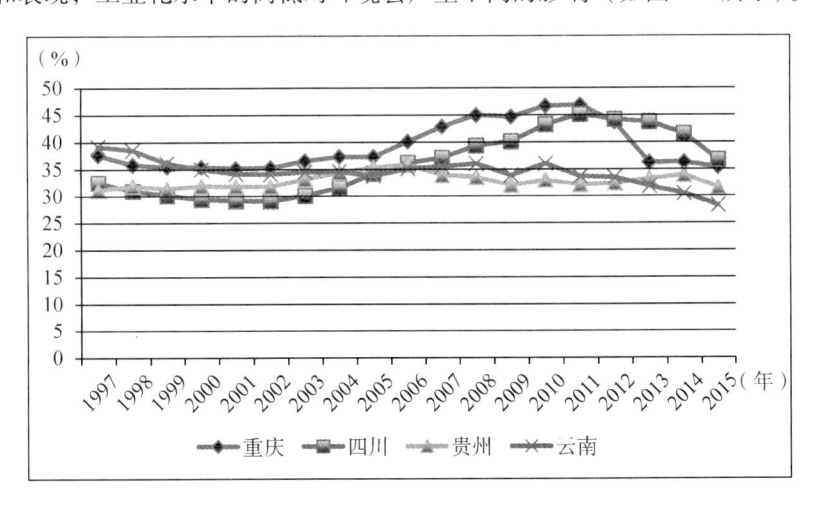

图 6.9　1997—2015 长江上游地区四省市工业化水平

资料来源：国家统计局及国家数据网（http://data.stats.gov.cn/index.htm）。

从图 6.9 中数据可以看到，2015 工业化水平的高低顺序分别为四川、重庆、贵州和云南。

重庆、四川地区工业化水平较高，一方面是由于雄厚的工业基础的支撑作用，另一方面也得益于新型工业化进程中的不断转型升级。贵州、云南工业起步较晚且基数较低，因此工业化水平相对落后。从前面污染物排放与重庆、四川、贵州、云南的产业结构（LnS）的回归结构来看，除贵州外，其余三省（市）随着工业化进程的推进，其"三废"的排放呈增加趋势，尤其是固体废物的增加明显。由于长江上游地区各类资源蕴藏丰富，矿藏开采、冶金、火力等产业在工业中占据一定的比重，而这些行业的工业废物产生量大。不过，工业废物经过适当的工艺处理，可成为工业原料或能源，较废水、废气容易实现资源化利用。目前，美国、瑞典等国对钢铁渣，日本、丹麦等国对粉煤灰和煤渣都实现了废物资源化利用。未来，长江上游地区如何更好地引进国外相关工艺技术，更好地在资源密集型产业中实现循环经济，是引进 FDI 和工业化的发展方向。

三、人均收入水平的差异

收入水平用人均收入表示，按照之前的收入效应理论分析，随着居民的人均收入的提高，人们会对生态环境的管制越来越严格，会对环境保护产生正面影响。

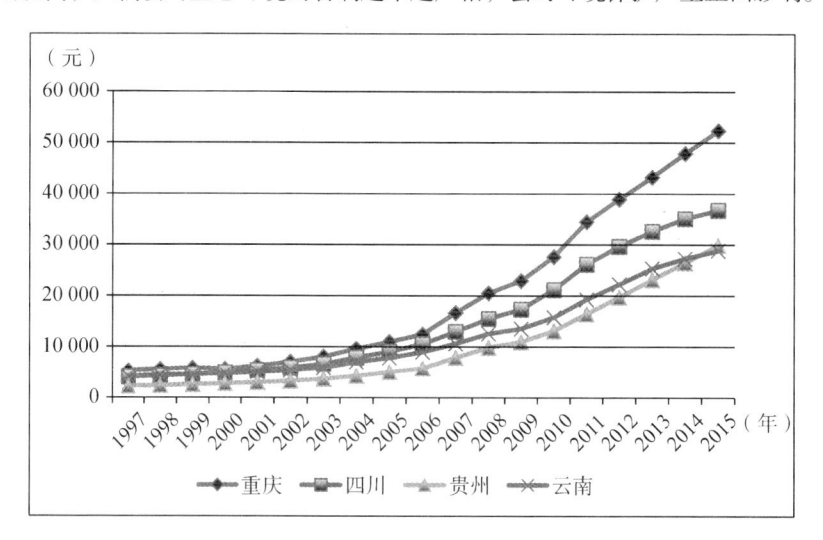

图 6.10　1997—2012 年长江上游地区四省（市）人均收入水平

资料来源：国家统计局及国家数据网（http://data.stats.gov.cn/index.htm）。

从图 6.10 中可以看出，2015 年，长江上游地区四省（市）人均收入高低顺序分别为重庆、四川、贵州和云南。

随着经济发展水平越来越高，达到一定程度后，人们对于经济增长的追求会逐步递减，而对环境质量的变化越来越敏感。更快的经济增长会使公众对更好环境的需求增加，从而对环境的管制力度加强。通过前面人均收入对重庆、四川、贵州、云南污染物排放影响的回归结果来看，长江上游地区四省（市）民众收入水平的提升，均对"三废"的排放有抑制效应，尤其是重庆、四川、贵州更为显著。这与前面分析的"收入影响效应"相吻合。

四、FDI 产业分布的差异

FDI 产业分布的差异也会对环境效应的差异产生影响。FDI 进入长江上游地区四省（市），可以帮助产业结构升级，推动产业组织的发展，推动优势产业链条和产业集群的形成。结合前面分析 FDI 与"三废"排放的回归结果表明，重庆、贵州和云南的 FDI 对工业污染物的影响系数都为正，但四川 FDI 对工业污染物的影响系数为负。重庆、贵州、云南 FDI 投资行业大多集中在汽车、制造、金属冶炼、煤炭开采行业，这些行业的工业污染物排放量相对较大，从而造成生态环境的恶化。四川 FDI 主要在计算机、通信以及农副产品行业，这些行业以资源节约型和环境友好型为特点，能够在保护生态环境的同时，又做到产业升级，实现可持续发展。

第七章　长江上游地区 FDI 的贸易效应研究

国际贸易和国际直接投资是两种最重要的国际经济活动,是一个国家或企业面临的不同选择。随着世界经济全球化和一体化日益增强,贸易和投资交叉融合趋势更加明显,孤立地看待贸易与投资的影响力已不合时宜,尤其不利于贸易与投资政策目标的相互协调和支持。从世界经济发展的实践来看,各国在贸易政策和投资政策的制定方面经常出现顾此失彼的现象。由此,国际贸易与国际直接投资的相互关系也成为当今经济学界的前沿课题,尤其是从一个缩小的、简化的范围来探讨国际投资和国际贸易的相互关系对政府政策制定将更具有针对性和操作性。

目前国内对国际贸易和 FDI 之间的关系的研究大多将外商直接投资作为一个整体进行研究,分国别进行双边贸易和投资的研究主要集中在与中国经贸往来密切的美国(黄蔚[1]、杨来科和廖春[2]、庄宗明和马明申[3]等)、日本(赵雪燕[4]、王洪亮和徐霞[5]、李彬[6]、刘向丽[7])等,对其他国家和地区则较少,对我国某个特定区域的外商投资和贸易关系的研究更是凤毛麟角,对长江上游地区的相关研究尚未涉足。本书的研究把长江上游地区的外商投资和对外贸易作

---

[1] 黄蔚.美国对华直接投资发展的实证研究及趋势分析[J].国际贸易问题,2005(12):98-103.

[2] 杨来科,廖春.美国对华直接投资的贸易效应研究[J].财贸经济,2006(12):72-76.

[3] 庄宗明,马明申.美国对华直接投资的发展及其影响因素分析[J].世界经济,2007,30(6):19-26.

[4] 赵雪燕.日本对华直接投资与中日贸易关系浅析[J].日本问题研究,2004(2):17-19.

[5] 王洪亮,徐霞.日本对华贸易与直接投资的关系研究(1983—2001)[J].世界经济,2003(8):28-37.

[6] 李彬.中国对日出口贸易与日本对华直接投资关系的协整分析[J].当代财经,2007(4):105-108.

[7] 刘向丽.日本对华制造业 FDI 对中日制成品产业内贸易影响的实证分析[J].国际贸易问题,2009(1):67-72.

为研究对象,力图从一个缩小的、简化的范围,探讨国际投资和国际贸易的相互关系。

第一节 分析方法及数据选择

一、分析方法

传统的时间序列模型只能描述平稳时间序列的变化规律,然而大多数经济时间序列为非平稳序列。如果直接利用非平稳时间序列进行回归分析,会产生"伪回归"问题,使得模型的估计参数产生偏倚,得到错误的甚至违背逻辑的实证结果。因此,在利用非平稳时间序列建模时需要进行协整检验,以判断一组变量是否存在稳定的长期均衡关系。若该组变量存在协整关系,则协整参数可以通过协整回归式进行估计;若该组变量不存在协整关系,则说明协整回归为"伪回归",即经典计量经济学模型失效。经典计量经济学模型是以经济理论为导向而构建的,而经济理论并不能为现实的经济活动中变量之间的关系提供严格的解释。20世纪70年代,以卢卡斯、西姆斯等为代表的经济学家对经典计量经济学批判的后果之一是导致计量经济学模型由经济理论导向转为数据关系导向。1980年,西姆斯将向量自回归模型(Vector Autoregression,VAR)引入宏观经济分析中,推动了经济数据的动态关系研究。

VAR模型是基于数据的统计性质而建立的模型,是一种非结构化的多方程模型。VAR模型的特点在于不以严格的经济理论为依据,对变量不施加任何协整限制,平等地对待建模所需的每个变量,从而能够避免主观判断对模型的估计结果的随机影响。此外,VAR模型在应用时,往往不分析一个变量的变化对另一个变量的影响如何,而通常是观察系统的脉冲响应函数和方差分解,从而更直观地揭示变量间的关系。但是运用脉冲响应函数和方差分解分析对VAR模型的稳定性有一定的要求。在经济学领域,VAR模型常用于分析随机扰动对变量系统的动态冲击,进而达到解释各种经济冲击对经济变量的影响作用。VAR(p)模型的数学表达式一般为:

$$y_t = \beta_1 y_{t-1} + \beta_2 y_{t-2} + \cdots + \beta_p y_{t-p} + \alpha x_t + \varepsilon_t \tag{7.1}$$

式中:y_t为内生变量列向量,x_t为外生变量列向量,t为时间变量,p为滞后阶数,ε_t为随机扰动项列向量。

鉴于经典计量经济学模型的限制和VAR模型的广泛应用,本书的研究将运用协整理论及动态计量分析方法对长江上游地区外商直接投资与其进出口贸易之间的关系进行估计，在此基础上进一步剖析长江上游地区外商直接投资与其进出口贸易之间的影响程度。

本书的研究方法主要采用了动态计量经济分析方法。分析步骤如下：第一，对各序列进行单位根检验，采用 ADF 检验法来考察时间序列是否为平稳序列；第二，采用 EG 两步法和 Johansen 协整检验法对同阶单整的变量进行协整分析，以确定变量之间是否存在稳定的均衡关系；第三，对序列变量进行格兰杰因果关系检验，以确认有关序列变量之间的格兰杰因果关系；第四，在 VAR 模型的基础上对变量做脉冲响应和方差分解，分析结构冲击对内生变量变化的贡献度，进一步评价不同结构冲击的重要性。

二、指标选取和数据说明

为了实证分析长江上游地区外商直接投资与其进出口贸易之间的关系情况，研究选取的样本为 1997—2015 年共 19 年的年度数据，原始数据来源于重庆、四川、云南、贵州四省（市）各年度统计年鉴。在变量的选取上，研究选取的被解释变量为长江上游地区历年的进出口贸易额（EX 和 IM），选取的解释变量为当年长江上游地区实际利用外商直接投资额（FDI）。此外，考虑到我国近 20 年人民币汇率与物价变动幅度比较大，因此首先利用人民币汇率年均价将 EX、IM 和 FDI 数据转变为以人民币为单位计算，然后以 1997 年为基期，把 EX、IM 和 FDI 以相应年份的消费者物价指数来消除物价影响，即得到消除物价影响的投资和贸易数据。同时，为消除样本数据的异方差性，对样本数据取自然对数，分别用 $LNEX$、$LNIM$、$LNFDI$ 来表示。

第二节 长江上游地区 FDI 与对外贸易关系的实证分析

一、平稳性检验

由于在经济模型中非平稳时间序列之间经常发生"伪回归"问题而造成结论无效，因此对经济变量的时间序列进行回归分析前，首先要进行单位根检验，只有平稳的时间序列数据，才能进行回归分析。在此采用 ADF 检验法来检测时间序列的平稳性。

在进行 ADF 平稳性检验时，我们根据施瓦茨准则（Schwarz Information Criterion，SC 准则）来确定最佳滞后阶数，SC 值越小，则滞后阶数越佳。检验形式为（C, T, L）。其中，C、T、L 分别代表常数项、时间趋势项和滞后阶数。

由表 7.1 可见，无论在 1%、5% 还是 10% 的显著性水平下，LNEX、LNIM、LNFDI 三个变量的 ADF 绝对值均小于临界值的绝对值，不能拒绝存在一个单位根的原假设，说明三个变量的原始序列都是非平稳的。对三个变量进行一阶差分后，ADF 绝对值均大于显著性水平为 5% 或 10% 的临界值的绝对值，由此可以拒绝原假设，说明 LNEX、LNIM、LNFDI 三个变量的一阶差分序列具有平稳性，为一阶单整序列，即 LNEX~$I(1)$，LNIM~$I(1)$，LNFDI~$I(1)$。

表 7.1　　　　　　　　　变量的单位根检验结果

变量	检验方式	ADF 值	临界值 1%	临界值 5%	临界值 10%	结论
LNEX	(C, T, 2)	−2.499 227	−4.667 883	−3.733 200	−3.310 349	不平稳
△LNEX	(C, 0, 0)	−3.043 076	−3.886 751	−3.052 169	−2.666 593	平稳
LNIM	(C, T, 0)	−2.410 076	−4.571 559	−3.690 814	−3.286 909	不平稳
△LNIM	(C, 0, 0)	−3.160 075	−3.886 751	−3.052 169	−2.666 593	平稳
LNFDI	(C, T, 3)	−2.408 147	−4.728 363	−3.759 743	−3.324 976	不平稳
△LNFDI	(C, 0, 0)	−3.301 466	−3.886 751	−3.052 169	−2.666 593	平稳

二、协整检验

根据 ADF 检验，由于 LNEX、LNEM、LNFDI 均为一阶单整，可以由 EG 两步法来分别考查长江上游地区外商直接投资与进出口贸易之间的是否存在协整关系或稳定的均衡关系。首先，建立 LNFDI 与 LNEX、LNIM 之间的回归方程如下：

$$\text{LNEX} = \alpha + \beta \text{LNFDI} + \xi_t \tag{7.2}$$

$$\text{LNIM} = \alpha + \beta \text{LNFDI} + \xi_t \tag{7.3}$$

方程估计结果如表 7.2 所示。

表 7.2　　　　　　　　　回归估计结果

模型	被解释变量	变量	系数估计值	T 值	F 值	R^2	$Ad. R^2$
7.2	LNEX	常数项 LNFDI	1.250 9 1.034 6	1.595 4 13.262 7***	175.897 9	0.911 9	0.906 7
7.3	LNIM	常数项 LNFDI	2.111 0 0.906 3	3.387 8*** 14.619 5***	213.728 9	0.926 3	0.922 0

从表 7.2 的回归结果我们可以看出，虽然各变量的回归系数都比较理想，

拟合优度结果较为理想，但为了检验模型设定是否无误和变量间是否存在稳定的均衡关系，还要对回归方程的残差进行平稳性检验。根据回归方程结果和 SC 最小准则，方程 7.2 的残差选择有常数、无趋势、滞后 3 阶进行单位根检验，方程 7.3 的残差选择无常数、无趋势、滞后 0 阶进行单位根检验。此外，值得注意的是，EG 两步法使用 OLS 法采用的残差最小平方和原理，由此生成的残差序列估计值的渐近分布与 DF 统计量的渐近分布不同，位于 DF 统计量分布位置的左侧，即对残差进行单位根检验时拒绝原假设的概率比实际情况大。因此，本书的研究利用麦金农协整检验临界值计算方法，计算了研究样本容量在 1%、5%、10% 显著性水平下的临界值。检验结果如表 7.3 所示。

表 7.3　　　　　　　　　回归残差的平稳性检验

变量	样本容量	ADF 值	临界值 1%	临界值 5%	临界值 10%	结论
方程 7.2 的残差	19	-3.100 5	-4.537 7	-3.676 6	-3.279 0	不平稳
方程 7.3 的残差	19	-2.203 7	-4.537 7	-3.676 6	-3.279 0	不平稳

根据表 7.3 的检验结果，我们发现方程 7.2、7.3 残差的 ADF 绝对值均小于 10% 显著性水平下的临界值的绝对值，即不能拒绝存在单位根的原假设，说明残差序列是非平稳序列。由此表明，长江上游地区的外商直接投资与进出口贸易之间并不存在显著的协整关系，也就是不存在稳定的均衡关系。

此外，本书的研究还利用了 Johansen 协整检验法对变量进行了协整检验，检验结果如表 7.4 所示。我们发现变量 LNEX 与 LNFDI、LNIM 与 LNFDI 均不能拒绝 0 个协整向量的假设，也证明长江上游地区的外商直接投资与进出口贸易之间并不存在显著的协整关系，与 EG 两步法的检验结果一致。

表 7.4　　　　　　　　　Johansen 协整检验

变量	假设	特征值	迹统计量	5%临界值	P 值
LNEX 与 LNFDI	0 个协整向量	0.399 7	8.846 5	15.494 7	0.379 8
	至少 1 个协整向量	0.010 0	0.170 9	3.841 5	0.679 3
LNIM 与 LNFDI	0 个协整向量	0.326 4	7.437 6	15.494 7	0.527 3
	至少 1 个协整向量	0.041 6	0.721 8	3.841 5	0.395 6

三、格兰杰因果关系检验

协整检验考虑的是变量之间的长期稳定均衡关系。前面已经通过协整检验说明了长江上游地区的外商直接投资与进出口贸易之间并不存在稳定的均衡关系。我们还可以通过格兰杰因果关系检验做进一步的验证。值得注意的是，在进行格兰杰因果关系检验时，模型中的变量应该是平稳的，否则通常的F检验是无效的。前面显示LNEX、LNFDI、LNIM均为一阶单整序列，不能对原序列进行格兰杰因果关系检验，需要先对各变量取一阶差分，然后对差分序列进行格兰杰因果关系检验。检验结果见表7.5、表7.6。

由表7.5可知，从滞后1期到滞后5期时，不能拒绝△LNFDI不是△LNEX的格兰杰原因原假设，也不能拒绝△LNEX不是△LNFDI的格兰杰原因原假设，即认为长江上游地区外商直接投资的变动不是其出口贸易变动的格兰杰原因，同时出口贸易变动也非外商直接投资变动的格兰杰原因。

表7.5　　　　　　　　△LNFDI与△LNEX的因果关系检验

因果关系假定	滞后期数	F统计值	P值	结论
△LNFDI不是△LNEX的格兰杰原因	1	0.089 5	0.769 2	不拒绝原假设
△LNEX不是△LNFDI的格兰杰原因	1	0.237 2	0.633 8	不拒绝原假设
△LNFDI不是△LNEX的格兰杰原因	2	0.929 5	0.423 7	不拒绝原假设
△LNEX不是△LNFDI的格兰杰原因	2	0.219 8	0.806 1	不拒绝原假设
△LNFDI不是△LNEX的格兰杰原因	3	0.994 1	0.443 4	不拒绝原假设
△LNEX不是△LNFDI的格兰杰原因	3	0.817 5	0.519 6	不拒绝原假设
△LNFDI不是△LNEX的格兰杰原因	4	1.121 5	0.440 2	不拒绝原假设
△LNEX不是△LNFDI的格兰杰原因	4	0.576 6	0.693 2	不拒绝原假设
△LNFDI不是△LNEX的格兰杰原因	5	1.650 6	0.418 7	不拒绝原假设
△LNEX不是△LNFDI的格兰杰原因	5	0.751 8	0.655 4	不拒绝原假设

注：△为一次差分标志，对数变量取差分表示变量的增长率。

从表7.6中我们可以看到，从滞后1期到滞后5期时，不能拒绝△LNFDI不是△LNIM的格兰杰原因原假设，也不能拒绝△LNIM不是△LNFDI的格兰杰原因原假设，即认为长江上游地区外商直接投资的变动不是其进口贸易变动的格兰杰原因，同时进口贸易变动也非外商直接投资变动的格兰杰原因。

表7.6　　　　　△LN*FDI*与△LN*IM*的因果关系检验

因果关系假定	滞后期数	F统计值	P值	结论
△LN*FDI*不是△LN*IM*的格兰杰原因	1	0.441 9	0.517 0	不拒绝原假设
△LN*LM*不是△LN*FDI*的格兰杰原因	1	0.765 6	0.396 3	不拒绝原假设
△LN*FDI*不是△LN*LM*的格兰杰原因	2	0.449 9	0.648 9	不拒绝原假设
△LN*LM*不是△LN*FDI*的格兰杰原因	2	0.173 1	0.843 3	不拒绝原假设
△LN*FDI*不是△LN*LM*的格兰杰原因	3	0.945 4	0.463 1	不拒绝原假设
△LN*LM*不是△LN*FDI*的格兰杰原因	3	0.229 5	0.873 4	不拒绝原假设
△LN*FDI*不是△LN*LM*的格兰杰原因	4	1.352 4	0.367 6	不拒绝原假设
△LN*LM*不是△LN*FDI*的格兰杰原因	4	0.117 3	0.970 5	不拒绝原假设
△LN*FDI*不是△LN*LM*的格兰杰原因	5	0.590 0	0.725 7	不拒绝原假设
△LN*IM*不是△LN*FDI*的格兰杰原因	5	0.691 0	0.680 8	不拒绝原假设

注：△为一次差分标志，对数变量取差分表示变量的增长率。

四、VAR模型下的脉冲响应和方差分解分析

（一）VAR模型

由于原始变量均为一阶单整序列且不存在明显的协整关系，因此不能构建传统的线性回归模型，但仍然可以建立 VAR 模型进一步分析变量之间的动态关系。在建立 VAR 模型之前，应该先确定最大滞后阶数 k。因为如果 k 太小，误差项的自相关有时会很严重，会导致参数估计的非一致性，所以可以通过增加 k 来消除误差项中存在的自相关。但是 k 如果太大将会导致自由度减少，并且直接影响待估参数的有效性。这里综合利用 LR（Likelihood Ratio）、FPE（Final Prediction Error）、AIC（Akaike Information Criterion）、SC、HQ（Hannan-Quinn Information Criterion）准则作为判别标准，选择使它们最小的 k，最后确定长江上游地区外商直接投资与其出口贸易之间、长江上游地区外商直接投资与其进口贸易之间的 VAR 模型最大滞后阶数为1阶，滞后阶数检验结果如表7.7、表7.8所示。同时，该模型的拟和优度较好，其他的检验统计量都有良好表现且该模型对应的特征方程的特征根绝对值的倒数小于1，即该模型具备稳定性，满足脉冲响应分析和方差分解分析的条件。

表7.7　LNEX 与 LNFDI 向量自回归模型最优滞后阶数选择

滞后阶数	LogL	LR	FPE	AIC	SC	HQ
0	-22.492 2	NA	0.089 8	3.265 6	3.360 0	3.264 6
1	14.631 9	59.398 6*	0.001 1*	-1.150 9	-0.867 7*	-1.153 9*
2	16.346 5	2.286 2	0.001 6	-0.846 2	-0.374 2	-0.851 2
3	19.258 4	3.106 0	0.002 0	-0.701 1	-0.040 3	-0.708 2
4	24.055 7	3.837 8	0.002 2	-0.807 4	0.042 2	-0.816 5

注：*表示最佳滞后阶数。

表7.8　LNIM 与 LNFDI 向量自回归模型最优滞后阶数选择

滞后阶数	LogL	LR	FPE	AIC	SC	HQ
0	-17.722 7	NA	0.047 6	2.609 7	2.724 1	2.628 7
1	12.859 8	48.932 1*	0.001 4*	-0.914 6	-0.631 4*	-0.917 7
2	13.760 4	1.200 8	0.002 2	-0.501 4	-0.029 4	-0.506 4
3	17.463 4	3.949 9	0.002 5	-0.461 8	0.199 1	-0.468 8
4	24.970 4	6.005 9	0.002 2	-0.929 4*	-0.079 8	-0.938 5*

注：*表示最佳滞后阶数。

（二）VAR 模型下的脉冲响应和方差分解

1. 脉冲响应函数

脉冲响应函数是用于衡量来自随机扰动项的一个标准差冲击对内生变量当前和未来取值的影响。为了刻画长江上游地区 FDI 与进出口贸易之间的动态影响，这里进一步利用 VAR 模型的脉冲响应函数进行脉冲响应分析。本书建立的 VAR 模型分别为：

$$\begin{cases} \text{LN}FDI = \sum_{i=1}^{k} \alpha_{11} \text{LN}FDI_{t-1} + \sum_{i=1}^{k} \alpha_{12} \text{LN}EX_{t-i} + \varepsilon_{1t} \\ \text{LN}EX = \sum_{i=1}^{k} \alpha_{21} \text{LN}EX_{t-1} + \sum_{i=1}^{k} \alpha_{22} \text{LN}FDI_{t-i} + \varepsilon_{2t} \end{cases} \quad (7.4)$$

$$\begin{cases} \text{LN}FDI = \sum_{i=1}^{k} \alpha_{11} \text{LN}FDI_{t-1} + \sum_{i=1}^{k} \alpha_{12} \text{LN}IM_{t-i} + \varepsilon_{1t} \\ \text{LN}IM = \sum_{i=1}^{k} \alpha_{21} \text{LN}IM_{t-1} + \sum_{i=1}^{k} \alpha_{22} \text{LN}FDI_{t-i} + \varepsilon_{2t} \end{cases} \quad (7.5)$$

式中：k 为滞后阶数，随机扰动项 ε 称为新息。

在长江上游地区 FDI 与其出口贸易的 VAR（1）模型基础上建立的脉冲响应函数结果如图 7.1 所示。在长江上游地区 FDI 与其进口贸易的 VAR（1）模型基础上建立的脉冲响应函数结果如图 7.2 所示。

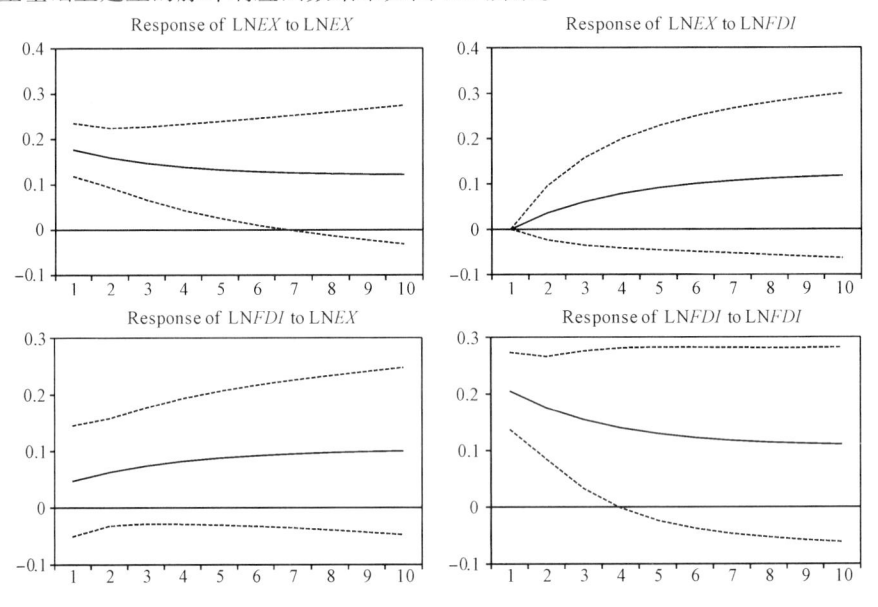

图 7.1　LNFDI 和 LNEX 一个标准差新息的冲击响应

由图 7.1 可知，给长江上游地区出口贸易一个标准差的冲击，出口贸易对自身的新息冲击反应在第 1 期有较大的正向影响，但这一反应随后便逐渐递减且始终为正值，到第 8 期时趋于平缓。与此同时，FDI 对该冲击的反应在初期较弱，但对该冲击的反应随着时间逐渐递增，到第 8 期趋于平缓。给长江上游地区 FDI 一个标准差的冲击，FDI 对自身的新息冲击反应在第 1 期有较大的正向影响，这种冲击随着时间逐渐递减且始终为正值，到第 10 期时趋于平缓。同时，出口贸易对该冲击的反应在第 1 期为 0，但呈现逐渐上升趋势，到第 9 期时趋于平缓。可见，长江上游地区的出口贸易对于外商直接投资的冲击反应在初期并未表现得十分明显，但随着时期的增加，出口贸易的反应逐渐增强且趋于稳定。同时，外商直接投资对于出口贸易的冲击反应虽不大但也呈增强、稳定的趋势。这说明，长期来看，长江上游地区外商直接投资与其出口贸易之间存在双向的积极作用。

由图 7.2 可知，给长江上游地区进口贸易一个标准差的冲击，进口贸易对自身的新息冲击反应在第 1 期有较大的正向影响，但这一反应随后便逐渐递减且始终为正值，到第 10 期时趋于平缓。与此同时，FDI 对该冲击的反应在初期较弱，但对该冲击的反应随着时间逐渐递增，到第 5 期达到最大值且趋于平缓。给长江上游地区 FDI 一个标准差的冲击，FDI 对自身的新息冲击反应在第 1 期有较大的正向影响，这种冲击随着时间逐渐递减且始终为正值，到第 10 期时趋于平缓。同时，进口贸易对该冲击的反应在第 1 期为 0，但呈现逐渐上升趋势，在第 5 期达到最大值且趋于平缓。由此可见，长江上游地区的进口贸易对于外商直接投资的冲击反应在初期并未表现得十分明显，但随着时期的增加，进口贸易的反应逐渐增强且趋于稳定。同时，外商直接投资对于进口贸易的冲击反应虽不大但也呈增强、稳定的趋势。这说明，长期来看，长江上游地区外商直接投资与其进口贸易之间也存在着双向的促进作用。

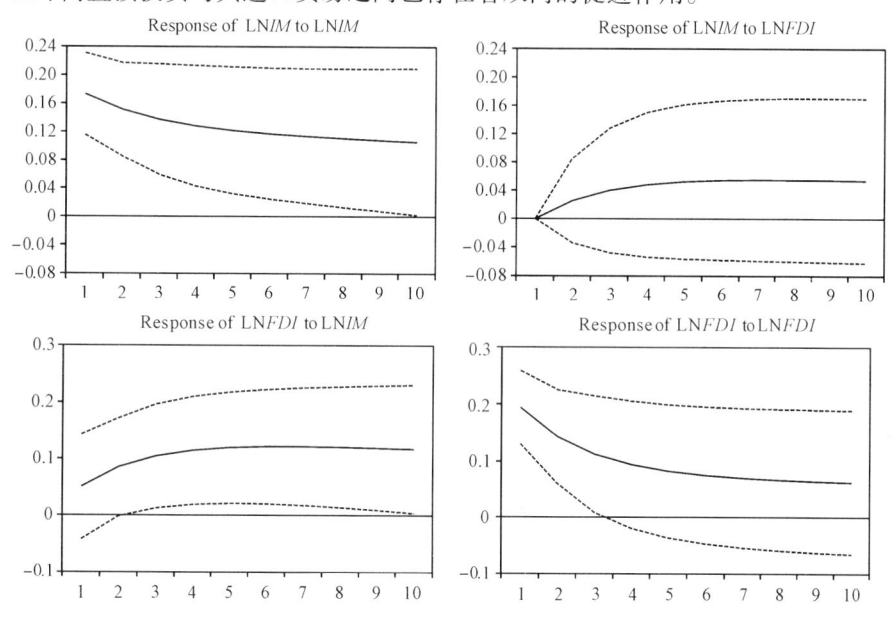

图 7.2　LN*FDI* 和 LN*IM* 一个标准差新息的冲击响应

2. 预测方差分解

为了进一步分析结构冲击对内生变量变化的贡献度，评价不同结构冲击的重要性，建立预测方差分解模型。根据方差分解理论模型，对长江上游地区 FDI 和其出口贸易、长江上游地区 FDI 和其进口贸易的预测均方误差进行分解，结果见表 7.9、表 7.10。

表 7.9　　　　　　　LNFDI 与 LNEX 的预测均方误差分解结果

时期	LNEX 的方差分解			LNFDI 的方差分解		
	均方误差	LNEX 占的比率(%)	LNFDI 占的比率(%)	均方误差	LNEX 占的比率(%)	LNFDI 占的比率(%)
1	0.176 482	100.000 0	0.000 000	0.210 403	4.972 217	95.027 78
2	0.240 120	97.829 83	2.170 172	0.280 993	7.758 345	92.241 65
3	0.287 788	94.072 20	5.927 799	0.329 063	10.694 95	89.305 05
4	0.328 675	89.773 72	10.226 28	0.366 800	13.590 35	86.409 65
5	0.365 766	85.542 03	14.457 97	0.398 767	16.329 20	83.670 80
6	0.400 280	81.662 07	18.337 96	0.427 124	18.853 55	81.146 45
7	0.432 805	78.230 36	21.769 64	0.453 031	21.143 23	78.856 77
8	0.463 676	75.248 96	24.751 04	0.477 165	23.200 50	76.799 50
9	0.493 199	72.678 82	27.321 18	0.499 947	25.039 63	74.960 37
10	0.521 307	70.467 54	29.532 46	0.521 660	26.680 32	73.319 68

由表 7.9 可知，长江上游地区的出口贸易在第 1 期只受自身波动的影响，不受外商直接投资波动的影响。此后，出口贸易受自身波动的影响开始逐步下降，到第 10 期下降至 70.47% 的水平；受外商直接投资波动的影响逐渐上升，到第 10 期上升至 29.53%。长江上游地区的出口贸易受自身冲击的影响逐期下降但仍然具有相对较高的水平，而受外商直接投资的影响逐期增加，这与脉冲响应函数的分析结果基本一致。长江上游地区外商直接投资的波动在第 1 期同时受到其自身波动和出口贸易波动的影响，并且受自身冲击的影响远远大于受出口贸易的影响。此后，外商直接投资受自身波动的影响开始逐步下降，到第 10 期下降至 73.32% 的水平；受出口贸易波动的影响逐渐上升，到第 10 期上升至 26.68%。长江上游地区的外商直接投资受自身冲击的影响逐期下降但也始终保持较高的水平，而受出口贸易的影响逐期增加，这与脉冲响应函数的分析结果也基本一致。从整体来看，长江上游地区外商直接投资对出口贸易的影响略高于出口贸易对外商直接投资的影响。

表 7.10　　LNFDI 与 LNIM 的预测均方误差分解结果

时期	LNIM 的方差分解			LNFDI 的方差分解		
	均方误差	LNIM 占的比率(%)	LNFDI 占的比率(%)	均方误差	LNIM 占的比率(%)	LNFDI 占的比率(%)
1	0.173 473	100.000 0	0.000 000	0.200 456	6.321 518	93.678 48
2	0.231 544	98.784 97	1.215 027	0.260 015	14.455 76	85.544 24
3	0.272 110	96.962 94	3.037 056	0.301 383	22.724 79	77.275 21
4	0.304 553	95.098 13	4.901 866	0.335 385	29.992 25	70.007 75
5	0.332 132	93.415 49	6.584 515	0.365 100	35.996 19	64.003 81
6	0.356 352	91.974 59	8.025 406	0.391 718	40.847 17	59.152 83
7	0.378 039	90.766 75	9.233 251	0.415 853	44.754 29	55.245 71
8	0.397 707	89.760 53	10.239 47	0.437 903	47.919 72	52.080 28
9	0.415 705	88.920 96	11.079 04	0.458 165	50.509 66	49.490 34
10	0.432 285	88.216 48	11.783 52	0.476 871	52.652 86	47.347 14

表 7.10 显示了长江上游地区外商直接投资与进口贸易的方差分解结果。长江上游地区的进口贸易在第 1 期只受自身波动的影响，不受外商直接投资波动的影响。此后，进口贸易受自身波动的影响开始逐步下降，到第 10 期下降至 88.22% 的水平；受外商直接投资波动的影响逐渐上升，到第 10 期上升至 11.78%。长江上游地区的进口贸易受自身冲击的影响逐期下降但始终保持较高的水平，而受外商直接投资的影响逐期增加。长江上游地区外商直接投资的波动在第 1 期同时受到其自身波动和进口贸易波动的影响，并且受自身冲击的影响远远大于受进口贸易的影响。此后，外商直接投资受自身波动的影响开始逐步下降，到第 10 期下降至 47.35% 的水平；受进口贸易波动的影响逐渐上升，到第 9 期上升至 50.51%，超过了受外商直接投资波动的影响。长江上游地区的外商直接投资受自身冲击的影响逐期下降但始终保持较高的水平，而受进口贸易的影响逐期增加且在第 9 期超过了外商直接投资的影响，这与脉冲响应函数的分析结果也基本一致。从整体来看，长江上游地区外商直接投资对进口贸易的影响较进口贸易对外商直接投资的影响低。

第三节 结论与启示

一、结论

本书应用协整分析、格兰杰因果检验和脉冲响应函数分析等实证研究了长江上游地区外商直接投资与其进出口贸易之间的关系。综上所述,我们可以得出如下结论:

第一,从协整检验结果来看,长江上游地区的 FDI 与其进出口贸易之间并不存在显著的协整关系,也就是不存在稳定的均衡关系。

第二,从因果检验来看,长江上游地区 FDI 的变动不是其出口贸易和进口贸易变动的格兰杰原因,同时出口贸易和进口贸易变动也非 FDI 变动的格兰杰原因。

第三,从脉冲分析结果来看,虽然就长期而言,长江上游地区外商直接投资与其出口贸易和进口贸易之间存在一定双向的积极作用,但在初期表现并不明显。

第四,预测方差分解来看,长江上游地区 FDI 与出口贸易之间有一定的相互促进作用,但不明显。外商直接投资对出口贸易的影响略高于出口贸易对外商直接投资的影响。进口贸易对外商投资的影响比出口贸易对外商投资的影响更为显著。

二、启示

第一,从我国整体来看,外商投资和对外贸易有着相互促进效应。一般而言,对于东道国来说,直接投资对贸易会先后出现进口诱发效应、进口替代效应、出口诱发效应和返销效应。外资企业在设立初期,往往需要从投资国进口大量机器设备。如果外资企业的零部件未实现当地采购,还需要从投资国进口中间产品,甚至某些原材料,这时外商投资产生的诱发效应会增加东道国的进口。随着外资企业产品当地化率的提高,进口替代逐步实现,东道国将减少进口。外资企业产品具备出口竞争力后,可能向第三国出口或向投资国返销。因此,一般外商投资会带动双边贸易。

从我国总体来看,外商投资和对外贸易呈现相互促进的关系,因为由外资主导的加工贸易是我国贸易增长中的主要动力,"大进大出"的发展模式往往带来进出口贸易的大幅增长。我国加工贸易起步于 1978 年。1982 年,我国加工贸易进出口总额为 3.29 亿美元,2014 年已增长到 1.4 万亿美元,年均增长 29.86%,32 年增长了 4 282 倍,占我国进出口贸易额的比重从 0.79% 提高到 32.75%。

从我国出口贸易来看,加工贸易仍是最主要的出口贸易方式,其份额变化呈现倒 U 形发展轨迹,由改革开放初期的 0.24% 逐渐上升,并在进入 21 世纪后的很长一段时间在我国出口贸易中占据 50% 以上的份额,2008 年后开始下降。加工贸易在我国出口贸易中份额的变化说明金融危机后我国转变贸易增长方式初显成效,拥有自主知识产权的制造业产品和高新技术产品在国际上的竞争力逐渐增强,这一现象在一般贸易所占份额呈现 U 形发展轨迹也可以得到验证。受全球经济危机、贸易保护主义抬头以及我国深化改革政策的影响,一般贸易所占份额的 U 形变化轨迹滞后于加工贸易,其向上拐点在 2014 年才出现(见表 7.11)。

表 7.11　　1982—2014 年中国各类贸易方式的出口情况

年份	出口总额（亿美元）	加工贸易出口额（亿美元）	所占比重（%）	一般贸易出口额（亿美元）	所占比重（%）
1982	223.2	0.53	0.24	222.45	99.66
1984	261.4	29.29	11.21	231.62	88.61
1988	475.2	140.60	29.59	326.22	68.65
1991	719.1	324.10	45.07	381.20	53.01
2000	2 492.0	1 376.52	55.24	1 051.81	42.21
2001	2 661.0	1 474.33	55.41	1 118.81	42.04
2002	3 256.0	1 799.28	55.26	1 361.87	41.83
2003	4 382.3	2 418.51	55.19	1 820.34	41.54
2004	5 933.3	3 279.70	55.28	2 436.06	41.06
2005	7 619.5	4 164.67	54.66	3 150.63	41.35
2006	9 689.8	5 103.55	52.67	4 162.00	42.95
2007	12 204.6	6 175.60	50.60	5 384.57	44.12
2008	14 306.9	6 752.00	47.19	6 626.00	46.31
2009	12 016.1	5 870.00	48.85	5 298.00	44.09
2010	15 777.5	7 403.00	46.92	7 207.00	45.68

表7.11(续)

年份	出口总额（亿美元）	其中：			
		加工贸易出口额（亿美元）	所占比重（%）	一般贸易出口额（亿美元）	所占比重（%）
2011	18 983.8	8 354.00	44.01	9 171.00	48.31
2012	20 487.1	8 628.00	42.11	9 880.00	48.23
2013	22 090.0	8 605.00	38.95	10 875.00	49.23
2014	23 422.9	8 843.00	37.75	12 038.00	51.39

资料来源：1983年、1985年、1989年、1992年、2001—2015年各年《中国统计年鉴》和中国年度统计公报。

从我国进口贸易来看，随着我国开放型经济的深入发展以及加入世贸组织后对外开放力度的加大，加工贸易在我国进口贸易额中的份额在2001年就开始出现下滑趋势，随后在不断波动中平稳发展。直到2007年后，受全球金融危机的影响，加之我国人口红利的逐步消失，劳动力成本上升，大批沿海劳动密集型产业向周边国家转移的影响，加工贸易在我国进口贸易额中的份额正步入下滑阶段，近似地形成了倒U形曲线（见表7.12）。

表7.12　　　1982—2014年中国各类贸易方式的进口情况

年份	进口总额（亿美元）	其中：			
		加工贸易进口额（亿美元）	所占比重（%）	一般贸易进口额（亿美元）	所占比重（%）
1982	193.0	2.76	1.43	188.85	97.85
1984	274.1	31.47	11.48	238.49	87.01
1988	552.8	151.05	27.32	352.04	63.68
1991	637.9	250.3	39.24	295.4	46.31
2000	2 250.9	925.58	41.12	1 000.79	44.46
2001	2 435.5	939.74	38.59	1 134.56	46.58
2003	4 127.6	1 629.04	39.47	1 876.51	45.46
2004	5 612.3	2 216.94	39.50	2 481.45	44.21
2005	6 599.5	2 740.12	41.52	2 796.33	42.37
2006	7 914.6	3 214.72	40.62	3 330.74	42.08
2007	9 561.2	3 684.75	38.54	4 286.13	44.83

表7.12(续)

年份	进口总额（亿美元）	加工贸易进口额（亿美元）	所占比重（%）	一般贸易进口额（亿美元）	所占比重（%）
2008	11 325.7	3 784.00	33.41	5 257.00	46.42
2009	10 059.2	3 223.00	32.04	5 339.00	53.08
2010	13 962.4	4 174.00	29.89	7 680.00	55.00
2011	17 434.8	4 698.00	26.95	10 075.00	57.79
2012	18 184.1	4 812.00	26.46	10 218.00	56.19
2013	19 499.9	4 970.00	25.49	11 099.00	56.92
2014	19 592.3	5 244.00	26.77	11 096.00	56.63

资料来源：1983年、1985年、1989年、1992年、2001—2015年各年《中国统计年鉴》和中国年度统计公报。

在我国的进出口贸易中，"两头"在外加工贸易占了相当大的比重，我国外商投资中有相当部分是进行加工贸易生产。早期，我国土地价格便宜，劳动力成本低廉，政策优惠力度大，吸引了大量的外资进入。有相当多的外商企业通过进口全部或者部分原辅材料、零部件、元器件、包装物料等，经加工或装配后，将制成品再出口。由此，外商投资和进出口贸易之间均呈现出正向影响效应。由图7.3可知，进出口贸易和外商直接投资在整体上呈现一致的趋势。例如，2007年，我国处于经济高速增长期，进出口贸易和外商直接投资增长率分别为23.62%和18.64%；2009年，受金融危机的影响，进出口贸易和外商直接投资分别下降13.88%和18.64%，两者呈现出高度的一致性。同时，大量的研究成果也表明，我国的外商投资与对外贸易之间有着相互促进的互补关系。谢冰（2000）[1]通过对我国1980—1997年期间的有关数据进行了实证分析，得知外商直接投资与我国对外贸易发展之间是互补关系，外商直接投资对中国外贸结构的优化、贸易绩效的提高和市场的扩张都具有重要的推动作用。戴志敏和罗希晨（2006）[2]对我国外商投资与出口贸易关联度进行分析后指出，我国外商投资对出口贸易的影响宏观上属于互补效应，外商直接投资和商品出口额有双向的格兰杰关系，即两者互相影响。

---

[1] 谢冰.外国直接投资的贸易效应及其实证分析[J].经济评论，2000（4）：30-35.
[2] 戴志敏，罗希晨.我国外商投资与出口贸易关联度分析[J].浙江大学学报（人文社会科学版），2006（6）：67-73.

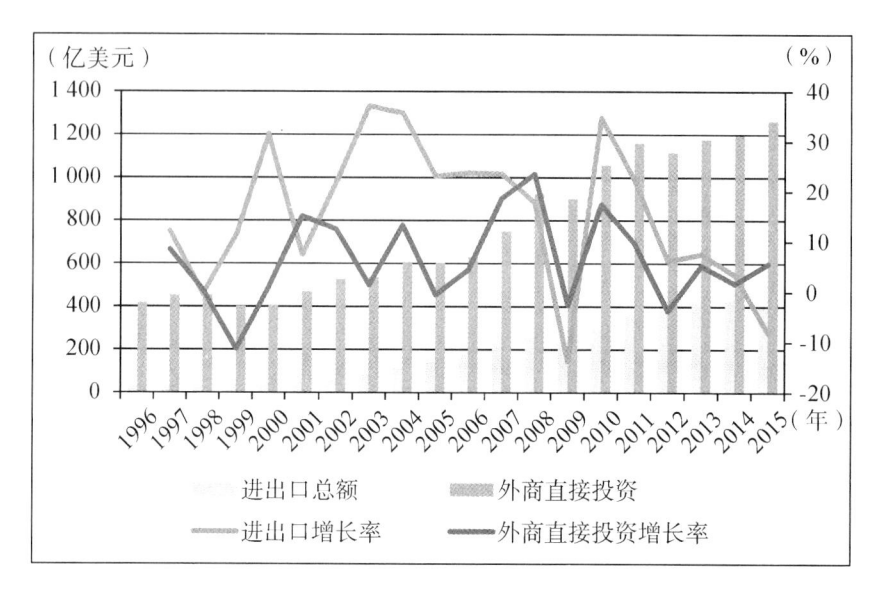

图 7.3　我国的对外贸易和外商投资

资料来源：国家统计局. 中国统计年鉴［M］. 北京：中国统计出版社，2015.

第二，长江上游地区外商投资的动机不同，投资和贸易关系也呈现出不同的特点。因为该区域地处内陆，外商投资的目的不一定是以加工贸易为主的大出大进模式。四川、重庆、贵州三省（市）作为不沿海、不沿边的内陆省份，其进出口的便捷性和通达性不及沿海地区，外商投资的动机也就有所不同。例如，《2016年重庆市外商投资环境测评报告》显示，重庆的直辖市地位、特殊优惠政策、相对较高的经济发展水平、政府服务水平以及产业聚集能力是外商投资重庆的五大主要因素。同时，外商对重庆的基础环境建设、市场环境、政策与政府服务环境、生活环境、企业发展环境等评价较高。① 又如，贵州近几年的外商投资保持高速增长，2016年批准外商投资项目207个，比2015年增长10.7%，全年实际利用外资总额32亿美元，比2015年增长27.4%。贵州主要以"1+7"②开放创新平台的种种政策、人才支持来吸引外资。四川吸引外资能力在内陆地区名列前茅。"十二五"期间，四川每年实际到位国内省外资金超过8 600亿元，利用外资累计接近500亿美元，在川落户世界500强企业

---

① 外商爱来重庆投资有五大主要因素 设立总部有五大类型［EB/OL］.（2017-01-18）[2017-07-04]. http://news.sina.com.cn/c/2017-01-18/doc-ifxzunxf1354681.shtml.

② "1"，即贵安新区，"7"，即贵州双龙航空港经济区、贵阳国家高新技术产业开发区、贵阳国家经济技术开发区、遵义国家经济技术开发区、贵阳综合保税区、贵安综合保税区、遵义综合保税区（筹）。

达296家。四川吸引外资主要靠舒适的人居环境、广阔的经济腹地、丰富的人力资源、完善的产业配套等。上亿人口资源和优质的高校资源是四川成功吸引外资的关键。因此，长江上游地区吸引外资主要是依靠特殊优惠政策、人力资源丰富等吸引外商进驻，与早期沿海地区吸引外资的条件和动机都有所不同。

第三，长江上游地区有望以外资带动外贸，实现吸引外资和发展外贸的双赢。从国家开放战略布局来看，"加快沿边开放"和"扩大内陆开放"是国家"十二五"规划中区域开放的两大重要任务。"十三五"时期，国家将重点推进"一带一路"倡议、京津冀协同发展战略、长江经济带发展战略，其中"一带一路"倡议和长江经济带发展战略均给西部地区带来了千载难逢的发展机遇。以开放促开发是西部大开发的核心战略取向。长江上游地区作为西部地区的核心区域，其基础设施建设已经取得了举世瞩目的成就，高速公路、铁路、航空、水运等交通网络建设迅猛发展；若干重点开发区域的供水、供电、供气等各类基础设施条件也得到进一步改善；与沿海港口、沿边口岸的通关合作已经建立，使对外开放有了强大的硬件支撑。渝新欧、蓉新欧中欧班列的开通，缩短了长江上游地区与国际市场的距离，而且运输成本大大降低。渝新欧中欧班列的成绩尤为引人瞩目。渝新欧中欧班列自2011年开通至2016年年底，已累计开行910班，仅2016年就开行420班。欧洲—重庆—新加坡铁空联运分别于2016年5月和11月试运行，欧洲货物可以通过渝新欧中欧班列运到重庆，再空运到曼谷、吉隆坡、香港、大阪等距重庆4小时航空半径内的亚洲城市，形成了以重庆为核心的4小时航空经济圈，降低了运输成本。渝新欧中欧班列还新增了途经霍尔果斯、二连浩特口岸的两条出境线路以及德国黑尔纳、汉堡和立陶宛舍什托凯等分拨点。目前，渝新欧中欧班列已在德国、荷兰、比利时等12个国家建立集结分拨点，可辐射沿线40多个城市。因此，未来长江上游地区的对外开放将进一步拓展和深化，投资环境的改善将进一步吸引外商投资，国际大通道的畅通将进一步拓展对外贸易，有望实现吸引外资和发展对外贸易的双赢。

第八章 对策建议与未来展望

第一节 长江上游地区进一步扩大对外开放、提升外资利用水平的对策建议

一、加快长江上游地区开放型经济升级建议

前面主要从长江上游地区对外贸易、"走出去"和 FDI 的现状,长江上游地区四省(市)发展环境及其开放型经济发展的优势、劣势、机遇和挑战进行了系统梳理和分析。可以看出,长江上游地区的开放型经济发展相对滞后,存在着诸多问题。但也有相对的比较优势。因此,长江上游地区应该充分利用优势条件,突破制约因素,抓住发展机遇,有效防范风险,制定合理的引导对策,全面促进开放型经济的发展升级。

(一)提高对外开放水平,向全球价值链高端攀升

自 20 世纪 80 年代以来,分工的国际化促使生产过程实现片段化,同一产业的不同环节或工序受要素禀赋影响流向不同的国家或区域,使各国在产品价值链中处于不同位置,并进一步形成了各国之间的产业差异。改革开放以后,我国凭借低成本优势融入了全球价值链体系,成为发达国家对外投资和产业转移的重要目的地,取得了巨大的开放红利。但由于产品质量不高、技术含量较低、缺乏自主品牌等原因,我国长期以来一直位于全球价值链分工体系中低端,面临着"大而不强"的尴尬处境。近年来,随着新兴经济体的崛起,加之我国"人口红利"逐渐减弱,跨国公司寻求低端转移,我国过去的成本优势开始逐渐流失,面临着"脱链"风险。因此,加快产业升级,向全球价值链上端跃升将成为我国开放型经济转型的必然选择。当前,新一轮技术革命和产业革命已在全球范围内兴起,通过技术创新、产品创新、产业创新寻求新的经济增长动力已成为各国共识。长江上游地区开放型经济的发展升级必须适应

全球价值链体系的深度调整，抓住产业技术革命新机遇，依靠技术创新、知识创新、管理创新、经营创新，加快知识密集型、技术密集型和资本密集型产业的发展，同时切入劳动力密集型产业中的高附加值生产环节，从全球价值链体系的中低端向高端攀升，形成对外开放新竞争优势，获取对外开放新红利。

（二）发挥开放平台的示范作用，创新开放型经济体制

从第二章的分析结果来看，长江上游地区在区位交通、自然资源、产业基础、劳动力成本等方面具有比较优势，但经济发展水平与全国平均水平相比仍存在一定差距。为此，长江上游地区应充分发挥两江新区、天府新区、贵安新区、重庆自由贸易试验区、四川自由贸易试验区、中新（重庆）战略性互联互通示范项目、重庆两路寸滩保税港区等多个对外开放窗口和平台的作用，融入国家"一带一路"倡议和长江经济带战略，把自身的开放需求与长江上游地区、全国、以及其他区域的开放大格局统一起来，进一步提升各类开放平台在国家和区域对外开放格局中的地位和作用。同时，长江上游地区通过"国家制度创新+地方政策整合"的方略，用好国家赋予的西部大开发、各类新区、保税港区、自贸区的政策优势，大力推进开放型经济新体制、服务贸易创新、跨境贸易电子商务、内陆检验检疫改革创新示范区、内陆通关及口岸监管模式创新等十余项改革试点[①]，提升政策创新、要素集聚和资源配置能力。

（三）发展和提升加工贸易，优化出口商品结构和市场结构

从第三章关于长江上游地区对外贸易方式的研究可知，长江上游地区对外贸易方式最显著的特征为"一高一低"，即一般贸易占比高，加工贸易占比低。长江上游地区虽然劳动力和土地等要素价格相对低廉，但却存在着物流运输成本高昂、本地配套能力不足等制约因素。如果继续按照传统的"两头在外"的加工贸易模式，将难以在承接国际国内产业转移的竞争中脱颖而出。重庆通过产业链的垂直整合，构建了"一头在外"的加工贸易新模式，即原料在国内生产，产品在国外销售，生产环节尽可能本地化，以降低物流成本。目前，重庆笔记本电脑的本地配套体系已逐步完善，"配套成龙"目标初步实现。

同时，长江上游地区应加快优化出口商品结构，鼓励高新技术产品和机电产品的出口；对于传统的农林牧渔业及纺织业等产业，提高其技术含量，增加出口产品附加值；培育自有品牌、依托具有自主知识产权产业提升整体竞争优

[①] 加快建设中新示范项目和自贸试验区核心区 发挥两江新区内陆开放示范窗口作用 [EB/OL]．（2017-06-22）[2017-07-04]. http://www.sohu.com/a/150975586_120809

势，打造一批具有竞争力的出口企业。此外，鉴于近几年我国初级产品进口额不断增加，长江上游地区应发挥在农业领域的比较优势，提高初级产品深加工能力，为国家减少此类产品的进口提供支撑。同时，长江上游地区还应分散出口过于集中在少数国家的市场风险，在巩固东南亚、日本、韩国、美国等传统市场的同时，拓展欧洲、非洲、拉丁美洲等新兴市场，实现在全球合理的市场布局。

（四）"引进来"和"走出去"相结合，充分利用两个市场、两种资源

加快企业"走出去"的步伐，有利于长江上游地区企业参与国际竞争与合作，从而提高自身国际竞争力，促进区域经济的可持续发展。长江上游地区应进一步统筹引进外资和境外投资，充分利用国际国内两个市场、两种资源，实现长江上游地区产业结构的转型升级。一方面，长江上游地区的成都、重庆等地可以依托当地丰富的科研资源、优秀的科研人才，吸引外资建立研发中心、营销中心，或者通过产业链上下游获得国外先进的技术和管理经验。另一方面，长江上游地区可以通过境外投资到科技密集型地区建立企业，获得先进的技术和管理经验。

长江上游地区的传统优势产业，如轻工、机电、机械等行业也需要统筹引进外资和对外投资。一方面，长江上游地区可以利用外资的资金和技术改造提升传统产业；另一方面，长江上游地区可以将传统优势产业的生产转移至更具比较优势的国家或地区，国内则进行技术的研发和生产性服务，从而实现产业结构转型升级。

二、长江上游地区加大引进 FDI 的力度，促进经济增长的对策建议

随着我国西部大开发战略的不断深入，长江上游地区利用外商直接投资呈现出积极的变化，吸收和利用外商直接投资金额快速增加。通过前面的分析，我们也发现外商直接投资在长江上游地区四省（市）分布不均衡、外商投资来源地较为单一、产业结构也不够合理。因此，长江上游地区进一步利用 FDI 应主要从两方面着手：一是如何更有效地引进外资，二是如何有效"消化"引进的外资。本书的研究的对策建议也从这两方面予以展开。

（一）改善长江上游地区投资环境，加大引资力度

第四章实证结果表明，长江上游地区的外商直接投资是经济增长的格兰杰原因，外商直接投资与经济增长之间也有显著的相关性，增加外商直接投资，有助于长江上游四省（市）经济增长。能否最大限度地吸引外资，投资环境是其重中之重，好的投资环境说到底就是要搭建一个好的平台。重庆、四川之

所以近年来能在利用外资方面取得突飞猛进的发展,其根本原因是平台建设成效好。例如,重庆、四川致力于打造内陆开放高地,一年一度的渝洽会和西博会等,吸引上万名国外客商参加,成为重庆、四川招商引资的重要平台。未来重庆、四川为了更好地吸引外资,必须继续围绕搭建平台做文章,尤其要发挥好成渝两地已经具有的两江新区、天府新区、保税港区、自贸区等平台的功能,探索和深化中国内陆区域如何参与国际分工从而融入全球市场,对正在实施的"一带一路"倡议与长江经济带建设,对中国对冲全球市场风险、开发内陆腹地市场等发挥领头羊和排头兵作用。

对于云南、贵州两省,由于其基础设施建设水平居全国中下水平,已成为制约两省经济发展和利用外商直接投资的瓶颈。因此,从改善投资环境角度出发,云南、贵州首先应推进基础设施建设,大力建设交通运输、通信设施、城市建设与服务设施项目,同时还应完善邮政通信网、计算机网络等建设。这些网络建设使得省市间、城市间、城乡间加强了联系,提高了经济运行效率,降低了管理成本与交易费用。云南、贵州通过改善基础设施,营造了极具投资和居住吸引力的硬件环境。最后是推进平台建设,云南、贵州可以开设类似于西博会之类的招商引资平台,不断扩大外资来源。

(二)重点引进规模大、技术含量高的项目,形成产业前后联动

第四章实证结果表明,外商直接投资对国内投资产生了"挤入"效应,说明目前长江上游地区外资规模还没有过量,对经济发展还没有产生负效应。但外资对国内投资的"挤出"效应并非不存在,政府作为招商引资的主体,不论"挤出"作用的大小,在引进外资的同时,务必将重点放到提高外资的质量和水平上来。要高度重视引进重大项目,将规模大、技术含量高的项目作为经济发展的重要抓手,把目光集中到国内外 500 强及跨国公司上,不仅需要引进实体经济项目,而且应引进跨国公司的研发中心、技术中心、运营中心和区域总部等功能性机构,占领产业制高点,提升产业发展水平。

重庆、四川的实践表明,具有良好带动效应的汽车、电子信息和高科技产业的跨国投资可以很好地推动本地技术水平的提高。以重庆为例,重庆在成功引进惠普公司之后,形成了"母鸡带小鸡"模式,即大企业带小企业模式,极大地拓宽了产业链,逐步形成了软件与硬件结合、国内业务与国外业务结合、制造业务与结算业务结合的全产业链互动发展格局。长江上游地区应该继续吸引那些具有较强产业联系效应的跨国公司,并积极引导其研究、生产和经营本地化。这将有利于增加国内企业获得跨国公司新技术,特别是核心技术的机会,将工业"制造"转变为"创造"。

（三）引导外资投向，促进长江上游地区产业升级

合理的产业结构对经济的可持续发展具有重要意义。第四章的实证分析表明，长江上游地区三次产业产值与 FDI 间存在正相关关系，FDI 对第二产业、第三产业的贡献较大，对第一产业的贡献较小。目前长江上游地区外商投资在产业投向上的特征主要集中于第二产业和第三产业，在第三产业中，尤以房地产业为主，这样的产业结构极不利于长江上游地区经济的健康稳定发展。首先，从第一产业来看，FDI 对第一产业的增长贡献占比较低，而在长江上游地区四省（市）中，农村人口占多数，农业是基础产业，但四省（市）农业现代化水平不高，普遍存在小农经济，养殖业也是以农户为单位，以散养为主。长江上游地区可以通过引进发达农业国家的资金和技术，引导投向农业技术研发、农业生物制品和农业综合开发等领域，加快农业基础设施建设，提高农业生产中的技术含量，进行规模化养殖，促进农业科技和现代化农业大力发展，提高农业产业化和规模化水平。其次，在第二产业中，长江上游地区应积极鼓励参与传统工业项目的技术改造，大力引导投向"十三五"规划中提出的新兴产业和战略性产业。长江上游地区应通过吸引外资建立第三次工业革命的试验和应用基地，推进先进制造技术的突破和应用，从而带动长江上游地区制造业整体素质的提高。长江上游地区应限制或禁止引进"三高"产业名单中的项目。最后，在第三产业中，长江上游地区应进一步放宽对外资的市场准入条件，加大服务业开放力度，稳步推进金融业以及电信、燃气等公共事业的对外开放；同时，引导外资参与医疗、文化、家庭服务等长江上游地区发展相对薄弱的产业。长江上游地区应加强生产性服务业的外资引进，着重引进现代物流、软件开发、工程设计、职业技能培训、信息咨询、科技服务和知识产权服务，形成生产性服务业与制造业协调发展的格局。

三、提升长江上游地区 FDI 技术溢出效应的对策建议

随着长江上游地区开放型经济的发展，越来越多的外国资本接踵而至。面对如此庞大的资本力量，如何充分吸收和利用其技术溢出效应呢？根据第五章对长江上游地区 FDI 技术溢出效应的分析，我们提出以下对策建议：

（一）丰富外商直接投资来源地，提高引资质量

通过对长江上游地区 FDI 技术溢出效应的实证分析可以看出，长江上游地区 FDI 的技术溢出有着正向作用。但是，不同来源地的 FDI，其技术水平也往往存在差异，对本区域技术溢出效应的大小也各不相同，来自欧美发达国家的 FDI 的技术溢出效应远高于来自我国港台地区的 FDI 的技术溢出效应。但长江

上游地区60%以上的外商投资来源于我国香港,其技术水平相对落后于欧美,对本区域产生的技术溢出效应也十分有限。因此,长江上游地区应在保持积极引进外资的政策环境下,全方位招商引资,实行多元化的引资策略,重点引入北美、欧盟这些发达国家和地区的优质投资,尤其是全球500强企业。长江上游地区应加强在美国、欧盟和日本"大三角"地区开展有针对性的政策宣传,通过宣传册、报刊、电视等媒体,广泛宣导长江上游地区的改革开放、经济发展情况和市场潜力,使外商对长江上游地区四省(市)有进一步的了解和认识。同时,长江上游地区也应继续发挥传统优势,依托华裔人际关系与共同文化背景,继续加大对东南亚、我国港澳台等地的招商力度。长江上游地区应努力促进外商投资来源的多元化,改善目前对于亚洲资本尤其是我国香港资本的过度依赖。这样不仅能充分有效地利用FDI,还能规避单一外资出逃的风险,保证长江上游地区外商投资资本的相对稳定,从而有利于经济的健康发展。

(二)增加人力资本投入,增强技术吸收能力

长江上游地区FDI技术溢出的实证研究结果表明,人力资本对FDI技术溢出效应的影响有显著的正效应。因此,为了进一步增加FDI技术溢出的强度,长江上游地区要"引资"与"引智"相结合,培育创新发展优势。

随着以个性化和智能制造为范式的第三次工业革命的推进,劳动力成本的重要性在逐渐降低。少量具备"现代机械和知识的劳动力"将替代大量的"传统机械和简单的劳动力"。除了需要高素质的劳动者之外,长江上游地区还应培养一批通晓国际惯例、会外语、懂管理、有专业知识的复合型国际人才队伍,为更好地吸收FDI的技术溢出效应提供智力支持和保障。长江上游地区四省(市)可以依托职业教育和培训,提升劳动力对于现代机械和知识的掌握。此外,人力资本流动是东道国获取FDI技术溢出的主要途径,但长江上游地区的人员流动大多属于外资企业之间或本地企业向外资企业的流动。因此,长江上游地区需要健全引进国外人才的制度,完善外国人居留制度,营造引进海外高层次人才的良好工作、生活环境。

(三)增强企业科研投入,提升企业自主研发能力

从第五章实证分析结果来看,研究与发展经费支出占国内生产总值比例的增加对技术溢出效应有正向作用。长江上游地区自主创新能力较弱,不能有效地将FDI的技术溢出转化吸收,因此增强企业科研投入,对于吸收FDI技术溢出尤为关键。

不论是长江上游地区还是国内其他区域,都存在着企业研发投入不足、研发能力薄弱的问题,这在很大程度上影响着企业自主研发创新能力的提升。从

研发投入看，2009年，我国规模以上工业企业研发经费内部支出仅占主营业务收入的0.69%，跨国公司的这一比例一般在3%以上，有的达到10%以上。从专利水平看，2010年，我国申请PCT（国际专利合约）专利12 337项，仅相当于美国的1/4、日本的1/3，平均每1.3亿美元出口仅有1项国际专利申请。从标准来看，以我国企业牵头形成的世界主流标准少之又少，仅有手机通信的TD-SCDMA等少数几项。跨国公司控制了产业核心技术，在产业链的上游赚取了大量利润，而我国众多的制造企业则处于产业链的中低端，技术水平落后，关键核心技术和装备主要依赖进口。因此，包括长江上游地区在内，增强自主创新能力是提升产业核心竞争力的关键。长江上游地区应加大科研投入力度，支持国有企业、民营企业真正成为技术创新的主体。各地政府可以通过财政投资、税收政策、政府采购、财政贴息、融资担保以及设立企业创业发展基金等措施，为企业提供直接或间接的激励措施，有针对性地引导企业增加研发投入，积极发展制造服务业，延伸产业价值链。帮助企业降低获取高新技术的成本和风险。

从长江上游地区的引资实践来看，长江上游地区获得FDI技术溢出的难度很大。外资企业为保持其技术优势，往往只愿意将成熟期的标准化技术向东道国转移，而拒绝转移其目前最先进和最具市场前景的技术。另外，外资企业越来越倾向于采用独资方式投资，最大限度地封锁着技术溢出。如果没有很强的技术吸收能力，长江上游地区获取FDI技术溢出的难度将更大。而自主技术研发不但会促使技术创新，还能起到增强技术吸收能力的作用。因此，长江上游地区应通过加大本土企业的研发投入，来增强自身的技术研发和创新能力，从而增强技术吸收能力，最终才能更好地获取FDI技术溢出。

长江上游地区要积极引进改造传统产业的关键技术和高端制造、高新技术、节能环保、生态建设、新能源等新兴产业的先进技术，通过出资购买、兼并收购、共同建立研发中心、引进人才等获得跨国公司的核心技术和管理经验。另外，长江上游地区也可以不受限于FDI技术引进，通过自主创新完成技术的超越。

（四）缩小内外资技术差距，促进FDI技术溢出

从实证分析结果来看，长江上游地区的内外资技术差距缩小了对FDI技术溢出产生正向作用。这表明长江上游地区企业需要不断增强吸收能力，加强技术改善和科研创新，从而更好地吸收FDI的技术溢出。

外资技术知识能否更好地被长江上游地区企业吸收和有效地利用、能否在更大范围内溢出，在很大程度上取决于内外资企业的技术差距。一方面，缩小

内外资企业间的技术差距，可以使其竞争更加激烈，从而导致技术溢出更容易。另一方面，对于外商直接投资来讲，随着这种技术差距的不断缩小，这些企业为保障自身在本区域的市场竞争优势，就会再从母公司引进更加先进的技术，投入本区域的市场竞争中，从而带来新一轮的技术溢出和吸收。

四、减少 FDI 对长江上游地区环境负面影响的对策

FDI 通过影响区域资本、区域产业结构以及区域收入水平对生态环境产生作用。目前，我国 FDI 主要集中在东部沿海地区，长江上游地区占比较低。长江上游地区有着资源丰富、劳动力成本相对较低以及环境规制门槛较低等相对优势，近年来吸引了大量 FDI 流入，而当地政府也欢迎这些外商投资，甚至不分行业限制，给出诸多政策优惠。在这一过程中，对于如何借鉴发达地区引进 FDI 的经验教训，合理有效地利用 FDI，取得经济发展和生态环境发展的"双赢"局面，我们有以下几点对策建议：

（一）以绿色低碳为引导，在保护长江上游地区青山绿水中引进 FDI

未来，长江上游地区要进一步按照建设资源节约型、环境友好型社会的要求，以推进设计开发生态化、生产过程清洁化、资源利用高效化、环境影响最小化，建立起节约、清洁、低碳、安全的生产体系，增强工业的可持续发展能力。

（1）长江上游地区要大力发展各类园区的循环经济。长江上游地区引进的外商投资，主要集中在工业园区、产业园区、经济技术开发区、高新技术开发区等。这些园区要力争通过上下游产业优化整合，实现土地集约利用、废物交换利用、能量梯级利用、废水循环利用和污染物集中处理，以最大限度地减少废弃物的最终处置量和提高资源化程度，构筑链接循环的工业产业体系。

（2）长江上游地区应禁止承接淘汰产业。长江上游地区在承接 FDI 和东部沿海地区的产业转移时，一方面要防止落后生产能力的异地转移，避免承接低水平和重复建设的产业；另一方面要警惕发达国家污染产业、高耗能产业、高排放产业借"产业转移"之名转向长江上游地区。长江上游地区要根据国家节能减排要求，坚持有序开发资源，严格执行产业准入条件，强化环保、能耗、物耗、质量、安全、土地等指标的约束作用。

（二）加强外商直接投资企业环境管理，增加省市之间联动

这既包括对已有外商投资企业的环境管理，又包括对将要进入的外资采取的环境监管。

（1）要对已有的外商直接投资企业，尤其是污染密集型企业采取经济手

段和法律措施，限制其污染生产，鼓励其绿色生产、清洁生产，为当地的可持续发展尽一份社会责任。

（2）除了对已有的环境污染企业进行监控之外，还应在加大引进外资的同时，对外资的实际流向、引进技术进行考核，防止以环境换发展的情况出现。

（3）通过严格的环境管理制度为 FDI 企业长期研究和开发治理污染的新方法、新技术提供动力和压力，刺激企业进行技术革新，改进生产工艺，从根本上改变以大量消耗能源和严重污染环境为代价的生产模式。

（4）将生态优惠从事后鼓励改进为事前扶持，特别是对引进高新环保技术及其他环保项目，通过税收减免、退税、允许加速资产折旧等方式给予优惠。

（5）增加省市之间的联动，统一各种生态优惠措施，避免政出多门。

（三）以环境税的实施为契机，淘汰 FDI 中的高污染企业

正如第一章 FDI 与生态环境关系的基础理论所言，环境问题是外部不经济的典型例证。而税收是通过制度安排，把经济主体在经济活动中产生的社会成本，转为私人成本的重要途径。所谓环境税，是把环境污染和生态破坏的社会成本内化到生产成本和市场价格中去，再通过市场机制来分配环境资源的一种经济手段。部分发达国家征收的环境税主要有二氧化硫税、水污染税、噪声税、固体废物税和垃圾税五种。我国现行的排污费制度已不适应当前经济社会可持续发展需要，为了推进生态文明建设，倒逼高污染、高能耗的企业转型升级，推动经济结构调整和发展方式转变，我国将于 2018 年 1 月 1 日起施行《中华人民共和国环境保护税法》，开征环境税。长江上游地区可以通过该法规的实施，加强监督考核，督促相关企业履行社会责任，主动淘汰落后产能，调整工业结构，发展清洁能源。同时，长江上游地区可以税收杠杆调节环保行为，抑制外资企业污染物的排放，淘汰高污染外资企业。

（四）依托长江上游地区教育和科研资源，加强环境保护的合作研究

长江上游地区是我国的生态脆弱区，随着经济社会的发展，长江上游地区面临的水污染、大气污染和固体废物污染压力日渐加大，加强长江上游地区生态环境保护迫在眉睫。未来长江上游地区可以依托自身教育和科研资源，加强环境保护的合作研究。在长江上游地区四省（市）中，四川是教育和科研大省，有各类高校 100 多所，重庆、云南、贵州各有 60~70 所高校以及各种科研机构。这些高校和科研机构中有很多专业和研究所是专门研究环境保护的，如四川大学生命科学学院、建筑与环境学院，并建有生物资源与生态环境教育部

重点实验室、西南资源生物研究所、国家烟气脱硫工程技术研究中心、九寨沟生态环境可持续发展国际研究中心等；重庆大学有城市建设与环境工程学院、资源及环境科学学院，并建有西南资源开发及环境灾害控制工程教育部重点实验室、能矿资源开发及三峡库区环境损伤与工程灾害重庆市重点实验室、污染防治与废物资源化重庆市重点实验室、重庆市环保工程研究中心等；云南大学有资源环境与地球科学学院，并建有亚洲国际河流中心、生态学与地植物学研究所等；贵州大学有资源与环境工程学院，并建有教育部绿色农药与生物工程重点实验室等。这些教育与科研单位具有非常强大的科研与教学力量，在各自的地域范围和学术领域都有很强的优势，为区域教育和科研合作提供了坚实的基础。但在以往的环境保护与治理工作中，这些机构的联合与合作并不多。未来，政府可以引导和支持这些高校联合搭建教育与科研研究平台，对环境治理技术、能源结构改善、环保产业发展、工艺水平提升等方面进行专题研究，实现优势互补、协同攻关，破解长江上游地区环境保护中的难题，促使长江上游地区产业发展、优势资源、科研成果、人才资源的有机结合，实现互利共赢。

（五）加强环保意识，完善环境法律法规

国民的环保意识直接决定了环境保护的成败，因此需要增强国民对环境问题的重视，让民众更加充分地了解环境破坏带来的恶劣后果。环境税的征收可以引导人们改变消费模式和生活方式，有利于绿色消费和环保生活方式的宣传和普及，从而使人们的生活方式和消费方式得到转变。此外，完善环境法律法规更能在法律的层面上约束企业。目前，我国在大气污染、水污染和固体废物污染等方面的标准都远不如发达国家严格。只有尽快提高这些标准，使之与国际接轨，才能限制国外一些高污染产业乘虚而入。

第二节 未来长江上游地区深化对外开放的新方向及展望

一、将共建陆上、海上两大丝绸之路作为西部地区对外开放的新方向

国家"十二五"规划提出"扩大内陆开放、加快沿边开放"以来，重庆、四川加快建设内陆型经济开发开放战略高地；贵州内陆开放型经济试验区已于2015年8月获国务院批复；云南积极设立边境合作区，加快沿边对外开放。目前，我国沿海、内陆、沿边三大地理区域全方位开放的战略布局初步成形。2013年，我国相继提出"中巴经济走廊""中印缅孟经济走廊""新丝绸之路经济带"倡议，我国向西开放的战略布局已经基本成形。尤其是"丝绸之路

经济带"倡议是国家重大的战略布局,以经贸合作发展为主,同时事关国防安全、能源安全、边疆安全等重要领域的全局性国家安全问题,具有极大的政治、经济和文化意义。

长江上游地区中的重庆、四川、云南均处于"一带一路"倡议的核心区,贵州位于次核心区。这些省(市)均将这新战略规划视作加速经济社会发展的重大机遇,积极响应,并将其列入政府的工作重点和相应的规划报告中。这将有力推动西南地区成为我国对外开放发展新的战略支点。

二、继续创新内陆开放模式,将四川、贵州、重庆等省(市)打造成各具特色的内陆开放高地

内陆开放型经济高地是以开放促改革、助发展,完善开放机制,赋予灵活的开放政策,促进国际国内要素有序自由流动,激发各种要素活力,构建全方位、宽领域、多层次的开放体系,深度融入全球区域经济一体化进程,建设对外开放的先行先试区。因此,长江上游地区要创新内陆开放模式,激发广袤内陆地区的开放活力,形成对外开放的战略腹地和新的经济增长点,为我国全方位开放注入更为持久的动力。

西部内陆省份由于不沿边、不靠海,在传统向东开放战略中一直处于相对劣势。但内陆地区由于资源禀赋丰裕、劳动力成本低廉、市场潜力巨大,尤其是随着国家把西部大开发与西部大开放战略相结合,不断完善向西开放的基础平台和合作机制。这就为一些发展基础较好的内陆城市,通过发挥比较优势,创新开放模式,走出一条既符合内陆开放要求,又吸取沿海开放成功经验的独特的内陆开放道路创造了机会和条件。

我们建议:长江上游地区各省区(市)的具体情况不同,因此未来开放的侧重点必须有所不同,需要在加强区域分工与合作的基础上,共同打造各具特色的内陆开放高地。

重庆内陆开放高地建设已取得一定成就,两江新区成为内陆开放型经济的重要示范区。重庆未来要建立起融航空、水运、铁路、公路口岸于一体,功能齐备、互补支撑的立体口岸体系;在完善保税功能的基础上,挖掘自贸区作用;加大与长江中下游省(市)及与"珠三角"地区的合作力度,建成长江经济带新的战略支撑点。

四川作为内陆省份,与重庆一样,不靠边、不靠海,如何打通其对外通道,降低物流成本是解决其开放型经济发展瓶颈的关键。2014年4月,成都铁路口岸获批为国家临时对外开放口岸,这是全国继哈尔滨、郑州、重庆之后

第四个铁路开放口岸。天府新区的获批，使其对外通道的重要性更为凸显。目前，四川已经打造出完整的立体交通网络，即一条向东开放的长江黄金水道，一条向西开放的蓉欧快铁，一条向南开放的中缅高铁以及74条向全球开放的国际（地区）航线，为四川的内陆开放奠定了更好的基础。未来，四川的成都、绵阳、德阳、宜宾、泸州、内江、遂宁等中心城市要加快建成西部地区有一定国际影响力的产业聚集高地。川西地区要建成西部地区重要的入境旅游目的地。成都市区要建成西部地区最大的国际商务中心和会议中心。四川要借助天府新区获批的契机及成渝经济区的深度开发，在长江上游经济带建设中发挥更突出的作用。

贵州要强力推进贵安新区建设，加快把该区打造成为西部地区重要的经济增长极、生态文明示范区；要深化与泛珠三角经济区、成渝经济区、长株潭经济区等经济区的合作，主动融入长江经济带；要借力渝新欧铁路、渝蓉快铁，积极参与丝绸之路经济带建设；要加强与东盟的交流的合作，借助21世纪海上丝绸之路提高对外开放水平。

三、将云南打造为"一带一路"连接交会的战略支点，向西南开放的重要的桥头堡

云南国境线长达4 060千米，占我国陆上边境线的1/5，与越南、老挝和缅甸3国接壤，并与泰国、柬埔寨、印度、孟加拉国等多个国家毗邻。同时，云南地处东盟"10+1"自由贸易区经济圈、大湄公河次区域经济合作圈、泛珠三角区域经济合作圈的汇聚区。独特的地理优势、区位优势，凸显了云南在"一带一路"建设中的地位。① 未来，云南要建设成为连接印度洋的战略通道，沟通丝绸之路经济带和海上丝绸之路的枢纽区，建成西南地区向南亚、东南亚、印度洋沿岸国家开放的"桥头堡"，建成西部新的沿边自由贸易试验区。

四、提升国家新区建设质量，将现有新区和新增新区建成长江上游地区对外开放的新引擎

加快长江上游地区经济发展，必须引导生产要素跨区域合理流动，形成若干带动力强、联系紧密的经济圈和经济带。改革开放30多年，深圳特区、浦东新区和滨海新区开发开放，迅速成为带动区域经济发展的重要增长极，在引

---

① "一带一路"规划或重构中国对外开放格局 云南能否回归内陆门户［EB/OL］．（2014-06-06）［2017-07-04］．http://yn.people.com.cn/news/yunnan/n/2014/0606/c228496-21360483-2.html.

领东部沿海开放、支撑全国经济发展中发挥了重要作用。为了带动西部地区加快发展，形成沿海与内陆、东中西部协调发展的区域新格局，国家自批准设立重庆两江新区后，又相继批准了兰州新区、西咸新区、贵安新区、天府新区成立，其中长江上游地区就有3个。

重庆的两江新区于2010年6月18日正式挂牌成立，定位于统筹城乡综合配套改革试验的先行区、中国内陆重要的先进制造业和现代服务业基地、长江上游地区的金融中心和创新中心、内陆地区对外开放的重要门户、科学发展的示范窗口。未来，重庆两江新区要建成西部国家中心城市的对外开放高地，带动长江上游地区高质量对外开放。贵安新区位于贵州贵阳和安顺结合部，规划控制面积1 795平方千米。根据批复意见，贵安新区定位于西部地区重要的增长极、内陆开放型经济新高地和生态文明示范区。未来，贵安新区要建设成为云贵高原的内陆开放高地，带动云贵高原腹地的生态文明建设和对外开放。天府新区是2014年10月经国务院批准设立的新区，面积达1 578平方千米，定位是内陆开放经济高地、现代高端产业集聚区、统筹城乡一体化发展示范区。未来，天府新区要建设成为成渝经济区的对外开放高地，带动西南地区全方位对外开放。随着五大新区的设立和发展，这些新区必将成为西部大开发的"新引擎"，西部大开发战略将进一步向纵深推进；必将大幅提升内陆经济开发水平，有利于国家从沿海到内陆地区推进的"梯度开发"战略上升为"水平开发"战略。

五、借助西部地区已有的国家级、区域级博览会，使之成为长江上游地区对外对内开放重要桥梁

目前，西部地区的国家级博览会主要有中国西部博览会、中国东盟博览会、中国亚欧博览会、中阿博览会等，区域级博览会主要有渝洽会、高交会、新疆国际农业博览会、四川国际物流博览会、贵州生态产品（技术）博览会、西部绿色食品博览会等。这些平台不仅是由西部地区共办、共享、共赢的国际性盛会，还是国家在西部地区的重要外交平台、贸易合作平台和投资促进平台，是实现西部合作、东中西合作、中外合作的重要载体，也是西部地区对外开放合作的重要窗口。国家级的平台以对外开放为主，区域级的平台则以对内合作为主。一方面，这些平台促进东中西部联手向西开放，促进东中西部投资贸易更深层次合作；另一方面，长江上游地区可以借助这些平台，拓展投资贸易合作新领域，向东加强招商引资，形成东西合作、向西开放的互动格局，实现开放合作新突破。

西博会全称为中国西部国际博览会，其宗旨是秉持"共办、共享、共赢"的理念，充分发挥投资促进、贸易合作、外交服务平台作用，服务西部大开发战略，促进和深化西部合作、东西合作和中外合作，为中国西部地区加快经济社会发展、扩大对外开放做出了重要贡献。从2014年起，西博会被列为国家层面统筹举办的大型涉外论坛和展会之一。中国-东盟博览会的定位是以促进中国-东盟自由贸易区建设，共享合作与发展机遇为宗旨，围绕《中国与东盟全面经济合作框架协议》以双向互利为原则，以自由贸易区内的经贸合作为重点，面向全球开放，为各国商家共同发展提供新的机遇。目前中国-东盟博览会已成功举办多届，被我国列为国家层面举办的三个重点涉外论坛和展会之一。中国-亚欧博览会是连续举办19届的乌洽会的继承和升华，首届中国亚欧博览会于2011年在中国新疆国际会展中心举办。第四届中国亚欧博览会于2014年9月1日至6日在乌鲁木齐举办，其主题是"开放合作 共建丝绸之路经济带"。

西部会展业的发展要注意通过错位发展来避免重复办展和无序竞争，即遵循在定位上相互错开，在内容上各有特色，在功能上相互补充的共赢合作模式。这样既可以增强会展业的实力又能避免同质化的恶性竞争。

六、在西部地区统筹策划各类国际合作论坛的基础上，为长江上游地区提高对内对外开放水平增加学术智慧支持

长江上游地区要依托欧亚经济论坛、生态文明贵阳国际论坛、中国西藏发展论坛等国家级国际性论坛，为西部及长江上游地区的发展献计献策。

欧亚经济论坛是一个以上海合作组织成员国和观察员国为主体，面向上海合作组织所覆盖的广大欧亚地区，开放性的高层国际会议。自2005年创办以来，欧亚经济论坛至今已举办了四届。该论坛发挥了公共外交、政策协调、投资促进和项目对接的平台作用，拓展了中国与欧亚各国的交流和合作，已成为国家向西开放的战略窗口。该论坛的主办方已由首届的4家增加到17家，涵盖国家由最初的13个增加到89个，并升格为国家重点打造的区域经济合作平台。论坛自2005年在西安举行后，其永久性会址就设在了西安浐灞生态区。

生态文明贵阳国际论坛作为非官方、国际性的高端平台，已经成为政府、企业、专家、学者等多方参与、共建共享生态文明建设理论探索和经验交流的重要平台。该论坛于2009年举办第一届。2013年经国家批准，升级为国家级国际论坛。该论坛从人文、历史、经济、社会、教育等不同视角展开深入交流和探讨，取得了许多开创性、前瞻性、引领性成果。

中国西藏发展论坛的设立初衷是为了增进欧洲各界人士了解西藏的真实情况。首届论坛于 2007 年 11 月 29 日在奥地利维也纳举行。第二届论坛于 2009 年 10 月在意大利罗马举行。第三届论坛于 2011 年 11 月在希腊雅典举行。第四届论坛于 2014 年 8 月在我国拉萨举行。该论坛主要围绕西藏自治区的经济社会发展、文化传承、环境保护、教育、卫生、旅游业发展以及国际合作的前景和机遇等展开了探讨，有助于国际社会深入了解西藏，寻找合作模式，推动西藏更好更快发展

在这些论坛中，参与方从不同的角度，为当地和西部地区的发展献计献策，对如何促进西部可持续发展的新路子、新方法提供了诸多宝贵的思考及智慧。例如，2014 年的生态文明贵阳国际论坛从经济、社会、人文、教育等不同视角，共同探讨了通过生产方式和生活方式的绿色变革与转型，推进绿色产业、绿色城市、绿色金融，建设生态文明，实现可持续发展的路径，取得了许多具有开创性、前瞻性、引领性的成果。其中，最大的成果是达成了《贵阳共识》。[①] 中国西藏发展论坛多次发表达成的共识、宣言和公报，第二届论坛发表了《罗马声明》，第三届论坛发表了《雅典公报》，第四届论坛发表了《拉萨共识》。未来，有必要在国家层面及区域层面进一步统筹规划这些论坛，为西部地区和长江上游地区的可持续发展和进一步提升对外开放水平提供智力支持。

七、完善国际大通道和交通网络建设，进一步降低长江上游地区对外开放的物流成本

近年来，我国着力推进与周边国家互联互通，服务区域经济，多个西部国际大通道被打通或者启动。我国建成了昆曼公路、中吉乌公路、中越红河大桥等战略路途通道，改善了湄公河等重点水运通道通航条件，实施了中尼热索桥、中巴喀喇昆仑公路升级改造等重点项目的建设。[②] 随着我国对外开放的不断深入，不断深化的双边、多边区域合作还需要进一步形成全方位、多层次、宽领域的国际大通道新格局。因此，《西部大开发"十二五"规划》提出，我国未来还将继续加强国际运输通道的建设。铁路方面，我国将加强与东北亚、中亚、东南亚、南亚地区互联互通的国际通道建设。我国规划建设中吉乌铁

---

① 生态文明贵阳国际论坛 2014 年年会顺利落幕 [EB/OL]. (2014-07-13) [2017-07-04]. http://www.gywb.cn/content/2014-07/13/content_1065164.htm.

② 打造交通运输国际合作新格局 [EB/OL]. (2014-02-24) [2017-07-04]. http://money.163.com/14/0224/22/9LSNIRCA00254TI5.html.

路、巴彦乌拉至珠恩嘎达布其铁路、玉溪至磨憨铁路、霍尔果斯口岸站,实施包头至白云鄂博铁路、南宁至凭祥铁路等扩能改造。公路方面,我国将重点建设连接东中部地区的公路干线和通往东南亚、南亚、中亚和东北亚地区周边国家的国际运输通道,与相邻国家连接的重要公路运输通道基本实现高等级化,显著提升口岸公路和边防公路通行能力及服务水平。① 另外,正在不断延伸的泛亚铁路,建成后将成为我国又一条重要的国际通道,将有利于我国西南各省份加强与东南亚的联系,成为一条便捷的"黄金走廊",实现中国西南与东盟两大市场的对接。

但是当前交通不畅依然是制约长江上游地区经济进一步提升的瓶颈。未来,国家将进一步加大对长江上游地区交通运输发展的扶持力度。到 2020 年,现有国家高速公路网中的长江上游地区路段和"八纵八横"骨架公路将基本建成。② 据中国铁路总公司最新统计显示,2014 年上半年,全国铁路完成固定资产投资 3 273 亿元,同比增长 51%。其中,中西部铁路占比达到 80% 以上。③ 随着铁路、公路骨架网络的逐步完善,长江上游地区的对内对外交流将更加稳定、快捷、通畅,其物流成本也将进一步降低。

八、深化外贸体制改革,推动内陆地区与沿海地区、沿边地区通关协作,进一步降低贸易成本

近年来,国家采取了一系列措施推动口岸管理体制改革,但现行口岸管理体制"九龙治水"的格局尚未根本扭转。尤其是内陆省份的货物通关仍有诸多不利因素。一是通关环节过多,通关过程繁杂。既有海关、检验检疫、边防检查等管理部门,又有港口、运输、货代等运营单位。规章制度、操作流程各不相同,部门职责交叉重叠,协调配合不够紧密,大大增加了执法成本和企业通关成本。除此之外,内陆地区还要协调与沿海、沿边口岸的关系,更是难上加难。二是现行执法平台封闭运作,口岸通关管理机构和专项监管机构事权独立,通关管理信息自成体系,内陆与沿海的海关、商检等部门之间还未实现信息互换、监管互认、执法互助,内陆货物出口需要重复申报、重复商检。内陆

---

① 西部大开发"十二五"规划 [EB/OL]. (2012-02-21) [2017-07-04]. http://www.agri.gov.cn/cszy/BJ/whsh/ncwh/201202/t20120221_2486222.htm.
② 西部交通运输发展规划纲要出台 [EB/OL]. (2011-06-23) [2017-07-04]. http://www.moc.gov.cn/st2010/shanxi1/sx1_jiaotongxw/jtxw_wenzibd/201108/t20110810_1033271.html.
③ 国家定向加大中西部地区交通基础设施投资力度 [EB/OL]. (2014-07-28) [2017-07-04]. http://finance.sina.com.cn/china/20140728/102719837064.shtml.

的出口货物一般还需到沿海换装、集拼，电子申报数据核对费工费时，导致出口时间严重拖延。党的十八届三中全会提出"推动内陆同沿海沿边通关协作，实现口岸管理相关部门信息互换、监管互认、执法互助"。2014年7月1日，天津、北京海关已率先启动京津冀海关区域通关一体化试点工作。"出口直放"货物可当天完成通关，"进口直通"货物通关时间压缩到1个小时。未来，国家海关总署还将整合提升长江经济带11个省（市）的区域通关合作机制，这必将惠及安徽、江西、湖北、湖南和川渝等中西部地区。[①] 建议国家加快外贸体制改革，建立沿海、内陆、沿边的大通关协作机制，使海关、质检、工商、税务、交通、边防、海事等部门都在一个平台上运行，最终实现信息互换、监管互认、执法互助。

---

① 区域通关一体化大幅降低通关物流成本，助推经济发展[EB/OL].（2014-09-01）[2017-07-04]. http://www.ft.cq.cn/xxgk/xwfb/wzxw/23433.htm.

第九章 案例：重庆市建设内陆开放高地的全新实践

第一节 重庆市对外开放历程

重庆对外开放历史悠久，最早可追溯到1891年的开埠和抗日战争时期大后方的对外贸易中心。改革开放以来，重庆因成为计划单列市、沿江开放城市和设立直辖市等重大事件，对外开放格局面貌一新，取得了一系列丰硕成果，对重庆经济社会的快速发展起到了重要的助推作用。

一、1978—1991 年，起步和缓慢成长阶段

改革开放前，重庆地处内陆，没有直接对外贸易权，外贸收购额长期徘徊不前。1958—1982年24年间，重庆外贸额累计仅23.5亿元，平均每年9 792万元。改革开放为重庆对外开放带来了新的发展机遇。1980年8月，重庆海关成立。1983年，经中央批准，重庆成为独立直接对外贸易的内河通商口岸。1979—1982年4年间，重庆外贸收购额达9.6亿元，平均每年2.4亿元，是1978年以前平均水平的2.4倍。

1983年，重庆成为全国第一个计划单列市，并取得了利用外资审批权。其对外开放逐步扩大，进出口总额从1980年约0.7亿美元增加到1991年6.20亿美元，增长了8.85倍。[①] 重庆实际利用外资从1983年的39万美元增加到1991年1.61亿美元。但由于起点低、发展相对缓慢，1991年，重庆进出口总额仅相当于上海1963年的水平，差不多滞后了30年。重庆实际利用外商直接

[①] 重庆：不断深化对外开放 铸就新的历史辉煌［EB/OL］.（2009-09-21）［2017-07-04］. http://finance.sina.com.cn/roll/20090921/10206774127.shtml.

投资1991年仅相当于上海1983年的水平,滞后了8年。

二、1992—1996年,进一步发展阶段

1992年5月,重庆被列为沿江开放城市。1995年,万县(今万州)和涪陵也成为沿江开放城市。重庆对外贸易加快发展,进出口总额逐年递增,1992—1996年短短5年时间进出口实现了翻番。重庆进出口总额从1992年的7.42亿美元稳步上升到1996年的15.85亿美元,年均增长20.9%;出口总额从1992年的4.09亿美元稳步上升到1995年的8.47亿美元,年均增长27.5%。重庆实际利用外资在1994年创下了历史最高水平,达6.56亿美元。在此期间,重庆实际利用外资4年间年均增长10.4%。国际上知名的跨国企业,如本田、五十铃、百事可乐、拉法基等12家世界500强企业先后在渝设立了21家子公司。[①]

三、1997—2007年,快速发展阶段

1997年6月,重庆设立为直辖市,对外开放谱写了波澜壮阔的新篇章。虽然受到了1998年亚洲金融危机的冲击,但很快在1999年年末就开始显现回升趋势。2000年年初,中央作出的西部大开发重大战略决策,给作为西部唯一直辖市的重庆提供了千载难逢的历史机遇,为重庆的经济开放注入了强大动力。

第一,对外贸易首次实现顺差,贸易总额一年上一台阶。重庆对外贸易由2000年的17.85亿美元上升至2006年的54.7亿美元,年均增长20.52%。在此阶段,重庆对外贸易于2000年由长期逆差转为实现顺差2亿美元,2006年更是实现顺差12.34亿美元,而且2003—2006年进出口总额连续4年上了4个10亿美元台阶。

第二,外商直接投资规模逐年扩大,连续出现两位数增幅。实际利用外资由2000年的3.45亿美元上升到2006年的8.77亿美元,年均增长16.82%。尤其是从2003年开始实际利用外商直接投资连续保持两位数的年增长率,2006年达到35%的增长率。

第三,实际利用内资增长迅猛,7年几近翻3番。重庆实际利用内资由2000年的43.04亿元攀升到2006年的298.25亿元,年均增长38.08%。2004

---

① 抓住历史发展机遇 加快对外开放步伐[EB/OL].(2008-08-15)[2017-07-04]. http://www.cqfz.org.cn/news.asp?id=2126&module=654.

年以来重庆实际利用内资增长迅猛,连续3年保持40%以上的增速,2005年甚至出现137%的大幅增长。①

四、2007年至今,对外开放飞速发展阶段

2007年是重庆经济社会发展的一个重要里程碑,2007年全国"两会"期间,胡锦涛同志提出重庆新阶段发展的"314"总体部署,要求把重庆加快建成西部地区的重要增长极、长江上游地区的经济中心、城乡统筹发展的直辖市,在西部地区率先实现全面建成小康社会,将重庆这座内陆城市在国家战略中的地位,提升到了前所未有的高度。同年6月,国务院批准重庆为统筹城乡发展综合配套改革试验区,明确提出支持重庆"积极探索内陆地区发展开放型经济的新路子",将重庆进一步扩大开放、建设内陆开放型经济高地提升至国家战略高度。2008年,重庆市委三届三次全会上,《中共重庆市委关于进一步扩大开放的决定》正式出台,提出把重庆建成中国内陆开放高地。2009年,中央出台了国务院3号文件,将重庆改革和发展提升为国家战略,明确支持重庆探索内陆地区开放型经济。2008年11月批复的两路寸滩保税港区和2010年成立的西永综合保税区构成了重庆水陆空保税的"双子星座"。2010年,中央批准在重庆设立两江新区。2013年,重庆铁路口岸获批临时对外开放,成为内陆地区唯一对外开放的铁路口岸;重庆跨境贸易电子商务试点实施方案顺利获批,并启动试点,成为首轮五个试点城市中唯一拥有全业务试点的城市;"渝深快线、区域联动"便捷通关等试点稳步进行。未来,随着丝绸之路经济带、长江经济带和21世纪海上丝绸之路等新的国家重大发展战略深入推进,重庆在扩大内陆开放、推动区域合作、促进全球贸易迎来了新的历史机遇。

第二节 重庆市对外开放的主要成绩

一、外贸、外商投资惊人增长

总体来说,重庆虽然经历了2008年的全球金融危机,但对外开放仍然实现了跨越式发展,全方位开放格局基本形成,开放经济取得令人瞩目的成绩。

(一)对外贸易跨越式发展,贸易结构发生深刻变化

重庆进出口总额由2008年的95.21亿美元攀升至2013年的687亿美元,

---

① 以上数据均通过重庆统计信息网公布的数据整理而得。

短短5年增长了6.21倍。在全国外贸进出口年增长7.6%的形势下,重庆实现年进出口增长29.1%,外贸经营主体企业达到8 000家。① 2014年上半年,重庆进出口总额达到436.4亿美元,同比增长44.8%,增幅位居全国第四。其中,出口272.2亿美元,同比增长29.9%,进口164.2亿美元,同比增长79%。重庆进出口总额继续位居全国第十,出口位居全国第九,进口位居全国第十,均为中西部地区第一。②

贸易结构发生的深刻变化主要体现在以下三个方面:

第一,加工贸易迅猛发展,改变了以前的一般贸易独大的外贸结构。2014年上半年,重庆加工贸易进出口1 630.7亿元,增长1倍,占同期重庆外贸进出口总值的61%。其中,加工贸易出口1 166.1亿元,增长73.7%。一般贸易进出口712.9亿元,下降13.3%,占比26.7%。

第二,以笔记本电脑为代表的高新技术产品出口成亮点,而家具服装等传统劳动密集型产品出口下降,出口商品结构进一步优化。2014年上半年,重庆出口机电产品1 129.9亿元,增长15.3%。其中,出口便携式电脑出口2 572.8万台,增加24%,价值697.9亿元,增长36.5%;出口打印机744.4万台,价值52.4亿元。传统制造业摩托车出口185.3万辆,减少0.7%。同期,传统劳动密集型产品(包括纺织服装、家具、箱包、鞋、塑料制品、玩具六类)出口114.9亿元,下降36.3%。

第三,外贸市场持续扩增。除了传统的美国、德国、日本这三大贸易伙伴,东盟、我国香港、欧盟等也已成为重庆的新兴外贸市场。2014年上半年,重庆与东盟进出口497.9亿元,增长38.7%,占同期重庆进出口总值的18.6%;与我国香港进出口419.9亿元,增长2.4倍,占比15.7%;与欧盟进出口414.3亿元,增长9.3%,占比15.5%。

第四,民营企业进出口占比提高,国有企业出口下降。2014年上半年,重庆民营企业进出口1 167.7亿元,增长60%,占比43.7%,比重增加5个百分点。国有企业出口31.6亿元,下降12.2%。③

(二)外商投资增长迅猛,投资结构明显改善

2007—2011年,重庆外商投资出现井喷式增长,实际利用外资额每年增

---

① 以上数据均根据重庆市统计信息网公布的数据整理而得。
② 重庆外贸上半年增四成多[EB/OL].(2014-07-28)[2017-07-04].http://finance.ifeng.com/a/20140728/12812161_0.shtml.
③ 2014上半年重庆市外贸进出口形势分析[EB/OL].(2014-08-15)[2017-07-04].http://www.askci.com/finance/2014/08/15/113459wclb.shtml.

长率分别为55.11%、151.34%、47.73%、57.51%、66.08%，自2011年达到105亿美元后，2012年和2013年基本保持在此水平。2007—2013年累计吸引外资663.18亿美元，占直辖15年累计吸引外资总额的97.80%。① 2013年，重庆实际利用外资维持在105亿美元，以韩国SK半导体为代表的高新技术项目、以我国台湾新光三越为代表的商贸流通项目、以我国香港华南城控股为代表的城市综合体项目、以重庆川维爱思开为代表的化工项目等一批重大外资项目成功落户，累计落户世界500强企业230家，投资总额上亿美元的项目达20个。2014上半年，重庆新签订外资项目99个，签订合同外资额12.47亿美元，同比增长33.6%，实际利用外资42.46亿美元，增长0.2%。②

2006—2013年重庆利用外资情况如表9.1所示。

表9.1　　　　　　　　2006—2013年重庆利用外资情况

年份	协议（合同）数（个）	协议合同金额（亿美元）	实际利用外资额（亿美元）
2006	252.00	11.30	7.02
2007	263.00	40.74	10.89
2008	197.00	28.31	27.37
2009	220.00	37.99	40.44
2010	261.00	62.89	63.70
2011	361.00	63.36	105.79
2012	294.00	72.62	105.77
2013	248	40.57	105.97

资料来源：根据《重庆市统计年鉴（2013年）》和重庆市统计信息网公布的数据整理。

外商投资结构在此阶段进一步优化布局，在投资方式结构、产业投向结构与来源地结构等方面均有明显改善。

第一，从产业结构来看，制造业逐年攀升并首超房地产业。2007—2010年的4年间房地产行业一直是重庆吸引外资的第一大行业，受国家房地产调控政策以及重庆异军突起的笔记本电脑产业影响，制造业引进外资额逐年攀升，房地产业引进外资额则逐渐下降。到2011年，重庆制造业引进外资额首次超

---

① 根据《重庆市统计年鉴（2013年）》和重庆市统计信息网公布的数据计算而得。
② 2014年上半年重庆市经济运行情况［EB/OL］.（2014-07-07）［2017-07-04］. http://www.cqtj.gov.cn/html/tjfx/14/07/7121.html.

过房地产业11.18个百分点。2013年,制造业引进外资仍居榜首,吸引外资43.64亿美元,占重庆总量的40%;房地产业紧随其后,吸引外资28.54亿美元,占比近3成。新兴行业不断涌现,尤其是金融业、租赁和商务服务业、批发和零售业迅速成长为引资新亮点,分别引资16.53亿美元、7.43亿美元和3.56亿美元,分别占比15.7%、7.1%和3.4%。

第二,虽然来自我国香港的资金依然占据领先地位,但外资来源地逐步呈现多元化趋势。2013年,来自我国香港的资金为70.85亿美元,占比高达67.2%,但近年来随着重庆对外资吸引能力的增强,其他许多国家、地区开始向重庆扩展资本,尤其是来自新加坡的外资增长迅猛,由2007年的0.037亿美元增至2013年的8.29亿美元。另外,来自维尔京群岛(6.05亿美元)、毛里求斯(4.53亿美元)、德国(3.69亿美元)、开曼群岛(3.39亿美元)和美国(2.30亿美元)的外资均达到上亿美元。①

(三)对外投资异军突起

2009年以前,重庆对外实际投资累计仅1.73亿美元。2009年,重庆对外实际投资为5194万美元;2010年,重庆对外实际投资达到3.99亿美元,增长667.85%;2011年,重庆对外实际投资达5.48亿美元,增长37.34%;2012年,重庆对外实际投资达9.09亿美元,增长65.88%;2013年,重庆对外实际投资达10.1亿美元,增长11.2%。② 2014年上半年,重庆新批准设立38个境外投资企业(机构),同比增长26.7%,对外实际投资约4.89亿美元。③ 随着对外投资的快速发展,一批有影响力的本土跨国投资企业正在形成:重钢集团投资澳矿、粮食集团投资巴西大豆、四联集团收购霍尼韦尔加拿大蓝宝石、轻纺集团收购德国萨固密集团汽车密封条、直升机投资集团收购美国恩斯特龙直升机、机电集团收购英国PTG机床、外经贸集团设立香港投融资平台、重庆国际复合材料收购巴西玻璃纤维、重庆中节能(在渝央企)收购香港新材料上市公司股权、宗申集团投资加拿大环保技术及房地产、博赛集团收购圭亚那和加纳铝矾土矿、信维通信投资俄罗斯和柬埔寨、力帆集团建立香港投资平台整合境外投资企业、天龙房地产集团收购新西兰酒店、祥宏实业集团在美国收

---

① 2013年重庆市开放型经济稳定向好[EB/OL].(2014-02-12)[2017-07-04]. http://www.cqtj.gov.cn/html/tjfx/14/02/6992.html.

② 重庆市近三年对外实际投资增长近20倍[EB/OL].(2014-05-07)[2017-07-04]. http://www.mofcom.gov.cn/article/resume/n/201405/20140500575271.shtml.

③ 上半年重庆对外投资4.89亿美元[EB/OL].(2014-08-18)[2017-07-04]. http://www.cq.xinhuanet.com/2014-08/18/c_1112112765.htm.

购一家大型煤矿、易钧建实业公司远赴格鲁吉亚投资收购金矿、牧雪发展农业有限公司投资老挝甘蒙省打造立体现代农业庄园等。

二、国内开放进步显著

（一）引进内资增长迅猛，制造业与房地产业占突出地位

近年来，重庆经济社会迅速发展，引进内资连续保持高速增长。重庆引进内资从2007年的430.03亿元增长到2013年的6 007.20亿元，年均增长率64.95%。2007—2013年，重庆7年累计吸引内资22 220.83亿元，占直辖17年累计吸引内资总额的96.08%，是1997—2006年引进内资的24.5倍。[①] 从利用内资的行业结构看，第二产业中的制造业与第三产业中的房地产业依然是最具内资聚集优势的行业。2007年，制造业与房地产业两个行业共吸引内资311.3亿元，占比73%；2013年，制造业与房地产业吸引内资总量继续保持增长趋势，升至3 978.19亿元，占比略有下浮，降至66.22%。从资金来源地看，东部地区依然保持领先地位，中部地区增势强劲。来自东部地区的资金保持稳定增长，依然是重庆引进内资的最主要来源地，由2007年的328.45亿元上升至2013年的4 134.73亿元，占比持续保持在总量的近7成，是推动重庆内资增长的首要动力。中部地区的资金额由2007年的27.49亿元上升至2013年的588.61亿元，7年内增长了21.4倍，增势迅猛；西部地区资金稳步推进，金额增长17.33倍，依然是重庆吸引内资的第二大地区（见表9.2）。2013年，重庆吸引到了30个省（自治区、直辖市）的资金投入，其中北京、广东和四川分别位居内资引进排行榜前三位。2014年上半年，重庆实际利用内资2 641.51亿元，增长16.3%。[②]

表9.2　　　　　1996—2014年重庆市吸引内资情况　　　金额单位：亿元

年份	总额	来自东部地区		来自中部地区		来自西部地区		第一产业	第二产业	第三产业
		金额	比重(%)	金额	比重(%)	金额	比重(%)			
1996	34.11	22.89	67.11	2.53	11.05	8.67	25.42	0.28	10.53	23.29
1997	37.81	25.38	67.13	2.81	11.07	9.61	25.42	0.31	11.68	25.82
1998	39.58	26.57	67.13	2.94	11.07	10.06	25.42	0.32	12.22	27.03
1999	40.61	27.26	67.13	3.02	11.08	10.32	25.41	0.33	12.54	27.73

---

① 根据重庆市统计信息网站公布的相关数据计算而得。
② 2014年上半年重庆市经济运行情况 [EB/OL]. (2017-07-07) [2017-07-04]. http://www.cqtj.gov.cn/html/tjfx/14/07/7121.html.

表8.2(续)

年份	总额	来自东部地区 金额	比重(%)	来自中部地区 金额	比重(%)	来自西部地区 金额	比重(%)	第一产业	第二产业	第三产业
2000	43.03	28.89	67.14	3.2	11.08	10.94	25.42	0.35	13.29	29.38
2001	46.38	31.13	67.12	3.45	11.08	11.79	25.42	0.38	14.32	31.66
2002	51.52	31.44	61.02	6.41	20.39	13.66	26.51	1.27	18.05	32.19
2003	57.27	35.78	62.48	7.87	22.00	13.61	23.76	1.55	26.09	29.62
2004	86.87	60.04	69.11	8.52	14.19	18.3	21.07	1.86	47.15	37.84
2005	205.89	148.01	71.89	14.68	9.92	43.2	20.98	3.88	94.99	107.02
2006	298.25	240.81	80.74	5.85		43.35	14.53	3.08	126.21	168.95
2007	430.02	328.45	76.38	27.49	8.37	74.07	17.22	3.99	223.26	202.77
2008	842.84	660.86	78.41	54.96	8.32	127	15.07	9.07	407.74	426.02
2009	1 468.01	1 143.26	77.88	101.7	8.90	223.04	15.19	33.42	706.99	727.59
2010	2 638.29	2 015.27	76.39	207.56	10.30	415.45	15.75	73.08	1 138.56	1 426.64
2011	4 919.84	3 489.14	70.92	499.35	14.31	931.34	18.93	159.86	2 207.34	2 552.62
2012	5 914.63	3 998.79	67.61	568.98	14.23	1 346.85	22.77	228.37	2 713.95	2 972.29
2013	6 007.2	4 134.73	68.83	588.61	14.24	1 283.86	21.37	240.96	2 381.43	3 384.81
2014	2 641.51	1 798.34	68.08	242.62	13.49	600.55	22.74	113.37	1 065.47	1 462.67

注：2014年数据是1~6月份数据。

资料来源：《重庆统计年鉴》及重庆市统计信息网。

(二) 区域合作全面展开，开创合作新格局

重庆全方位深化和扩大区域合作，推动成渝经济区和城市群建设，加强与长江中游城市群和长三角地区的合作，加强与西部相关省份的合作，深化与丝绸之路经济带沿线国家和地区的合作，共同推动向东向西开放取得新突破。

近年来，重庆抓住国内外重大机遇，开拓重庆区域合作新领域，积极与周边省份在旅游开发、科技兴农、三峡库区开发、内外开放、交通共建、企业联合等领域开展了深入交流，逐步完善各层次区域经济协作平台，建立起了长期、稳定、全面的经济联系网络。

(1) 重庆与西南地区开启多边合作格局，主要依托于川、滇、黔、桂、藏、渝六省（区、市）经济协调机制，基本建立以交通先行、商品流通为突破口，以资金融通为纽带，以行业和比邻地区特别协作为基础的六省（区、市）经济联系网络。

(2) 重庆以长江水域为纽带，逐步推进与沿江省份的合作，通过上海、南京、武汉、重庆由东向西传导的长江一线市场体系，以实现长江沿线中心城市在资金、技术、人才、信息等方面的双向流动。

（3）重庆通过承接东部产业转移与三峡库区对口支援合作，稳步推进渝穗深桂、渝浙、渝苏、渝闽、渝鲁、渝奥、渝台合作，合作机制日趋完善。

（4）川渝合作再写新篇章。2014年7月，重庆与成都签署区域通关合作备忘录，双方将在构建区域通关一体化大背景下就成渝区域通关一体化合作项目建立范围更广、更为紧密的合作关系，为下一步融入长江经济一体化进程奠定基础。另外，重庆还与四川广安签订经贸合作备忘录，与四川达州签订区域合作框架协议。目前，四川和重庆依托长江黄金水道、已建及在建的6条铁路和6条高速公路通道[①]，川渝两地制造业和服务业正在积极寻求优势互补，以实现经济资源和要素优化配置。

（5）国家建设长江经济带和丝绸之路经济带计划，为重庆加强区域合作提供了重大机遇。重庆位于"两带"的交汇处和战略节点，是长江经济带的"龙尾"、长江上游航运中心、西南地区综合交通枢纽，将建成西部开发开放的重要战略支撑和长江经济带的西部中心枢纽。重庆正在抓住机遇，主动融入国家对外开放和区域协调发展战略，全面加强与兄弟省（区、市）的合作，在服务全国大局中发展自己，在加强合作中提升自己。

（三）大口岸大通道建设初见成效，内外贸易大通道基本建成。

目前，重庆市加快了航空、水运、铁路、公路、电子口岸等口岸建设。其中，在航空口岸方面，重庆以亚洲国际航线和欧美远程国际航线为主，目前已开通28条国际客运航线，2013年国际航空货运量达18万吨，增长了20%。在铁路口岸方面，重庆有团结村铁路开放口岸和汽车整车进口口岸，主要拓展笔记本电脑之外的大宗高价值货物通过渝新欧铁路运输。在公路口岸方面，重庆正积极探索在南彭公路物流基地设立国际公路二类口岸。在水运口岸方面，重庆已成为长江上游唯一拥有水运一类口岸、保税港区和5 000吨级深水航道的地区，目前正在加快推进进口肉类、水果、粮食等指定口岸建设。在电子口岸方面，边检旅客申报、航空物流、"渝深快线、区域联动"3个信息系统应用项目上线运行，跨境电子商务公共平台于2014年6月正式上线。未来，重庆还将争取开通重庆至美国、意大利、阿联酋等国际航线，尽快完成指定口岸基础设施建设并投入使用，争取铁路口岸正式开放，利用汽车整车口岸做大对欧汽车贸易，加快公路物流基地、电子口岸等建设。[②]

---

① 重庆市人民政府工作报告［EB/OL］.（2017-01-19）［2017-07-04］. http://cq.cqnews.net/html/2011-01/19/content_5614585_2.htm.

② 重庆正加快立体口岸建设 造国际贸易大通道［EB/OL］.（2014-09-01）［2017-07-04］. http://finance.ifeng.com/a/20140901/13037566_0.shtml.

第三节 重庆市建设内陆开放高地的主要举措及基本经验

一、搭建三类开放平台，辐射和带动长江上游与西部地区的对外开放

重庆目前已经成功搭建"1+2+4+N"开放引领平台。"1"，即两江新区；"2"，即两路寸滩保税港区和西永综合保税区；"4"，即4个国家级开发区，包括九龙坡国家级高技术开发区、南岸国家级经济技术开发区、万州国家级经济技术开发区、长寿国家级经济技术开发区；"N"，即区县市级特色工业园区。

（一）两江新区——内陆开放的制高点

两江新区是于2010年6月18日正式挂牌成立的国家综合配套改革试验区，是我国第三个国家级新区和副省级新区。两江新区作为国家区域平衡发展总体战略的重要组成部分，担负着让两江新区成为一个火车头，辐射带动长江上游地区加快发展，有利于形成沿海与内陆、东中西部协调发展的区域新格局的重大使命。两江新区自成立以来，秉承内陆开放的国家使命，努力探索内陆开放型经济新思路、新路径，积极打造内陆开放的国际通道、通关路径、国际平台、产业支撑和政策体系。内陆开放已成为两江新区发展的强大动力。两江新区地区生产总值从2009年的798亿元增长到2013年1 650亿元，翻了一番多；规模以上工业总产值从1 211亿元增长到3 492亿元，年均增长30.3%；固定资产投资从529亿元增长到1 368亿元；实际利用外资从12亿美元增长到32亿美元，年均增长27.8%；进出口总额从33.7亿美元增长到305亿美元，年均增长73.4%。2014年1~4月，两江新区实际利用外资5.09亿美元，增长15.7%；实现进出口990亿元，同比增长137.5%，开放效益日益凸显。[①]

（三）保税区——内陆开放特区

2008年11月12日，国务院正式批复设立重庆两路寸滩保税港区，这是我国首个内陆保税港区和目前唯一的"水港+空港"一区双核的保税港区。2010年，西永综合保税区成立，与两路寸滩保税港区一起，构成了重庆水陆空保税的"双子星座"。2014年上半年，重庆保税港区吸引了45家保税贸易企业落户，着力打造跨境电子商务；物流仓储企业入驻已达110家，实现营业收入

[①] 两江新区：内陆开放门户 国际物流枢纽[EB/OL].（2014-06-11）[2017-07-04]. http://www.cq.xinhuanet.com/2014-06/11/c_1111095009.htm.

33.79亿元。在保税贸易方面,保税港区新增引进保税贸易类企业45家,经营4 300余种进口商品,已实现交易额约5.38亿美元。①

(三) 产业园区——内陆开放的产业集聚区

重庆有多个国家级、市级、区县级特色工业园区,这些产业园区是内陆开放的产业集聚区,各有重点。九龙坡国家级高技术开发区重点发展信息、生物等高技术产业;南岸国家级经济技术开发区重点发展通信设备、装备制造等产业;万州国家级经济技术开发区重点发展化工、装备制造、新能源等产业;长寿国家级经济技术开发区重点发展化工、材料、装备制造等产业。

二、主动参与国际国内分工,向"微笑曲线"两端延伸价值链

(一) 新一轮的产业转移为内陆城市参与国际分工提供了新机遇

解释国际分工的理论一直层出不穷,从古典国际分工理论到现代国际分工理论,再到当代国际分工理论。其中的比较优势理论、要素禀赋理论、雁行模式理论、产品生命周期理论和边际产业转移理论等都存在一个重要的理论共识:发达国家为规避某产业在生产、销售等环节比较劣势的需要,向外转移已经处于或即将处于比较劣势的产业。而后发地区往往是通过承接发达国家的产业转移,发挥自身的比较优势,建立开放型产业体系,积极参与国际产业分工,从而最终提升区域综合竞争力。

在我国,改革开放30多年来,沿海地区承接了发达国家及我国台港澳地区大量的产业转移,但随着沿海地区土地价格上升、劳动力成本上涨、环保压力加大等导致的经营成本增加,大量的沿海产业纷纷向内陆地区转移。广大中西部地区劳动力和土地等要素价格相对低廉,却存在着物流运输成本高昂、本地配套能力不足等制约因素。以重庆为例,据测算,重庆的土地成本是东部地区的44%,劳动力成本是东部地区的60%,总成本是东部地区的50%~60%②,但重庆的运输成本却相当高。一个标准集装箱从重庆到上海,公路运输费用要2万元人民币,铁路运输费用要6 000元,长江水运费用要约3 000元。③ 再从时间成本来看,重庆开通到上海的快班轮,水运时间曾经需要从9天到半个

---

① 重庆保税港区引45贸易企业 产值年内欲破千亿元 [EB/OL]. (2014-08-14) [2017-07-04]. http://www.ceweekly.cn/2014/0814/90030.shtml.
② 为降低劳动成本 沿海服企将转战重庆 [EB/OL]. (2008-07-17) [2017-07-04]. http://info.cloth.hc360.com/2008/07/17084971667.shtml.
③ 我国内陆唯一保税港区为何花落重庆 [EB/OL]. (2008-12-16) [2017-07-04]. http://news.21cn.com/gundong/2008/12/16/5627750.shtml.

月,后来缩短到 5 天。如此高昂的物流成本,意味着如果继续按照传统的"两头在外"的加工贸易模式,不管重庆的要素成本多么低廉,税收政策多么优惠,都难以在承接国际国内产业转移的竞争中脱颖而出。

(二) 通过产业链的垂直整合,构建"一头在外"的加工贸易新模式

重庆抓住全球和沿海产业大转移契机,垂直整合全球产业链、价值链,并利用全球产能过剩、资本过剩的约束条件,运用跨国资本、港澳台资、内资等资本竞争的市场逻辑,不但吸引了一大批跨国企业落户,而且采取市场、资源、技术等多重要素组合,在汽车、电子信息、航空、医药、高端装备 5 大产业推进产业升级,为内陆地区新型工业化、新型城镇化发展,实现经济发展的战略转型增添了新范例。[①] 电子信息产业的发展尤为引人注目。

重庆创造内陆加工贸易新模式,实现整机加零部件垂直整合一体化。近年来,重庆抓住全球电子信息产业重组的机遇,通过引入惠普等品牌商,吸引富士康、广达、英业达等代工商以及数百家零部件制造企业作为配套。重庆已构建起由"品牌商+代工厂+零部件企业"的"5+6+800"垂直整合体系,即惠普、宏碁、华硕、东芝、思科 5 大笔记本电脑品牌商,富士康、英业达、广达、仁宝、纬创、和硕 6 大代工厂以及 800 余家零配件企业组成的世界级产业集群和生产基地。截至 2013 年年底,重庆已签约笔记本电脑配套企业 817 家,协议引资总额 1 250 亿元。2013 年,已投产企业实现产值 493 亿元,同比增长 47.6%,其中规模以上笔记本电脑配套企业新增 59 家。[②]

重庆的笔记本电脑产业集群能够迅速崛起,主要在于其加工贸易模式的创新。

(1) 改变"两头在外"的传统加工贸易模式为"一头在外"。传统的加工贸易是通过进口原料、材料或零部件,利用本地的生产能力和技术,加工成成品后再出口,从而获得以外汇体现的附加价值。而重庆把加工贸易"两头在外,大进大出"的传统模式创新为"一头在内,一头在外",即原料在国内生产,销售在国外,生产环节尽可能本地化,以降低物流成本。

(2) "整机 + 配套"垂直整合产业链,即按照产业链式招商模式,先引进行业整机销售品牌商,再利用品牌商引进代工商,然后利用代工商吸引零部件生产企业入驻。重庆力求加工在重庆完成,零部件生产本地化。目前重庆已有

---

① 重庆开放路径:参与国际分工 重构产业链、价值链 [EB/OL]. (2013-04-12) [2017-07-04]. http://www.cq.xinhuanet.com/2013-04/12/c_115362761.htm.
② 重庆笔记本电脑配套企业已达 817 家 [EB/OL]. (2014-02-08) [2017-07-04]. http://www.cq.gov.cn/zwgk/zfxx/2014/2/7/1210083.shtml.

显示模组、电池及电池芯、机壳、散热器等战略物资生产企业25家，PCB、电源适配器、转轴、连接器、连接线、键盘、扬声器、晶体振荡器、EMI等关键零部件企业434家。配套企业已覆盖42个大类中的36个，除集成电路（IC）、硬盘、内存等外，其他零部件均可在本地生产，机壳、键盘、散热器、转轴等零部件企业达产后可以满足原始设计制造商（ODM）需求，品种覆盖率达86%，投产覆盖率为83%。随着本地配套体系的完善，配套产业发展对整机的支撑作用日益凸显，"配套成龙"目标初步实现。[①]

（3）采用"制造＋研发""生产＋结算"相结合的方式，改变沿海加工贸易只有加工环节利润的方式，把价值链向"微笑曲线"的两端延伸。重庆在垂直整合，构建全产业链同时，还抓住了全球价值链的"微笑曲线"上的两个高端。一个高端是结算。目前，国内加工贸易的结算环节基本都在新加坡、韩国、日本等。互联网的发展使得结算业务已不受时空制约，重庆以此为前提，创新金融、外汇监管方式，简化离岸金融结算手续，成功将惠普亚太结算中心引到重庆。随后宏碁、华硕第二运营部在重庆落户，伟仕、佳杰两大国际信息技术（IT）分销商也先后在渝成立结算中心。另一个高端是研发。重庆积极说服惠普、思科等在本地建立了研发中心。[②③] 随着中科院重庆分院的成立，加上本地众多高校及科研院所的实力增强，重庆为国际大企业提供科技服务的能力也在迅速提高。

三、构建立体交通与口岸，打通对外通道

（一）"一江两翼三洋"的立体交通，打通国际物流大通道

目前，重庆进出口货物已经形成了"一江两翼三洋"的国际物流通道。"一江"，即通过长江通达太平洋；"西北翼"，即通过渝兰铁路，由新疆阿拉山口出境，经哈萨克斯坦—俄罗斯—白俄罗斯—波兰—德国—鹿特丹港通达大西洋；"西南翼"，即通过渝黔铁路，由贵阳—昆明—大理—瑞丽出境，经缅甸中部城市曼德勒—石兑港通达印度洋。未来，在现有规划布局的基础上，我国还将深化重庆—新疆—欧洲、重庆—上海—太平洋、重庆—昆明—印度洋、

---

① 重庆笔记本电脑配套企业已达817家[EB/OL].（2014-02-07）[2017-07-04]. http://www.cq.gov.cn/zwgk/zfxx/2014/2/7/1210083.shtml.

② 重庆笔记本电脑配套企业已达817家[EB/OL].（2014-02-07）[2017-07-04]. http://www.cq.gov.cn/zwgk/zfxx/2014/2/7/1210083.shtml.

③ 黄奇帆：一头在内，一头在外——加工贸易在内陆地区发展的模式探索[EB/OL].（2010-10-29）[2017-07-04]. http://www.21ccom.net/articles/zgyj/ggzhc/article_2010102923172.html.

重庆—深圳—太平洋 4 条国际综合运输大通道。

"一江两翼三洋"国际大通道大大缩短了包括重庆在内的中西部地区与国际贸易交流的时间,货物运送时间可以节省 15 天,运距缩短 6 000 千米以上。①

(二) 打造升级版"渝新欧",国际铁路大通道

"渝新欧"铁路是重庆至欧洲国际铁路大通道,是指利用南线欧亚大陆桥这条国际铁路通道,从重庆出发,经西安、兰州、乌鲁木齐,向西过北疆铁路,到达边境口岸阿拉山口,进入哈萨克斯坦,再经俄罗斯、白俄罗斯、波兰至德国的杜伊斯堡,全长 11 179 千米。这是一条由沿途 6 个国家铁路、海关部门共同协调建立的铁路运输通道。"渝新欧"国际铁路大通道在重庆三大国际货运通道当中占据了举足轻重的地位,能更好地承担起"中欧贸易桥头堡"的角色。目前"渝新欧"铁路运行时间为 16 天。2015 年,中国兰渝铁路通车后,"渝新欧"铁路运行时间将缩短至 13 天。这条铁路还可以进一步延伸到荷兰、比利时等国。②

"渝新欧"铁路与传统海洋运输相比,有以下优势:一是省时。传统上重庆出口到欧美,是沿长江顺流而下,到上海转海船到欧美。而通过"渝新欧"铁路到中东欧全程运时比海运快 30 多天。二是安全。该铁路不受自然条件和非常规安全因素影响,避免了海运常常出现的海盗、台风等风险。三是省钱。目前该铁路综合成本虽与海运相当,但随着回程货源的增加,达到双向畅行,综合成本还有降低的空间。2014 年 8 月 30 日,渝新欧铁路首趟进口汽车整车班列顺利抵达重庆,标志着回程货不足的瓶颈问题得到初步破解,将有力助推"渝新欧"铁路双向畅行。

针对这条通道中存在的沿线各国之间体制不统一,运行班列调度、运行价格不统一,货源不稳定且回程货不平衡,难以常态化运行等问题,重庆积极创新协调机制,在国家的支持和协调下,与沿线 6 国铁路部门合作开通"五定班列",即定站点、定线路、定车次、定时间、定价格,优先装车、优先挂运、优先放行,全程监控,编制统一的运行时刻表,统一运单、统一调度。在国家海关总署的支持和协调下,跨国海关的国际协作机制建立,实行中欧"安智贸"试点和多国海关"一卡通",实现一次报关、一次查验、全程放行。组织

---

① 重庆完善交通基础设施布局 提升对外开放能力 [EB/OL]. (2014-05-13) [2017-07-04]. http://auto.chinairn.com/news/20140513/092045137.shtml.

② 黄奇帆向中东欧 16 国力推渝新欧 [EB/OL]. (2013-07-03) [2017-07-04]. http://www.chinanews.com/gn/2013/07-03/4998367.shtml.

方面，各国铁路部门和内陆省市合资成立铁路物流公司，各负其责，利益共享。在运费方面，完善的联席制度建立，明确协商程序和利益调剂方式，实现多赢。①

自 2011 年 1 月 28 日首趟"渝新欧"列车成功开行以来，截至 2014 年 8 月底，"渝新欧"铁路货运量累计达 1.27 万标箱，货值 40 多亿美元，将重庆及周边地区的电子、机械等产品源源不断地输往欧洲市场。在其示范带动下，郑州、武汉、成都、西安等中西部内陆城市，近几年也纷纷拓展面向欧亚的跨国物流。②

四、实施转"危"为"机"的走出去战略，借助全球资源，解决自身发展中的瓶颈问题

2008 年的世界金融危机对大多数国家是灾难，我国也受到诸多不利冲击。在这场危机中，重庆更多地是探讨如何转"危"为"机"走出去，借助外力解决自身难题。重庆的走出去战略以海外投资为主，主要集中在五个方面：一是地下资源，如铁矿石、铝矾土等国内短缺的资源；二是农产品，主要发展农业，种植大豆、棉花；三是资源加工类，如把铝矾土加工成氧化铝、电解铝运回来；四是装备技术；五是投资海外股权，成为其战略伙伴。此外，重庆还考虑在海外建工业园。

重庆的海外投资呈现出两个显著特点：第一，海外投资以提升区域生产力和竞争力为中心，紧密结合国内市场需求以实现国际过剩资源与中国紧缺需求的对接，最终形成国内市场与国外市场互补共存的格局。具体来说，就是针对重庆或国内资源、装备、技术和市场上有缺陷的地方，通过在海外进行资源开发、对外投资办厂、兼并收购国外企业等形式加以弥补，以提升重庆的生产力水平，增强其核心竞争力。第二，国企、民企共同构成重庆参与海外投资的主体，实现了国企与民企"双轮"出海。另外，重庆的海外投资实行了"1+3"模式，在推进时实行"1+3"团队运作，即每个项目有一个重庆的企业集团主导，跟进一家熟悉当地情况的国际投行、一个会计师事务所、一个律师事务所，确保将风险控制到最低。

---

① 黄奇帆. 以改革创新为动力 推动内陆扩大开放［EB/OL］.（2014-01-05）［2017-07-04］. http://news.cqnews.net/html/2014/01/05/content_29299799_2.htm.
② "渝新欧"首迎进口整车班列 带动内陆口岸高地崛起［EB/OL］.（2014-09-01）［2017-07-04］. http://news.xinhuanet.com/fortune/2014-09/01/c_1112315453.htm.

五、创新通关监管模式，提升服务水平

重庆的开放型经济能在短时间内取得骄人的成绩，是与其服务水平的提升和制度探索及创新分不开的。

重庆海关根据企业的特殊需求，不断改进监管和服务，全力支持内陆型加工贸易发展。一是重庆海关对特殊区域内大型项目落户、建设、生产，提供全程跟踪指导、政策咨询、协调通关等业务支持；采用下厂验放、分送集报、预约通关等便捷通关措施，极大节省企业物流成本。二是重庆海关采用在途监管模式（采用"GPS+电子铅封"手段，对关区内特殊监管区域间流转货物及保税港区出港货物进行加封电子铅封和GPS实时跟踪），使"两区"进出口货物与机场、码头、车站等口岸有序对接，确保了一次申报、一次查验、一次放行，"两区"进出口物流因此全面提速；实现"入区即退税"，解决了长期以来制约内陆地区企业出口退税滞后的问题，使出口货物转关核销率达到100%。在海关总署和上海、深圳、乌鲁木齐等海关的支持与帮助下，近年来，重庆海关先后促成开通重庆——上海江海联运五定快班轮、渝深铁海联运国际大通道、渝欧国际货运航线、"渝新欧"国际货运班列，推动重庆港成为内陆首个中欧安全智能贸易航线试点口岸。

目前，重庆已形成了江海联运、铁海联运、水空联运、区港融合等物流集疏运模式，改变了以前主要依靠水运进出口的物流方式，全方位实现了重庆海关验放、沿海口岸海关放行、相关国家海关监管结果互认的"直通式"模式[①]，使重庆一举由西部内陆变为开放前沿，成为真正意义上的对外开放口岸。

2014年，重庆海关进一步发挥海关职能，全力推进署市深化新一轮合作，做到"五个推动"：一是积极推动特殊监管区域功能拓展和创新发展；二是积极推动建设内陆枢纽型口岸；三是积极推动重庆建设"铁、公、水、空"的立体、多式联运国际物流体系，支持"渝新欧"班列常态化运行，帮助承揽邮政小包业务，助推在沿线国家设立物资集散分拨中心，吸纳回程货源，继续开展内外贸货物同船运输试点，支持集拼业务发展；四是积极推动内陆沿海沿边通关合作，重点加强与上海、南京、深圳等沿海海关的通关协作，促进通关

---

① 重庆海关创新监管与服务 支持探索内陆型加工贸易发展模式 [EB/OL]. (2012-08-15) [2017-07-04]. http://www.customs.gov.cn/publish/portal0/tab7973/info384270.htm.

一体化；五是积极推动国际跨境电子商务发展。①

六、国内外两个市场并重，着力培育对内开放特色

近年来，重庆对外开放实践实行的是内需与外需两个市场并重战略，并且更加重视国内需求，将对国内的开放逐渐培育成重庆开放的另一主战场。不同于沿海地区过度依赖外需的出口导向型模式，这是基于重庆自身的"内陆"特性与当今国内外经济发展趋势所决定的。地处西部内陆、对外开放起步晚、城乡二元结构矛盾突出等原因使重庆不可能短期内在国际开放方面赶超沿海发达地区，这在客观上决定了重庆不能只依靠"国际开放"来提升重庆整体的开放水平，而需要做到内外需市场并重。2008年爆发的国际金融危机使欧美消费市场的大幅萎缩，加之国外贸易保护主义抬头，我国出口大幅缩水，以外需为主的外向型经济受到严重挑战。我国提出要积极扩大内需，从而减小对出口市场的依赖。因此，加强国内开放，挖掘国内市场巨大的市场潜力是维持地区经济持续高增长状态的必然选择和要求。重庆顺势而为，在大力提高国际开放水平的同时下功夫深耕国内市场，力争构建国内外市场并重的崭新格局。

重庆的主要经验有：第一，通过举办高交会、渝洽会、经济年会以及经济论坛等形式，利用两江新区、两大保税区、特色工业园区等开放平台，加大招商引资力度，吸引国内各类行业龙头企业落户重庆。第二，稳步推进落实与其他省份的双边战略合作协议，加强与周边省（市、区）的多边合作互动。第三，五大功能区错位竞争，积极打造各具特色的引资平台。都市功能核心区和拓展区以总部经济见长，着力发展金融业、商业、旅游业、信息业以及物流业，2013年引入内资2 632.1亿元，占重庆利用内资的比重超过4成。城市发展新区依托近城地理位置，以房地产业和制造业为主，2013年实现引入内资1 840.92亿元，占重庆利用内资的比重约3成。渝东北生态涵养发展区抓住移民新城建设、城乡统筹建设机遇，农林牧渔业、建筑业、房地产业和旅游业发力快速增长，2013年实现引入内资1 142.58亿元，占重庆利用内资的比重约2成。渝东南生态保护发展区利用资源优势，推进发展农林牧渔业、电力开发业、房地产业和旅游业，但受地理位置偏远的制约，引入内资发展较慢，2013年实现引入内资391.6亿元。自2001年以来，重庆13年累计引入内资22 967.07亿元，解决了上百万人就

---

① 重庆海关倾力促进重庆内陆开放高地建设［EB/OL］.（2014-02-14）［2017-07-04］. http://www.cq.xinhuanet.com/2014-02/14/c_119329923.htm.

业。① 未来重庆还将深化对内开放和扩大区域合作，共同推动成渝经济区和城市群建设，进一步加强与长江中游城市群和长三角地区的合作以及与西部相关省份的合作，并深化与丝绸之路经济带沿线国家和地区的合作，推动重庆向东向西的内陆开放取得新突破。

---

① 重庆去年引内资 6 007.2 亿元 北京广东四川位列前三 [EB/OL]. (2014-02-12) [2017-07-04]. http://news.sina.com.cn/c/2014-02-12/180029447399.shtml.

参考文献

[1] ALFARO L, A CHARLTON. Growth and the Quality of Foreign Direct Investment: Is All FDI Equal? [Z]. Conference on New Perspectives on Financial Globalization Research Department, 2007.

[2] ATIKEN B J, HARRISON A E. Do Domestic Firms Benefit from Foreign Direct Investment: Evidence from Panel Data [J]. American Economic Review, 1999, 89: 605-618.

[3] BAHARUMSHAH, THANOON. Foreign Capital Flows and Economic Growth in East Asian Countries [J]. China Economic Review, 2006 (6): 188-194.

[4] BARRIOS S, STROBL E. Foreign Direct Investment and Productivity Spillovers: Evidence from the Spanish Experience [J]. Weltwirtschaftliches Archiv, 2002, 138 (3): 459-481.

[5] BECKER R, HENDERSON J V. Effects of Air Quality Regulation on Polluting Industries [J]. The Journal of Political Economy, 2000, 108 (2): 379-421.

[6] BIRDSALL N, WHEELER D. Trade Policy and Industrial Pollution in Latin America: Where are the Pollution Havens? [J] Journal of Environment and Development, 1993 (2): 137-149.

[7] BLALOCK, GARRICK. Technology from Foreign Direct Investment: Strategic Transfer through Supply Chains [D]. Berkeley: University of California, 2001.

[8] BLOINSTROM M, H PERSSON. Foreign Direct Investment and Spillovers Efficiency in an Undevelopped Economy Evidence from the Mexican Manufacturing Industry [J]. World Development, 1983 (11): 493-501.

[9] BLOMSTROM, MAGNUS, ARI KOKKO. The Impact of Foreign Investment on Host Countries: A Review of the Empirical Evidence [Z]. Washington: World Bank Policy Research Working Paper, 1996.

[10] BLOMSTROM M, E WOLFF. Multinational Corporations and Productivity Convergence in Mexico [M]. Oxford: Oxford University Press, 1994.

[11] BORENSZTEIN J, GREGORIO J, W LEE. How Does Foreign Direct Investment Affect Economic Growth [J]. Journal of International Economics, 1998 (8): 211-216.

[12] BRIAN J AITKEN, ANN E HARRISON. Do Domestic Firms Benefit from Foreign Direct Investment? Evidence from Venezuela [J]. American Economic Review, 1999, 89: 232-239.

[13] BWALYA S M. Foreign Direct Investment and Technology Spillovers: Evidence from Panel Data Analysis of Manufacturing Finnsin Zambia [J]. Journal of Development Economics, 2006, 81 (2): 514-526.

[14] CAMARERO MARIAM, TAMARIT CECILIO. Estimating Exports and Imports Demand for Manufactured Goods: the Role of FDI [Z]. Europe Economy Group Working Papers, 2003.

[15] CAVES. Multinational Firms, Competition and Productivity in Host-country Markets [J]. Economic, 1974, 41: 176-193.

[16] CAVES. Multinational Enterise and Eeonmoie Analysis [M]. Cambridge: Cambridge University Press, 1982.

[17] CHIEHILNISKY. North-South Trade and the Global Environment [J]. The American Economic Review, 1994, 84 (4): 851-874.

[18] CLEMENTS, LEIANNE. What is Behind the US-Japanese Trade Lmbalance [Z]. Institute of Economic Studies Working Paper Series, 1998.

[19] DASGUPTAS, LAPLANTE B, WANG H, et al. Confronting the Environmental Kuznet Seurve [J]. Journal of Economics Persve Ctives, 1997, 16 (1): 147-168.

[20] DOLLARS D. Outward-Oriented Developing Economies Really Do Grow More Rapidly: Evidence from LD-Cs, 1976—1985 [J]. Economic Development and Cultural Change, 1992, 40 (3): 523-544.

[21] DUA ANDRE, DANIEL ESTY. Sustaining the Asia Pacific Miracle: Environmental Protection and Economic Integration [M]. Washington: Institute for International Economics, 1997.

[22] EDWARDS S. Trade Orientation, Distortions and Growth in Developing Countries [J]. Journal of Development Economies, 1992 (39): 31-57.

[23] FEDER G. On Export and Economic Growth [J]. Journal of Development Economics, 1982 (12): 59-73.

[24] GIRMAS, WAKELIN K. Who Benefit from Foreign Direct Investment in the UK [J]. Journal of Political Economy, 2001 (48): 119-133.

[25] GLOBERMAN S. Foreign Direct Investment and Spillover Efficiency Benefits in Canadian Manufac turing Industries [J]. Canadian Journal of Economics, 1979, 12 (1): 42-56.

[26] HADDAD M, HARRISON A. Are There Positive Spillovers from Direct Foreign Investment Evidence from Panel Date for Morocco [J]. Journal of Development Economics, 1993, 42 (1): 51-74.

[27] HANSEN, RANDO. On the Causal Links between FDI and Growth in Developing Countries [J]. Department of Economic, 2004 (13): 195-199.

[28] HARRISON A. Openness and Growth: A Time-Series, Cross-Country Analysis for Developing Countries [J]. Journal of Development Economies, 1996 (48): 419-147.

[29] HENDERSON J V. Effects of Air Quality Regulation [J]. American Economic Review, 1996, 86 (4): 79-81.

[30] HUSIAN JUN, FINDIAV R. Relative Backwardness, Direct Foreign Investment and the Transfer of Technology: A Simple Dynamic Model [J]. Quartely Joumal of Economies, 1998 (5).

[31] JAVORCIK B S. Does Foreign Direct Investment Increase Productivity of Domestic Firm Is Search of Spillovers Through Backward-Linkages [J]. American Economic Review, 2004, 94 (3): 605-627.

[32] JUNG WAN LEE. The Contribution of Foreign Direct Investment to Clean Energy Use, Carbon Emissions and Economic Growth [J]. Energy Policy, 2013, 55 (4): 483-489.

[33] KOKKO A. Technology Market Characteristics and Spillovers [J]. Development Economics, 1994 (43): 279-293.

[34] KOKKO A. Foreign Direct Investment, Host Country Characteristic and Spiilovers [M]. The Economic Research Institute, 1992.

[35] KUEH. Foreign Investment and Economic Change in China [J]. China Quarterly, 1992, 131 (5): 637-690.

[36] M PORTER. The Competitive Advantage of Nations [M]. NewYork:

The Free Press,1990.

[37] MCDOUGALL G D A. The Benefits and Costs of Private Investment from Abroad A Theoretical Apporach [J]. Economic Record,1960,36:13-35.

[38] MAKKI. Impact of Foreign Direct Investment and Trade on Economic Growth:Evidence from Developing Countries [J]. American Agricultural Economics Association,2004(4):795-801.

[39] NARULA,WAKELIN. Technological Competitive,Trade and Foreign Investment [J]. Structure Change and Economic Dynamics,1988(9):373-387.

[40] OMRI A,NGUYEN D K,RAULT C. Causal Interactions between CO_2 Emissions,FDI,and Economic Growth:Evidence from Dynamic Simultaneous-equation Models [J]. Economic Modelling,2014,42:382-389.

[41] R VERNON. International Investment and International Trade in the Product Cycle [J]. Quarterly Journal of Economics,1966(8):190-207.

[42] RICHARDSON J D,MUTTI J H. Industrial Displacement through Environmental Controls the International Competitive Aspect [M]. New York:John Wiley & Sons,1976.

[43] S HYMER. The International Operations of National Firm:A Study of Direct Investment [M]. Cambridge:MIT Press,1976.

[44] 山泽逸平. 亚洲太平洋经济论:21世纪APEC行动计划建议（中译本）[M]. 范建亭,施华强,姜涛,译. 上海:上海人民出版社,2001.

[45] 白嘉,韩先锋,宋文飞. FDI溢出效应、环境规制与双环节R&D创新——基于工业分行业的经验研究 [J]. 科学学与科学技术管理,2013(1):56-66.

[46] 白志礼. 流域经济与长江上游经济区空间范围界定探讨 [J]. 西部论坛,2009(19):9-20.

[47] 包群,陈媛媛,宋立刚. 外商投资与东道国环境污染:存在倒U形曲线关系吗?[J]. 世界经济,2010(1):3-17.

[48] 包群,吕越,陈媛媛. 外商投资与我国环境污染:基于工业行业面板数据的经验研究 [J]. 南开学报（哲学社会科学版）,2010(3):93-103.

[49] 布雷达·帕弗里奇,等. 南南合作的挑战 [M]. 赵穗生,译. 北京:中国对外贸易经济出版社,1987.

[50] 蔡爱军,朱传耿,仇方道. 我国开放型经济研究进展及展望 [J]. 地域研究与开发,2011(2):6-11.

[51] 蔡琳.经济转型中制造业FDI技术溢出效应研究［D］.济南：山东大学，2010.

[52] 曹霞，周世伟.物流服务模式选择的影响因素研究［J］.铁道运输与经济，2012，34（8）：67-72.

[53] 曾海鹰.欠发达地区开放型经济发展动力研究［D］.成都：四川大学，2007.

[54] 曾慧.基于技术创新能力的FDI与中国经济增长［J］.浙江工商大学学报，2012，1（3）：32-38.

[55] 车探来.中欧国际物流陆路运输的发展与创新［J］.综合运输，2010（5）：53-56.

[56] 陈爱贞，刘志彪.自贸区：中国开放型经济"第二季"［J］.学术月刊，2014（1）：20-28.

[57] 陈辉，牛叔文.西部地区经济开放度评价及比较研究［J］.财经问题研究，2010（10）：124-128.

[58] 陈立泰，杨小玲.重庆发展外向型经济的战略思考——基于京、津、沪、渝四直辖市的比较研究［J］.重庆工商大学学报（自然科学版），2008，22（5）：55-57.

[59] 陈凌佳.FDI环境效应的新检验——基于中国112座重点城市的面板数据研究［J］.世界经济研究，2008（9）：54-59.

[60] 陈森发.复杂系统建模理论与方法［M］.南京：东南大学出版社，2005.

[61] 陈涛涛.中国FDI行业内溢出效应的内在机制研究［J］.世界经济，2003（9）：23-28.

[62] 陈亚东.内陆开放高地的经济学分析——以重庆为例［J］.经济界，2011（1）：61-73.

[63] 陈耀庭.90年代中国经济开放度和国际化研究［J］.世界经济与政治，2000（8）：11-15.

[64] 程滢.FDI对中国的技术溢出效应研究［D］.杭州：浙江大学，2003.

[65] 大卫·李嘉图.政治经济学及赋税原理［M］.张大力，王亚南，译.北京：商务印书馆，1976.

[66] 代峰.FDI对广东省十一城市技术溢出效应的研究［D］.长沙：中南大学，2005.

[67] 戴育琴, 欧阳小迅. "污染天堂"假说在中国的检验 [J]. 企业技术开发, 2006 (12): 91-93.

[68] 邓超强. 渝新欧物流成本降低对策研究 [J]. 中国电子商务, 2013 (4): 167-167.

[69] 邓玉萍. 基于空间效应的FDI对我国环境污染影响研究 [D]. 长沙: 湖南大学, 2011.

[70] 邓玉萍. 外商直接投资、环境污染与策略性减排研究 [D]. 长沙: 湖南大学, 2016.

[71] 伯尔蒂尔·奥林. 地区间贸易和国际贸易 [M]. 王继祖, 译. 北京: 商务印书馆, 1986.

[72] 董文. 长江上游经济中心发展问题研究 [D]. 成都: 西南财经大学, 2008.

[73] 范良. 经济开放度与经济增长——基于VAR方法对中国的实证研究 [J]. 财经问题研究, 2005 (11): 13-20.

[74] 费宇, 王江. FDI对我国各地区经济增长的非线性效应分析 [J]. 统计研究, 2013 (4): 70-75.

[75] 傅京燕, 李丽莎. FDI、环境规制与污染避难所效应——基于中国省级数据的经验分析 [J]. 公共管理学报, 2010 (3): 65-74, 125-126.

[76] 傅元海, 唐未兵, 王展祥. FDI溢出机制、技术进步路径与经济增长绩效 [J]. 经济研究, 2010 (6): 92-104.

[77] 傅元海. 我国引进FDI质量的实证研究 [J]. 统计研究, 2008, 25 (10): 9-17.

[78] 甘川. 内陆开放型经济发展路径研究 [D]. 重庆: 重庆工商大学. 2012.

[79] 高新才, 咸春林. 开放型经济: 一个文献综述 [J]. 经济问题探索, 2012 (3): 74-77.

[80] 龚英, 陈振江, 何春江. 基于低碳视野的西部地区"新丝路"走出去战略研究 [J]. 重庆与世界, 2015 (7): 23-27.

[81] 古龙高. 基于陆桥通道视角的"中欧班列"优化与建设的思考 [J]. 大陆桥视野, 2015 (5): 46-49.

[82] 郭熙保, 罗知. 外资特征对中国经济增长的影响 [J]. 经济研究, 2009 (5): 52-65.

[83] 郭印. 利用外国直接投资项目中的环境保护问题 [J]. 甘肃社会科

学，2004（1）：41-42.

[84] 何洁，许罗丹. 中国工业部门引进外商直接投资外溢效应的实证研究 [J]. 世界经济汇，1999（2）：12-15.

[85] 侯秀明，封学军，纪军，等. 基于系统动力学的物流与经济协同研究 [J]. 物流技术，2012，31（3）：30-32.

[86] 侯雪峥. 环境保护与污染产业转移 [M]. 北京：北京工商大学出版社，2004.

[87] 胡智，刘志雄. 中国经济开放度的测算与国际比较 [J]. 世界经济研究，2005（7）：10-17.

[88] 黄繁华. 中国经济开放度及其国际比较研究 [J]. 国际贸易问题，2001（1）：19-23.

[89] 姜瑾. FDI技术溢出效应影响因素研究的理论假设与经验证据 [J]. 外国经济与管理，2007，29（1）：60-64.

[90] 蒋仁爱，冯根福. 贸易、FDI、无形技术外溢与中国技术进步 [J]. 管理世界，2012（9）：49-60.

[91] 金京，张二震，戴翔. 论新形势下我国开放型经济发展战略的调整 [J]. 经济管理，2015（6）：12-20.

[92] 靳娜. 中国FDI技术溢出影响因素与渠道分析 [D]. 重庆：重庆大学，2011.

[93] 荆周. FDI流入的技术溢出效应理论与实证研究 [D]. 重庆：重庆大学，2008.

[94] 柯幼霜. FDI对东道国环境的影响效应研究——基于亚洲五国的实证 [D]. 厦门：厦门大学，2009.

[95] 李邦长. 浙江省外商直接投资的技术溢出效应研究 [D]. 上海：复旦大学，2006

[96] 李斌，彭星，陈柱华. 环境规制、FDI与中国治污技术创新——基于省际动态面板数据的分析 [J]. 财经研究，2011（10）：92-102.

[97] 李冰漪. 构筑中国立足世界的战略走廊——专访国家发改委综合运输研究所副所长、研究员汪鸣 [J]. 中国储运，2015（3）：46-47.

[98] 李成刚. FDI对我国技术创新的溢出效应研究 [D]. 杭州：浙江大学，2008.

[99] 李翀. 我国对外开放程度的度量与比较 [J]. 经济研究，1998（1）：26-29.

[100] 李敦瑞. 污染产业转移视角下FDI环境外部性的跨界效应 [J]. 经济与管理, 2012 (4): 8.

[101] 李惠茹. 外商直接投资对中国生态环境的影响效应研究 [D]. 石家庄: 河北大学, 2008.

[102] 李继樊. 我国内陆开放型经济制度创新的探索——来自重庆内陆开放型经济发展的实践 [J]. 探索, 2013 (5): 96-100.

[103] 李君竹. 我国FDI产业间技术溢出效应分析 [D]. 成都: 西南财经大学, 2009.

[104] 李练军. 中部地区开放型经济发展的实证与对策研究 [D]. 武汉: 华中农业大学, 2008.

[105] 李明. 中部地区外商直接投资的生态环境效应研究 [D]. 武汉: 武汉理工大学, 2008.

[106] 李牧原. "海铁联运"要对症下药 [J]. 中国远洋航务, 2015 (3): 36-38.

[107] 李平, 周靖祥. 重庆内陆外向型经济发展思路: 融合理论与现实 [J]. 重庆理工大学学报 (社会科学版), 2011, 25 (7): 42-48.

[108] 李书彦. 中国外商直接投资的溢出效应探讨 [D]. 天津: 河北工业大学, 2006.

[109] 李文臣, 刘超阳. FDI产业结构效应分析——基于中国的实证研究 [J]. 改革与战略, 2010, 26 (2): 116-118.

[110] 李燕清. 重庆市发展内陆开放型经济模式研究 [D]. 重庆: 重庆大学, 2009.

[111] 李耀华. 中欧班列的运行现状与发展对策 [J]. 对外经贸实务, 2015 (2): 91-93.

[112] 李咏芸. 四川省FDI的环境效应分析 [D]. 成都: 西南财经大学, 2008.

[113] 李哲. 陕西省FDI的环境效应分析 [D]. 西安: 西北大学, 2011.

[114] 李子豪, 刘辉煌. FDI对环境的影响存在门槛效应吗——基于中国220个城市的检验 [J]. 财贸经济, 2012 (9): 101-108.

[115] 李子豪, 刘辉煌. 外商直接投资、技术进步和二氧化碳排放——基于中国省际数据的研究 [J]. 科学学研究, 2011, 10: 1495-1503.

[116] 刘传岩. 西部地区开放型经济发展研究 [D]. 北京: 中共中央党校, 2013.

[117] 刘宏,李述晟.FDI对我国经济增长、就业影响研究——基于VAR模型[J].国际贸易问题,2013(4):105-114.

[118] 刘爽.基于系统动力学的物流业与产业结构关系研究[D].大连:大连海事大学,2010.

[119] 刘宗勇.重庆内陆开放型经济发展模式研究[D].重庆:西南大学,2010.

[120] 卢菲.外商直接投资对我国经济增长的影响研究[D].哈尔滨:黑龙江大学,2012.

[121] 鲁明泓.外国直接投资区域分布与中国投资环境评估[J].经济研究,1997(12):37-44.

[122] 鲁明泓.制度因素与国际直接投资区位分布[J].经济研究,1999(7):57-66.

[123] 鲁明泓.中国不同地区投资环境的评估与比较[J].经济研究,1994(2):64-70.

[124] 鲁明泓.中国各地区投资环境评估与比较:1990—2000[J].管理世界,2002(11):42-49.

[125] 罗良文,阚大学.国际贸易、FDI与技术效率和技术进步[J].科研管理,2012(5):64-69.

[126] 罗巧云.外商直接投资技术溢出效应的分析[D].无锡:江南大学,2008.

[127] 聂飞,刘海云.FDI、环境污染与经济增长的相关性研究——基于动态联立方程模型的实证检验[J].国际贸易问题,2015(2):72-83.

[128] 牛志男.西部企业对外投资研究[D].北京:中央民族大学,2005.

[129] 潘文卿.外商投资对中国工业部门的外溢效应:基于面板数据分析[J].世界经济,2003(6):3-7.

[130] 潘莹.新疆欲打造中欧货运班列集结中心[N].亚太日报,2015-08-10.

[131] 潘镇.制度质量、制度距离与双边贸易[J].中国工业经济,2006(7):45-52.

[132] 裴长洪,郑文.中国开放型经济新体制的基本目标和主要特征[J].经济学动态,2014(4):8-17.

[133] 裴长洪.全面提高开放型经济水平的理论探讨[J].中国工业经济,

2013（4）：5-16.

[134] 平新乔. 外国直接投资对中国企业的溢出效应分析：来自中国第一次全国经济普查数据的报告 [J]. 世界经济, 2007（8）：3-13.

[135] 秦晓钟. 浅析外商直接投资技术外溢效应的特征 [J]. 投资研究, 1998（4）：45-47.

[136] 申屠芳芳. 长三角地区外商直接投资的环境效应分析 [D]. 杭州：浙江大学, 2007.

[137] 沈坤荣, 田源. 人力资本与外商直接投资的区位选择 [J]. 管理世界, 2002（11）：26-31.

[138] 沈能. 异质行业假定下FDI环境效应的非线性特征 [J]. 上海经济研究, 2013（2）：13-21.

[139] 沈湘平. FDI对广东工业行业技术外溢效应的实证研究 [D]. 广州：暨南大学, 2006.

[140] 斯密. 国民财富的性质和原因的研究 [M]. 郭大力, 王亚南, 译. 北京：商务印书馆, 1972.

[141] 宋海平. 山东省FDI环境效应分析 [D]. 济南：山东师范大学, 2011.

[142] 宋泓. 中国是否到了全面推进开放型经济的新阶段？[J]. 国际经济评论, 2015（4）：9-25.

[143] 苏振东, 周玮庆. 外商直接投资对环境污染的影响与区域差异——基于省级面板数据和动态面板数据模型的异质性分析 [J]. 世界经济研究, 2010（6）：63-67.

[144] 孙洁. 江苏省FDI技术溢出效应研究 [D]. 扬州：扬州大学, 2010.

[145] 孙军. 外商直接投资对我国产业结构的影响分析 [J]. 北京科技大学学报（社会科学版）, 2006, 22（1）：33-38.

[146] 谭英平. 中国、美国及欧盟对外贸易影响因素分析 [J]. 中国物价, 2005（11）：59-63.

[147] 唐艳. FDI在中国的产业结构升级效应分析与评价 [J]. 财经论丛（浙江财经大学学报）, 2011（1）：20-25.

[148] 托亚, 王希. 中欧班列成为丝路贸易新纽带 打造互联互通大通道 [J]. 中亚信息, 2015（2）：19-19.

[149] 汪明星. 外商直接投资对江西省经济发展影响的实证研究 [D]. 南昌：江西财经大学, 2009.

[150] 王滨. FDI 技术溢出、技术进步与技术效率——基于中国制造业 1999~2007 年面板数据的经验研究 [J]. 数量经济技术经济研究, 2010 (2): 93-103.

[151] 王崇举, 张益伟, 等. 基于区域协调发展的长江上游经济带的战略地位与发展定位 [J]. 重庆工商大学 (西部论坛), 2009 (11): 6-19.

[152] 王芳芳, 郝前进. 地方政府吸引 FDI 的环境政策分析 [J]. 中国人口·资源与环境, 2010 (6): 58-63.

[153] 王佳琦. 外商直接投资的环境效应研究 [D]. 苏州: 苏州大学, 2011.

[154] 王其藩. 系统动力学 [M]. 上海: 上海财经大学出版社, 2009.

[155] 王树恩, 左大鹏. 在华外商直接投资对我国产业结构的双重影响与对策研究 [J]. 科学管理研究, 2005, 23 (6): 114-117.

[156] 王湘君. 外商直接投资对四川省产业结构的影响研究 [D]. 重庆: 西南大学, 2011.

[157] 王小鲁, 樊纲. 中国地区差距的变动趋势和影响因素 [J]. 经济研究, 2004 (1): 33-44.

[158] 王小琪. 长江上游地区的资源开发和利用 [J]. 经济研究参考, 1993 (5): 550-559.

[159] 王晓亮, 王英. 区域开放型经济发展水平评价指标体系构建 [J]. 地域研究与开发, 2013, 32 (3): 27-31.

[160] 王艳丽, 刘传哲. FDI 对东道国技术溢出效应的研究回顾与展望 [J]. 科学进步与对策, 2006 (12): 93-96.

[161] 网易新闻. "一带一路"最终圈定重点 18 省 [EB/OL]. (2015-03-29) [2017-07-04]. http://news.163.com/15/0329/06/ALRR290M00014AED.html.

[162] 网易新闻. 郑州布局"丝绸之路经济带"着力建中欧物流通道 [EB/OL]. (2013-12-12) [2017-07-04]. http://news.163.com/13/1212/09/9FSQJCAL00014AEE.html.

[163] 魏后凯. 外商直接投资对中国区域经济增长的影响 [J]. 经济研究, 2002 (4): 19-26.

[164] 魏后凯. 现代区域经济学 [M]. 北京: 经济管理出版社, 2006.

[165] 魏琴, 胡明琦. 新形势下贵州对外贸易发展面临的机遇与挑战 [J]. 经济问题探索, 2010 (5): 105-110.

[166] 温怀德, 刘渝琳. 对外贸易、FDI 的经济增长效应与环境污染效应

实证研究 [J]. 当代财经, 2008 (5): 95-100.

[167] 温怀德. 中国经济开放与环境污染的关系研究 [D]. 杭州: 浙江工业大学, 2012.

[168] 武卓卓. FDI对湖北省经济增长影响的实证分析 [D]. 武汉: 华中师范大学, 2007.

[169] 夏文汇, 耿进, 宋寒. "渝新欧"国际铁路物流SWOT分析及对策研究 [J]. 物流技术, 2014, 33 (1): 1-3.

[170] 向晓丹. 四个直辖市外商直接投资与经济增长的实证研究 [D]. 重庆: 重庆大学, 2009.

[171] 肖雅文. 中欧铁路将开西中东三条通道 [N]. 郑州晚报, 2014-12-01.

[172] 肖政, 维克特·盖斯特勒格. 影响外商直接投资的因素: 兼论中国沿海与西部地区差别 [J]. 世界经济, 2002 (3): 9-15.

[173] 小岛清. 对外贸易论 [M]. 周宝廉, 译. 天津: 南开大学出版社, 1987.

[174] 谢明雨. FDI对安徽省的技术溢出效应及其影响因素的实证研究 [D]. 合肥: 安徽大学, 2010.

[175] 谢守红. 中国各省区对外开放度比较研究 [J]. 地理科学进展, 2003 (3): 296-303.

[176] 徐爱武. 外商直接投资对西部地区经济增长的影响研究 [D]. 西安: 西北农林科技大学, 2011.

[177] 许和连, 赖明勇. 出口导向经济增长(ELG)经验研究: 综述与评论 [J]. 世界经济, 2002 (2): 43-49.

[178] 许士春, 庄莹莹. 经济开放对环境影响的实证研究——以江苏省为例 [J]. 财贸财经, 2009 (3): 107-112.

[179] 杨健全, 文雯. FDI在我国技术溢出效应的局限性及因应策略 [J]. 现代财经(天津财经大学学报), 2006, 26 (8): 29-33.

[180] 杨京京. 重庆FDI的技术溢出效应分析 [D]. 重庆: 西南政法大学, 2009.

[181] 杨丽琼. 共享"渝新欧"成果 共创丝绸之路经济带繁荣 [J]. 大陆桥视野, 2014 (7): 76-78.

[182] 杨明强. 中欧货运合作发展构想 [J]. 商业时代, 2015 (12): 42-43.

[183] 杨晓丽. 地方政府FDI税收竞争的策略性及其经济增长效应 [J]. 中南财经政法大学学报, 2011, 185 (2): 22-28.

[184] 姚洋, 章奇. 中国工业企业技术效率分析 [J]. 经济研究, 2001 (10): 13-21.

[185] 叶燕程. 中欧铁路货运集拼模式研究 [D]. 上海: 上海交通大学, 2015.

[186] 易华, 李伊松. 物流成本管理 [M]. 北京: 机械工业出版社, 2009.

[187] 易沛. 广东省 FDI、环境污染与环境规制关联性实证研究 [D]. 南昌: 江西财经大学, 2009.

[188] 易小光. 内陆城市开放路径探析 [J]. 重庆大学学报 (社会科学版), 2012, 18 (6): 1-7.

[189] 易小光. 内陆开放型经济的发展及其途径: 重庆个案 [J]. 重庆社会科学, 2008 (11): 43-46.

[190] 尹珂. 四川省对外贸易对经济增长的影响研究 [D]. 成都: 四川师范大学, 2005.

[191] 于峰, 齐建国. 我国外商直接投资环境效应的经验研究 [J]. 国际贸易问题, 2007 (8): 104-112.

[192] 于进川. 长江上游经济带发展研究 [D]. 成都: 四川大学, 2010.

[193] 于菁. FDI 与贵州对外贸易关系的实证分析 [J]. 贵州财经大学学报, 2009 (4): 102-106.

[194] 张博颜, 郭亚军. FDI 的环境效应与我国引进外资的环境保护政策 [J]. 中国人口资源与环境, 2009 (4): 7-12.

[195] 张多航. 长江上游地区产业集聚对 FDI 的影响 [D]. 重庆: 重庆工商大学, 2012.

[196] 张二震, 戴翔. 关于构建开放型经济新体制的探讨 [J]. 南京社会科学, 2014 (7): 6-12.

[197] 张海洋, 刘海云. 外资溢出效应与竞争效应对中国工业部门的影响 [J]. 国际贸易问题, 2004 (3): 76-81.

[198] 张红波, 彭焱. 现代物流与区域经济增长关系的实证研究 [J]. 工业工程与管理, 2009, 14 (1): 122-126.

[199] 张鸿. 区域经济一体化与东亚经济合作 [M]. 北京: 人民出版社, 2006.

[200] 张蕙. 中国西部地区对外贸易发展研究 [D]. 北京: 中央民族大学, 2007.

［201］张俊鹏. 浙江省FDI技术溢出吸收能力影响因素分析［D］. 沈阳：辽宁大学, 2013.

［202］张乃丽. 雁行形态理论研究新进展［J］. 经济学动态, 2007（8）：86-91.

［203］张欣. 我国FDI环境库兹涅茨效应检验与优化路径研究——基于动态面板的系统GMM分析［J］. 西安财经学院学报, 2012, 25（5）：23-28.

［204］张学刚. FDI影响环境的机理与效应——基于中国制造行业的数据研究［J］. 国际贸易问题, 2011（6）：150-158.

［205］张彦博, 郭亚军. FDI的环境效应与我国引进外资的环境保护政策［J］. 中国人口·资源与环境, 2009（4）：7-12.

［206］张义龙. 外商直接投资技术溢出效应研究［D］. 成都：西南财经大学, 2007.

［207］张宇, 蒋殿春. FDI、政府监管与中国水污染——基于产业结构与技术进步分解指标的实证检验［J］. 经济学（季刊）, 2014（2）：491-514.

［208］张玉彩. 陕西省外商直接投资与生态环境关系的实证研究［D］. 西安：西北大学, 2012.

［209］张中元, 赵国庆. FDI、环境规制与技术进步——基于中国省级数据的实证分析［J］. 数量经济技术经济研究, 2012（4）：19-32.

［210］长江上游经济带协调发展研究课题组. 长江上游经济带发展思路及政策选择［J］. 改革, 2005（1）：34-38.

［211］赵革, 黄国华. 25年来中国外贸出口增长因素分析［J］. 统计研究, 2006（12）：20-22.

［212］赵文军, 于津平. 贸易开放、FDI与中国工业经济增长方式——基于30个工业行业数据的实证研究［J］. 经济研究, 2012（8）：18-31.

［213］赵曦. 长江上游地区经济开发的制约因素与战略思路［J］. 重庆大学学报（社会科学版）, 2003（2）：1-4.

［214］赵细康. 环境保护与产业国际竞争力理论与实证分析［M］. 北京：中国社会科学出版社, 2003.

［215］郑英梅. 山东省外贸出口影响因素的理论与实证分析［J］. 山东社会科学, 2007（5）：128-132.

［216］钟声. "一带一路"彰显开放与包容［N］. 人民日报, 2014-07-02.

［217］周丹. 中部六省FDI与经济增长效应的实证研究［D］. 长沙：湖南大学, 2009.

[218] 周晓雯. 中国中部地区开放型经济发展研究 [D]. 上海：上海外国语大学，2012.

[219] 周煜. 重庆外商直接投资的外贸效应研究 [D]. 重庆：西南大学，2012.

[220] 周智伟. 重庆市开放型经济发展战略研究 [D]. 重庆：重庆师范大学，2012.

[221] 朱华桂. 跨国公司在华子公司技术溢出效应实证研究 [J]. 科研管理，2003，24（2）：138-144.

[222] 朱劲松. 外商直接投资在中国资本形成的效应 [J]. 亚太经济，2001（3）：45-48.

[223] 宗芳宇，路江涌，武常岐. 双边投资协定、制度环境和企业对外直接投资区位选择 [J]. 经济研究，2012（5）：71-82.

[224] 祖强，赵珺. FDI与环境污染相关性研究 [J]. 中共南京市委党校南京市行政学院学报，2007（3）：37-41.